C. Peter
Wagner

Der gesunde Aufbruch

Wie Sie in Ihrer Gemeinde für Kranke beten können und trotzdem gesund bleiben.

Wolfgang Simson Verlag

für

Mission, Evangelisation &

Gemeindewachstum, Lörrach

Michael und Cathy,
Gabriel, Rebekah und Rachael
SCHALLER
gewidmet

Inhalt

Die amerikanische Originalausgabe erschien unter dem Titel

"How to Have a Healing Ministry without Making Your Church Sick!" im Verlag Regal Books, A Division of Gospel Light Publications, Ventura, California 93006, USA.

Umschlaggestaltung: MediaCreativ, Grönenbach

Druck: Heinzelmann Papier- und Druck-Service GmbH, Metzingen

ISBN 3-927534-00-5

Vorwort

Da mußte ich doch über 10 000 km um die halbe Welt reisen, um erstaunt festzustellen, daß das, was wir hier unter Gemeindeaufbau verstehen, nur einen dürftigen Ansatz im Vergleich zur weltweiten Situation darstellt. Es stimmt tatsächlich: Wenn es um Gemeindeaufbau geht, können wir Europäer noch manches dazulernen.

Das Ziel meiner Reise war das Fuller Theological Seminary in Pasadena, Kalifornien. Dort begegnete ich Prof. Dr. Peter Wagner zum ersten Mal - als einer seiner Studenten.

Jede einzelne seiner Vorlesungen brachte für mich neue und hilfreiche Gedanken für meinen Dienst als Pastor einer Gemeinde in Basel. Zugleich erschienen mir all diese neuen Gedanken praktikabel: Ich konnte mir gut vorstellen, in einer Gemeindeaufbauarbeit vor Ort damit zu arbeiten.. In dieser für mich sehr wichtigen Zeit bewegte mich immer wieder die brennende Frage: "Wie kann man diese mutmachenden und hilfreichen Gedanken im deutschsprachigen Teil der Welt für andere zugänglich machen? Welche Wege sind gangbar, um Pfarrern, Pastoren, Predigern, Teamleitern, kurz: Arbeitern im Reich Gottes neue Perspektiven für ihren Dienst zu eröffnen?"

Denn das Missionsfeld Europa mit leeren Kirchen, steigenden Austrittszahlen und einer defensiven Christenheit **braucht** neue Perspektiven und Motivation.

Ich bin überzeugt, daß Peter Wagner uns mit seinem neuesten Buch "Der gesunde Aufbruch" als schriftorientierten evangelikalen Christen im deutschsprachigen Europa genau an dem Punkt weiterhelfen kann, an dem wir stehen. Hier werden verlorengegangene Perspektiven wie das Gebet für Kranke und geistliche Kampfführung in einer mutmachenden Weise wieder neu auf den Leuchter gestellt und in Zusammenhang mit dem Aufbau der örtlichen Gemeinde gesetzt. Wir begeben uns bei dieser Thematik durchaus nicht auf Feindesland. Diese Perspektiven waren unseren geistlichen Vorbildern aus der Geschichte oft eine Selbstverständlichkeit.

Denken wir an den Dienst von Nikolaus Graf von Zinzendorf, Johann Christoph Blumhardt, Kurt Koch sowie Dorothea Trudel in Männedorf und viele andere mehr.

Gerade diese geistlichen Dimensionen greift Peter Wagner durch praktische Anleitung für einen effektiven Dienst wieder auf. Aus eigenen Erfahrungen sowie mit Beispielen aus offensiven christlichen Bewegungen in aller Welt bietet er Hilfen und Weiterführungen. Nicht wenige von uns leiden ja gerade darunter, die große Diskrepanz zwischen den Werken Jesu und den eigenen Werken schmerzlich zu empfinden.

Hier ist ein Buch, das gerade uns, die wir soviel wissen, und oft so wenig bewirken, zu neuem Handeln führen kann. Wir brauchen neuen Mut und neue Perspektiven für offensives Christsein. Gerade hier kann uns dieses Buch von Peter Wagner wirklich Türen öffnen.

Mir hat dieses Buch geholfen! In der Auseinandersetzung mit der Dritten Welle habe ich eine Erweiterung meiner Grenzen erlebt. Wenn ich an die kommenden Jahre denke, bin ich von großen Erwartungen erfüllt: Gottes Wirken wird die geistliche Situation auch in unseren Breitengraden durchgreifend verändern.

Wenn uns wirklich daran gelegen ist, daß Christus wieder zum Gesprächsthema in unseren Ländern wird, dann braucht es nichts weniger als das: Einen "gesunden Aufbruch".

Volker Heitz
Basel, September 1989

Vom Autor

Die meisten, die den Titel dieses Buches (englisch: "How To Have A Healing Ministry Without Making Your Church Sick") zum erstenmal sehen oder hören, reagieren gleich: Sie nicken, und sie lächeln. Das Nicken bedeutet, daß sie meinen, es wäre nicht schlecht, wenn auch in ihrer Gemeinde für Kranke gebetet wird. Das Lächeln verbirgt in Wirklichkeit Nervosität. Viele sind nervös, weil sie sich nicht sicher sind, ob man das tun kann, ohne daß dabei die eigene Gemeinde in Mitleidenschaft gezogen wird.

Der Grund dafür ist kein Geheimnis. Die hervorstechendste Neuigkeit in der christlichen Welt des 20. Jahrhunderts war die Entstehung der Pfingstgemeinden und der charismatischen Bewegung. Die Reaktionen von seiten der eher traditionellen Formen des Christentums waren unterschiedlich. Ganz besonders zu Beginn des Jahrhunderts betrachteten manche Christen die Pfingstgemeinden als Sekte. Später wurden die Pfingstgemeinden mit etwas mehr Respekt behandelt, viele zogen es aber dennoch vor, sie sich wenigstens eine Armlänge weit vom Hals zu halten. Der Grund war eine gewisse Distanziertheit. Man hielt nicht viel von diesen "Zungenrednern", und betrachtete sie eher als ausgeflippte Hinterwäldler. Als es vor einiger Zeit zur Entstehung der charismatischen Bewegung kam, erlebten manche Denominationen und örtliche Gemeinden neue Spannungen, und es kam manchmal sogar zu schmerzhaften Trennungen.

Am Ende dieses Jahrhunderts zeigt sich uns jedoch ein anderes Bild. Auch jetzt noch sind viele evangelikale Christen jeder Prägung entschlossen, außerhalb der Pfingstgemeinden und der charismatischen Bewegung zu bleiben, auch wenn sie anerkennen, daß Gott in diesen Bewegungen offensichtlich am Wirken ist. Sie widersetzen sich jedem Versuch, in diese Bewegungen mit hineingezogen oder gar zum Charismatiker gemacht zu werden.

Gleichzeitig ist es jedoch für jemanden, der heute ernsthaft das weltweite Wirken Gottes beobachtet, unmöglich, den Pfingstgemeinden und der charismatischen Bewegung eine gewisse Lebendigkeit, eine Begeisterung für Gott sowie eine geistliche Spannkraft abzusprechen, von der wir wünschten, daß wir mehr davon in unseren eigenen Gemeinden sehen würden. Auch wenn wir uns ihnen nicht anschließen mögen, spüren wir doch ein wenig durchaus gerechtfertigten Neid und fragen uns: "Ist es nicht auch für uns möglich, etwas von dieser Dynamik zu erleben?" Viele von uns würden zum Beispiel gerne in unseren eher traditionellen Gemeinden sehen, daß offen, vollmächtig und wirkungsvoll für Kranke gebetet wird. So viele Menschen sind körperlich, emotional oder geistlich krank, und wir würden ihnen gerne spürbar helfen können, und zwar mehr, als wir dies bisher tun konnten. Die Kraft Gottes mit eigenen Augen zu erleben - redet das Neue Testament nicht gerade davon? Das Leben von Jesus ist hierfür das beste Beispiel. Wenn es Ihnen auch so geht, dann wird dieses Buch gute Nachricht für Sie sein, denn ich glaube, daß Ihnen geholfen werden kann.

Ich verstehe die Pfingstbewegung als eine erste Welle des kraftvollen Wirkens des Geistes Gottes im 20. Jahrhundert, die charismatische Bewegung als die zweite Welle. Heute erkenne ich eine dritte Welle, in der der Heilige Geist uneingeschränkt in unseren traditionellen evangelikalen Gemeinden wirkt, und zwar ohne daß wir dabei unsere spezifische Prägung oder unsere Tradition verleugnen müßten - mit anderen Worten: ohne unsere Gemeinden und Denominationen krank zu machen.

Manche argwöhnen vielleicht, daß ein Buch wie dieses nichts anderes als ein attraktiver Köder sei, der sie in die Pfingstgemeinden oder die charismatische Bewegung ziehen soll. Ich hoffe, daß Sie mir das nicht unterstellen. Wenn dieses Buch Ihnen hilft, das schätzen zu lernen, was Gott in den letzten Jahrzehnten durch die ersten beiden Wellen getan hat, dann freue ich mich. Wenn Ihnen die Augen dafür geöffnet werden, zu erkennen, daß Gott uns etwas durch die Existenz der Pfingstgemeinden und der charismatischen Bewegung zu sagen hat, werden wir alle sehr bereichert werden.

Vieles von dem, was ich über die dritte Welle zu sagen habe, wurde zunächst in der ersten oder der zweiten Welle entdeckt. Dennoch möchte ich betonen, daß ich kein Pfingstler oder Anhänger der charismatischen Bewegung bin, und ich habe auch nicht vor, einer zu werden. Seit 16 Jahren bin ich Mitglied der Lake Avenue Congregational Church in Pasadena, Kalifornien, und ich hoffe, noch mindestens weitere 16 Jahre dort zu bleiben.

In erster Linie wende ich mich an traditionelle evangelikale Christen, wie zum Beispiel die in meiner eigenen Gemeinde. Darüber hinaus hoffe ich jedoch, daß Gott auch Menschen aus den ersten beiden Wellen des Heiligen Geistes ermutigt. Ich glaube nicht, daß ich Familiengeheimnisse ausplaudere, wenn ich feststelle, daß Gemeinden, die früher beeindruckende Krankenheilungen erlebten, dies seit geraumer Zeit nicht mehr erfahren. Der theologische Rahmen für Krankenheilungen ist zwar gelegt, und es wird auch darüber von der Kanzel gepredigt, aber die wirklichen Erfahrungen sind minimal.

Es ist mein Gebet, daß Gott dieses Buch auch innerhalb der Pfingstbewegung und der charismatischen Bewegung gebraucht. So manche niedergebrannte Flamme hätte hier ein neues Aufflammen des Feuers des Heiligen Geistes nötig. Wenn das geschieht, dann sehe ich drei Wellen, die sich unter dem einen König der Könige und Herrn der Herren gemeinsam auf die größte und aufregendste Periode der Ausbreitung des Reiches Gottes der ganzen Geschichte zubewegen.

C. Peter Wagner
Pasadena, Kalifornien
1988

Eins

Die Dritte Welle

Tausende von Christen reden heute begeistert von dem Beginn einer neuen Ära der Gemeinde!

Ich glaube, diese Christen haben recht. Zugegeben: Es ist in den 2000 Jahren der christlichen Geschichte nicht das erste Mal, daß neue Zeiten beginnen. Die römischen Christen haben das möglicherweise auch gesagt, als Konstantin zum Kaiser gekrönt wurde. Ebenso die Christen in Spanien, als Kolumbus mit seinen Berichten über die Neue Welt zurückkam. Die Christen in Deutschland haben möglicherweise auch von einer neuen Ära gesprochen, als Luther vor dem Reichstag in Worms stand. Aber keiner von ihnen hätte bewegter sein können als heutige christliche Leiter, die einen Blick für das Wirken Gottes in der gesamten heutigen Welt haben.

Warum? Die Ernte war noch nie reifer als gerade jetzt. Vorsichtige Schätzungen gehen davon aus, daß täglich ca. 78.000 Menschen Christen werden. Auch wenn viele davon in Familien geboren werden, die man heute "Namenschristen" (nur dem Namen nach Christen) nennen würde, beläuft sich dennoch eine vorsichtige Schätzung auf 14.000 Erwachsenenbekehrungen pro Tag.[1] Diese Zahl ist deshalb vorsichtig geschätzt, weil die wirkliche Zahl möglicherweise zweimal so hoch ist.

Viele Länder der Erde erleben zur Zeit ein explosionsartiges Gemeindewachstum. Berichte über China sprechen heute von über 50 Millionen praktizierender Christen. In Korea zählen etliche Lokalgemeinden ihre Mitgliederzahl in Zehntausenden, und in Argentinien werden täglich bis zu 8.000 Entscheidungen für Christus berichtet (wenn auch nur ein kleiner Prozentsatz in den bereits überfüllten Gemeinden untergebracht werden kann). Noch bedeutsamer ist es, daß sich der Prozentsatz der Christen - verglichen mit der gesamten Weltbevölkerung im 20. Jahrhundert - erhöht hat.

In Amerika ist die Offenheit für das Evangelium groß. Zwar verlieren viele der traditionellen Denominationen Mitglieder, jedoch wird dieser Verlust mehr als wettgemacht durch das lebendige Wachstum evangelikaler Gemeinden und Denominationen einschließlich der Pfingstgemeinden und der charismatischen Gemeinden. In den letzten 8 Jahren sind wenigstens 6 Kirchengebäude gebaut worden, die Platz für über 10.000 Besucher bieten, und man rechnet in den nächsten 8 Jahren damit, daß mehr als sechs weitere christliche Versammlungszentren dieser Größenordnung gebaut werden. Eine ganze Anzahl von Gemeindeneugründungen in den letzten fünf Jahren bieten inzwischen mehreren Tausend neuer Gemeindeglieder eine Heimat. Viele dieser neuen Gemeinden werden von jungen Pastoren, zwischen 30 und 40 Jahren alt, geleitet. Eine amerikanische Gemeinde hat sich zum Ziel genommen, bis auf 100.000 Gemeindeglieder anzuwachsen.

Die Ernte ist so reif wie nie zuvor. Noch nie waren außerdem die Erntearbeiter jemals so gut ausgebildet wie heute. Kompetente Untersuchungen stellen uns die weltweite Aufgabe in einer nie gekannten Deutlichkeit vor Augen. Denken Sie nur an die Existenz solcher wichtigen Einrichtungen wie etwa dem US-Zentrum für Weltmission, dem Missionsforschungs- und Kommunikationszentrum (MARC) von World Vision, dem Missionskomitee der Southern Baptists, dem Lausanner Komitee für Weltevangelisation, Missionsabteilungen der führenden evangelikalen theologischen Ausbildungsstätten und vielen anderen Organisationen, die dabei helfen, daß Informationsmaterial herausgegeben wird, das sich am weltweiten missionarischen Auftrag orientiert und darauf abzielt, die Erfüllung des Missionsbefehls zu beschleunigen. Unterrichtsfächer wie Missionswissenschaft, Evangelisation, transkulturelle Kommunikation und Gemeindewachstum werden stark vermehrt angeboten. Absolventen von theologischen Seminaren und Bibelschulen besitzen heute Fähigkeiten und Kenntnisse, von denen man vor einer Generation noch nicht einmal etwas wußte. Den Missionaren, die in der Vergangenheit von westlichen Gemeinden ausgesandt worden sind, stehen heute über 20.000 Missionare aus Ländern der Dritten Welt in ihrem weltweiten Dienst zur Seite. Die Niedergeschlagenheit der 60er Jahre, als die Gemeinden verunglimpft wurden, Evangelisation verspottet und Gott für tot erklärt wurde, hat einem neuen Aufbruch Platz gemacht, Jahre vor der kommenden Jahrhundertwende.

Es stimmt wirklich: Wir stehen heute am Beginn einer neuen Ära für die Gemeinde!

Neue geistliche Dynamik

Einer der Hauptgründe für diesen Aufbruch ist die unvorhergesehene Entwicklung geistlicher Dynamik in den Pfingstgemeinden und der charismatischen Bewegung, die beide im 20. Jahrhundert entstanden sind und sich stark entwickelt haben.

Das Gebiet, mit dem ich mich durch Untersuchungen, schriftstellerische Tätigkeit und in Vorlesungen befasse, ist das Wachstum der Gemeinde. Da ich in den späten 60er Jahren von Donald McGavran am Fuller Seminary ausgebildet wurde, war ich sehr daran interessiert, wo Gemeinden von Gott mit Wachstum gesegnet wurden, und aus welchen Gründen. Als ich meine Arbeit mit McGavran begann, war ich ein Anti-Pfingstler. Ich hätte vielleicht zähneknirschend zugegeben, daß Pfingstler möglicherweise Christen sind, hatte aber den Verdacht, daß sie zu einer Art von Christen zählen, die Gott nicht übermäßig gefallen konnte. McGavran hat mir jedoch beigebracht, daß der Leib Christi größer ist, als ich geglaubt hatte, und daß Gott den gesamten Leib Christi liebt. Darüberhinaus half er mir, einen Blick für Gemeindewachstum zu entwickeln, wodurch ich mehr und mehr das Werk des Heiligen Geistes erkennen und schätzen lernte, wie er Menschen mit dem Vater in Verbindung bringt, unabhängig davon, in welcher Denomination das geschieht.

Damals war ich Missionar in Bolivien. Als ich wieder auf das Missionsfeld zurückkehrte, lehrte mich mein neugefundener Blick für das Wachstum der Gemeinde etwas Neues: die aufsehenerregende und unübersehbare Tatsache, daß in ganz Südamerika das Wachstum der Pfingstgemeinden das aller anderen christlichen Denominationen zusammengenommen, meiner eigenen eingeschlossen, bei weitem übertraf. Sofort begann ich, dieses Wachstum der Pfingstgemeinden zu untersuchen. Meine Begeisterung wuchs, und ich schrieb in den frühen 70er Jahren ein Büchlein mit dem Titel *Look Out! The Pentecostals are Coming*. Ich habe dieses Buch kürzlich neu überarbeitet und unter dem Titel *Spiritual Power and Church Growth* [2] herausgebracht.

Dasselbe, was über das Wachstum der Pfingstgemeinden in Südamerika zu sagen ist, trifft auch in den meisten Gebieten der Erde auf das zu, was wir heute die Pfingst- oder charismatische Bewegung nennen. Wenn wir uns eine Gesamtsicht verschaffen wollen, werden wir feststellen, daß an einigen Orten beachtliches Gemeindewachstum stattfindet, ohne daß übernatürliche Zeichen und Wunder dies begleiten. Aber auch das gibt es: viele außergewöhnliche Heilungen, Wunder und Befreiungen von Dämonie, die kaum oder gar kein Wachstum der Gemeinden zur Folge haben. Das bei weitem häufigste Phänomen ist jedoch, daß das lebhafteste Wachstum christlicher Gemeinden überall dort stattfindet, wo es von übernatürlichen Zeichen und Wundern, charakteristisch für die Pfingstgemeinden und die charismatische Bewegung, begleitet ist. Ich werde darauf etwas später mit Statistiken und Erläuterungen eingehen.

Was ist das Wesen dieser neuen geistlichen Dynamik? Ist sie ausschließliches Eigentum der Pfingstgemeinden und der charismatischen Bewegung oder steht sie auch anderen Christen offen? Diese und ähnliche Fragen werden heute von nachdenklichen Christen in dieser neuen Ära der Gemeinde gestellt.

Gibt es eine Dritte Welle?

Mein Freund Michael Cassidy von *African Enterprise* bezeichnet sich selbst als jemand, der sich "im theologischen Zwielicht zwischen striktem evangelikalen Christentum und ausgeprägtem Orientiertsein an pfingstlerischem Denken befindet". In seinem Buch *Bursting the Wineskins* spricht er von Menschen, die sich dieser neuen geistlichen Dynamik bewußt sind, von der ich soeben sprach, und die sich wünschen, daß in ihrem Dienst ähnliches geschieht, die sich aber aus verschiedenen Gründen nicht mit der charismatischen Erneuerungsbewegung identifizieren möchten.[3]

Ich kann Michael an diesem Punkt sehr gut nachempfinden, denn ich befinde mich in derselben Lage. Und wir sind nicht allein. Besonders im Jahrzehnt der 80er Jahre begann eine ständig wachsende Zahl von traditionell evangelikalen Christen - wie auch einige, die sich eher links vom Evangelikalismus einordnen würden? -, eine neue geistliche Dynamik zu suchen und zu erfahren. Der anglikanische Pastor James Wong aus Singapore hat diese neue Entwicklung klar vor Augen: "Ich würde es die neue Welle des Heiligen Geistes nennen", sagt er. "Ich betrachte dies nicht einmal als eine charismatische Welle", fügt er hinzu. "Ich betrachte es als ein außergewöhnliches Erwachen von geistlichem Hunger im Herzen der Menschen, wenn sie beobachten, wie der Heilige Geist souverän unter Begleitung von Zeichen und Wundern wirkt."[4]

Das Vorhandensein dieses Niemandslandes zwischen eher dispensationalistisch[5] orientiertem evangelikalem Christsein und pfingstlichem Denken trat Anfang der 80er Jahre immer offener zu Tage. Als ich damals mit mir selbst rang, wie ich mich zu dem stellen sollte, was der Heilige Geist zu wirken schien, wurde ich 1983 von Kevin Perotta für das Magazin *Pastoral Renewal* interviewt. Am Ende einer ziemlich ausführlichen Diskussion stellte er mir eine entscheidende Frage. Er fragte, ob das, was ich beschrieb, etwas wirklich Neues war oder in Wirklichkeit nur eine Neuauflage dessen, was wir in den Pfingstgemeinden und der charismatischen Bewegung gesehen haben. Das war der Moment, wo ich in der Antwort auf seine Frage zum ersten Mal - soweit ich mich erinnern kann - den Ausdruck *Dritte Welle* gebrauchte.[6]

Von da an begann ich, die Dritte Welle als etwas Neuartiges zu beschreiben. Ich bin überzeugt, daß wir im 20. Jahrhundert die weitreichendste Ausgießung des Heiligen Geistes auf die gesamte Christenheit miterleben, die jemals in der Geschichte vorgekommen ist. Zumindest in der Quantität, wenn nicht auch in der Qualität, überflügelt das sogar das erste Jahrhundert. Die erste Welle dieser Ausgießung führte ganz zu Anfang dieses Jahrhunderts zum Entstehen und Aufblühen der Pfingstgemeinden. Die zweite Welle führte zur Entstehung der charismatischen Bewegung, die etwa um 1960 begann. Christen in diesen beiden Bewegungen haben explosionsartiges Gemeindewachstum erlebt, und ich bin überzeugt, daß es noch weiter anhalten wird. Die Hand Gottes ist in außergewöhnlicher Weise in diesen Bewegungen am Werk.

Die Dritte Welle, die etwa im Jahre 1980 in den USA zu einer eigenen Identität gelangte, schließt die Menschen ein, von denen Michael Cassidy und James Wong gesprochen haben. Als ich 1983 gelegentlich den Ausdruck *Dritte Welle* gebrauchte, dachte ich nicht daran, daß dieser Ausdruck zu einem feststehenden Begriff werden würde. Wir haben in der Gemeindewachstumsbewegung durch Erfahrung gelernt, daß vielleicht einer von fünf neuen Begriffen jemals für irgend jemand von Nutzen sein wird, außer für den, der ihn geprägt hat. Weil aber Kevin Perrotta in der Titelüberschrift für seinen Artikel, der verschiedentlich von anderen zitiert und nachgedruckt wurde, diesen Ausdruck benutzte, habe ich mich entschlossen, mich von nun an öffentlich als Teil dieser Dritten Welle zu bezeichnen.

Nur die Geschichte wird zeigen, ob dieser Ausdruck angenommen wird. Derzeit beginnen 2 anerkannte Forscher, der eine aus der ersten, der andere aus der zweiten Welle, diesen Ausdruck zu verwenden. Vinson Synan, ein klassischer Pfingstler, der verdientermaßen als führender Historiker der Bewegung anerkannt wird, widmet der Dritten Welle in seinem kürzlich erschienenen Buch *The Latter Days* einen Abschnitt. Er bemerkt: "Mitte der achziger Jahre konnte man erkennen, daß die 'Dritte Welle' tatsächlich Eingang in die traditionellen Gemeinden gefunden hat, ohne die Begriffsverwirrung zu verursachen, die in der Vergangenheit zu so großen Problemen geführt hat."[7]

David Barrett, ein charismatisch orientierter Anglikaner, bekannt als Herausgeber des statistischen Standardwerkes *World Christian Encyclopedia*, hat sich vor kurzem darauf konzentriert, die Pfingstgemeinden und die charismatische Bewegung zu untersuchen. In seinen neuesten statistischen Tabellen hat er eine neue Gruppierung aufgeführt. Bezeichnung: Dritte Welle. Im privaten Gespräch hat er zugegeben daß er diesen Ausdruck, als er ihn vor einigen Jahren zum erstenmal hörte, nicht mochte. Als er aber weiter darüber nachdachte, sah er ein, daß dies ein treffender Ausdruck für eine ganz bestimmte Gruppe ist. 1987 zählte er 27 Millionen Menschen zur Dritten Welle, während es 1970 nur etwa 50.000 waren.[8]

Die Geschichte wird hier das letzte Wort haben. In der Zwischenzeit werde ich dafür eintreten, daß so etwas wie eine Dritte Welle tatsächlich existiert.

Pfingstler

Wenn wir nun davon ausgehen, daß es eine Dritte Welle gibt, so ist es nicht nur wichtig zu wissen, was dieser Begriff im einzelnen beschreibt, sondern auch, was die Dritte Welle *nicht* ist. Wir haben gesehen, daß diejenigen, die sich als Teil der Dritten Welle verstehen, sich ausdrücklich nicht mit den Pfingstgemeinden oder der charismatischen

Bewegung identifizieren. Diese Wahl sollte auf keinen Fall als grundlegende Kritik, weder an der ersten noch an der zweiten Welle aufgefaßt werden. Ich glaube nicht, daß irgendeine der 'Wellen' recht hat und die anderen beiden völlig falsch liegen. Alle drei sind einem Leib, einem Geist, einer Hoffnung, einem Glauben, einer Taufe und einem Gott und Vater von uns allen verpflichtet (siehe Eph. 4, 4-6). Allen gemeinsam ist die Verpflichtung gegenüber der Heiligen Schrift und der Glaube an die Dringlichkeit der Evangelisation der Welt. Alle sind gemeinsam davon überzeugt, daß die Kraft Gottes, wie sie in den Evangelien und der Apostelgeschichte beschrieben wird, noch heute wirksam ist, dort, wo sich das Reich Gottes in der ganzen Welt manifestiert. Die Ähnlichkeiten sind weitaus bedeutsamer als die Unterschiede. Aber es gibt wichtige Unterscheidungen. Jede dieser Gruppen ist überzeugt, daß Gott etwas Besonderes durch sie tun möchte.

Zuerst waren die Pfingstler da. Historiker legen den Beginn dieser Bewegung entweder auf den 1. Januar 1901, als Studenten von Charles Parham in der Bethel Bible School in Topeka, Kansas, begannen in Sprachen zu beten, auf die berühmte Erweckung in der Azusa Street in Los Angeles unter William J. Seymore von 1906 bis 1909, oder auf beide Ereignisse. Durch die Jahre hindurch hat sich gezeigt, daß sich die Pfingstler von anderen wiedergeborenen und bibelgläubigen evangelikalen Christen hauptsächlich darin unterscheiden, daß sie lehren, es gäbe nach der Wiedergeburt noch ein weiteres Erlebnis, nämlich die 'Taufe im heiligen Geist', worin Gott uns seine Gnade zeige. Der erste Erweis, diese Erfahrung gemacht zu haben, bestehe darin, von nun an in Sprachen beten zu können.

Andere evangelikale Bewegungen, besonders aus der auf Wesley zurückgehenden methodistischen Heiligungsbewegung, erkennen ebenfalls ein zweites Werk der Gnade Gottes an, sehen jedoch die persönliche Heiligung und nicht die Sprachenrede als hauptsächlichen Erweis dieser Erfahrung an. Der Hauptinhalt der Botschaft des Mannes, der als *Mr. Pentecost* bekannt wurde, David du Plessis, war beispielsweise "Jesus, der Täufer."

Ich hatte das Vorrecht, mit David du Plessis in Verbindung zu treten, als er während der letzten Jahre seines Lebens an das Fuller Seminary, an dem ich unterrichte, kam, um das 'David du Plessis Center for Christian Spirituality' aufzubauen. Er erzählte oft von seiner 50 Jahre dauernden Erfahrung, Brücken zwischen den Pfingstgemeinden und anderen christlichen Gemeinden aufzubauen, sowohl katholischen als auch protestantischen. Fast immer war es der Kern seiner Botschaft, von Jesus Christus, dem Haupt der Gemeinde, als Täufer - und zwar als Täufer mit dem Heiligen Geist - zu sprechen. Er bezeichnete das Reden in anderen Sprachen als Konsequenz der Taufe im Heiligen Geist. Die Frucht des Heiligen Geistes folge daraufhin im Leben des Gläubigen, wie auch ein Dienst durch die Gaben des Geistes.

Zur Zeit meiner ersten Bekanntschaft mit DuPlessis fing ich an, das Vorkommen von Zeichen und Wundern in meinem eigenen Leben und auch im Dienst anderer mir nahestehender Christen zu beobachten. Ich kann mich noch deutlich erinnern, daß ich ihm mit einiger Begeisterung von dem erzählte, was ich erlebt hatte. Er reagierte gelangweilt. Er gab mir sogar den väterlichen Ratschlag, nicht allzu begeistert darüber zu sein. Ich fand heraus, daß Gebet für Kranke, Austreibungen von Dämonen und das Erwarten von Wundern zwar Teil seines Dienstes waren, aber eine relativ geringe Rolle spielten. Relativ, wenn es um die Taufe im Heiligen Geist ging.

Da ich immerhin mit *Mr. Pentecost* sprach, nahm ich an, daß seine Ansicht nicht nur seine persönliche war, sondern repräsentativ für die ganze Bewegung stand. Das wurde durch eine Aussage von Thomas F. Zimmerman bestätigt, der als langjähriger Präsident der Welt-Pfingstkonferenz neben DuPlessis einer der Leiter der Pfingstbewegung ist. Vor einigen Jahren wurde Zimmermann von der Zeitschrift *Christianity Today* gefragt, was seiner Meinung nach zu "echtem Pfingstlertum" gehöre. Er faßte seine Gedanken in sechs Punkten zusammen. Einen davon betrachtet als herausragende Lehre der Pfingstler: "Die 'Taufe im Heiligen Geist' mit damit zusammenhängendem Reden in anderen Sprachen." Ich war jedoch überrascht, daß keiner dieser sechs Punkte von einem offenen Dienst der Krankenheilung und der Austreibung von Dämonen sprach (obwohl das Gebet für Kranke nebenbei unter der Rubrik 'Anbetung' genannt wird).[9]

Zusammen mit der Lehre der 'Taufe im Heiligen Geist', ersichtlich an der Fähigkeit, in anderen Sprachen zu sprechen, entwickelte die klassische Pfingstbewegung einen Verhaltenskodex, der nahezu mit dem der fundamentalistischen Protestanten übereinstimmt. Es wurde für sie wichtig, ihre Trennung von der Welt dadurch zu demonstrieren, daß sie keinen Alkohol tranken und Dinge wie Rauchen, Tanzen, Kartenspielen, Kinos und leere Redensarten vermieden. In manchen Fällen beinhaltete das auch, sich Schmuck, Schminken und modische Frisuren zu versagen.

Die charismatische Bewegung

Die zweite Welle - die charismatische Bewegung -, führt den Zeitpunkt ihrer Entstehung im April 1960 auf die Predigt von Dennis Bennet, Hauptpastor der St. Marks Episcopal Church in Van Nuys, Kalifornien, zurück. Er berichtet darin seiner Gemeinde, wie er vor fünf Monaten begann, im Haus einiger Freunde in Sprachen zu beten. Vorläufer dieser Bewegung gehen bis zum Jahr 1950 in Europa, ja sogar bis zum Jahr 1910 zurück.

Als sich die charismatische Bewegung in den 60er und 70er Jahren rasch in Amerika verbreitete, geschah dies in Gestalt von charismatischen Erneuerungsgruppen innerhalb der größeren Denominationen, einschließlich der Episkopalkirche, den Methodisten, den Lutheranern, den Katholiken, den Baptisten, der 'Church of Christ', den Mennoniten, den Orthodoxen, den Presbyterianern, der 'United Church of Christ' und anderen. Dann, in den 70er Jahren, kam es zu einem neuen und außerordentlich wichtigen Phänomen: dem Entstehen ungebundener, unabhängiger charismatischer Gemeinden und ganzer Gruppen von Gemeinden, die regelrecht zu kleinen Denominationen wurden. Es ist eine Tatsache, daß in den 80er Jahren diese unabhängige charismatische Bewegung zu einer der schnellstwachsenden Gruppen innerhalb der amerikanischen Religiosität geworden ist.

Zwischen den Lehrauffassungen in der charismatischen Bewegung und der Pfingstbewegung gibt es Ähnlichkeiten. Einer ihrer anerkannten Leiter, Larry Christenson, Direktor des 'International Lutheran Renewal Center', drückt sich so aus: "Ein hervorstechendes Merkmal der charismatischen Erneuerung ist eine weitverbreitete und spezielle Erfahrung, die sich zunächst an der Person und den Gaben des Heiligen Geistes ausrichtet. Der Ausdruck, der am häufigsten gebraucht wird, um diese Erfahrung zu beschreiben, ist 'Taufe im Heiligen Geist'."[10]

Wie bei den Pfingstgemeinden, so wird die von der Bekehrung unterschiedene Erfahrung der 'Taufe im Heiligen Geist' als ein Schwerpunkt der Lehre der charismatischen Bewegung verstanden.

Jedoch wird hier die Ansicht, die Sprachengabe sei das erste Anzeichen, die 'Taufe im Heiligen Geist' erfahren zu haben, nicht so stark betont. Dennoch hält Christenson daran fest, daß die Sprachengabe eine bedeutsame Rolle in der Entwicklung der Bewegung gespielt hat. "Ohne die Betonung der Sprachengabe", sagt er, "ist es zu bezweifeln, ob es überhaupt jemals eine Pfingst- oder charismatische Bewegung gegeben hätte."[11]

Dennoch erklären immer mehr Leiter der charismatischen Erneuerungsbewegung auf direktes Fragen hin, daß einige geisterfüllte Christen - wie sie diejenigen nennen, die 'die Taufe' erfahren haben - möglicherweise nie in Sprachen gebetet haben. Im Grunde genommen würden sich fast alle dafür aussprechen, daß die Sprachengabe zwar nicht unverzichtbar sei, jedoch unter Einbeziehung der Sprachengabe die Dinge besser stehen.

Die lehrmäßigen Unterschiede zwischen den Pfingstgemeinden und der charismatischen Bewegung scheinen dem außenstehenden Beobachter oft unwesentlich zu sein. Was jedoch die Unterschiede im Hinblick auf den christlichen Lebensstil anbelangt, sieht die Sachlage anders aus. Diese Unterschiede haben sogar dazu geführt, daß sich die Pfingstgemeinden absichtlich ein wenig von ihren 'charismatischen' Brüdern und Schwestern abgesetzt haben. Für viele 'charismatische' Lutheraner, Presbyterianer, Episkopale und Katholiken besteht wenig Zusammenhang zwischen christlicher Heiligung und Tabus im Hinblick auf alkoholische Getränke, Rauchen, Tanzen und ähnliches. Das brachte für manche Prediger in Pfingstgemeinden erhebliche Probleme mit sich, die jahrelang gegen das Trinken von Bier oder Wein mit demselben Nachdruck gepredigt hatten wie etwa gegen Ehebruch, Homosexualität, Stehlen oder Lügen. Es scheint zu Pfingstlern einfach nicht zu passen, sich nach einer Erweckungsversammlung mit Sprachengebet zu einem Bier zusammenzusetzen. Da scheint es schon eher möglich zu sein, ein Stück Obstkuchen der Saison zusammen zu essen.

Wir sagen sicher nichts Unwahres, wenn wir feststellen, daß der Verhaltenskodex in der neueren unabhängigen charismatischen Bewegung dem der Pfingstgemeinden näher steht als dem allgemein gebilligten Verhalten innerhalb der denominationell gebundenen charismatischen Bewegung. Hier liegt ein weiterer Grund für Spannungen. Ganz anders als die Gruppen der Erneuerung sind viele der unabhängigen charismatischen Christen aktiv daran beteiligt, neue Gemeinden zu gründen, was in manchen Fällen sogar zum Entstehen ganzer Denominationen führt. Für den Außenstehenden scheinen große Ähnlichkeiten mit den Pfingstgemeinden zu bestehen, obwohl Insider feine Unterschiede im Stil der Anbetung und der Praktizierung der Geistesgaben bemerken werden. Einige Pfingstler empfinden die Existenz der unabhängigen charismatischen Gemeinden als unguten Übergriff auf ihr eigenes Gebiet. Im günstigsten Fall wurden sie von Leitern der Pfingstgemeinden als Parallelbewegung betrachtet, im schlimmsten Fall wurden sie bezichtigt, "Schafe zu stehlen."

Die Dritte Welle

Worin unterscheidet sich die Dritte Welle von den Pfingstgemeinden und den charismatischen Bewegungen? Um es zu betonen, möchte ich wiederholen, was ich bereits gesagt habe: Die Ähnlichkeiten sind weitaus größer als die Unterschiede. Die Unterschiede sind jedoch nicht unwichtig, und ich werde versuchen, sie deutlich beim Namen zu nennen.

Vorneweg möchte ich sagen, daß ich nur für mich allein sprechen kann. Ich bin nicht der Präsident der 'Weltweiten Konferenz der Dritten Welle' - so eine Organisation existiert nicht. Ich bin nur einer von vielen christlichen Leitern, die von Gott offenbar überall auf der Welt dazu geführt werden, ihm in einer Weise zu dienen, die für die Dritte Welle charakteristisch ist. Wie viele es genau sind, weiß ich noch nicht. Wenn die Schätzung von David Barrett nur in etwa stimmt, daß sich 27 Millionen Gläubige mit der Dritten Welle identifizieren, muß es eine große Anzahl solcher Christen geben. Die Bewegung befindet sich in ihrem Anfangsstadium. Detailliertere Beschreibungen werden noch eine Weile zu warten haben. Mit diesem Hinweis will ich nun daran gehen, die Dritte Welle so zu beschreiben, wie ich sie zur Zeit sehe. Die besonderen Kennzeichen der Dritten Welle sind, soweit ich das sehen kann, auf drei Gebieten zu nennen: In der Lehre, im Gemeindeverständnis und im Bereich der Erfahrung.

1. Lehrmäßige Unterschiede

Unter bibelgläubigen evangelikalen Christen sind lehrmäßige Unterschiede kein Problem, solange es - in gegenseitigem Einvernehmen -

um zweitrangige Dinge geht. Ein Beispiel dafür ist die Taufe. Die Methodisten taufen, indem sie den Täufling mit Wasser besprengen, die Baptisten tauchen unter, und die Quäker kennen eine Art "Trockenreinigung" und verwenden gar kein Wasser. Jede Gruppe ist felsenfest davon überzeugt, es richtig zu machen, aber im allgemeinen wird es toleriert, wenn andere es anders machen. Die meisten halten diesen Punkt nicht für so bedeutsam, sich darüber in die Haare zu kriegen.

Das eigentliche Wesen der Theologie selbst erlaubt solche Unterschiede. Theologie ist im Grunde nicht mehr und nicht weniger als ein menschlicher Versuch, das Wort und das Handeln Gottes in einer vernünftigen und systematischen Weise zu erklären. Die zwei wesentlichen Quellen hierfür sind die Bibel und die christliche Erfahrung. Ich brauche nicht darauf hinzuweisen, daß es verschiedene Arten gibt, wie Menschen die Bibel betrachten und wie sie Erfahrungen bewerten. Die Tatsache allein, daß es unterschiedliche Auffassungen gibt, heißt jedoch längst nicht, daß eine bestimmte Anschauung absolut verkehrt ist. Es kann gut sein, daß beide Seiten recht haben und unterschiedliche Auffassungen beide jeweils wichtige Teilaspekte der ganzen Wahrheit Gottes betonen.

Die wichtigsten lehrmäßigen Unterschiede, die die Dritte Welle von den ersten beiden Wellen unterscheidet, berühren einige zweitrangige Lehrpunkte, insbesondere die 'Taufe im Heiligen Geist', die Sprachenrede und die Gaben des Geistes. Beide Anschauungen erkennen die Bibel als ihre letztgültige Autorität an. Beide erleben auch dieselben christlichen Erfahrungen. Manche Christen erleben, zeitlich nach ihrer Wiedergeburt, eine spürbare Bevollmächtigung durch den Heiligen Geist. Einige erleben das sogar öfter als einmal. Einige dieser Christen haben die Gabe, in anderen Sprachen zu beten, andere nicht. Es kommt vor, daß eine Person diese beiden Erfahrungen gemacht hat, und in manchen Fällen ist dies nicht der Fall. Was ist nun unsere Stellungnahme zu dem, was die Bibel hierzu lehrt und zu den Erfahrungen, die Menschen gemacht haben?

Wie wir gesehen haben, nennen die meisten Mitglieder von Pfingstgemeinden und der charismatischen Bewegung diese Erfahrung 'Taufe im Heiligen Geist' und lehren, daß jedermann von seiner vorhandenen oder nichtvorhandenen Fähigkeit, in anderen Sprachen zu beten, ableiten kann, ob er diese Erfahrung gemacht hat oder nicht. Sie unterstreichen diese Lehre damit, daß sie die Worte Jesu, "Ihr aber sollt mit dem heiligen Geist getauft werden nicht lange nach diesen Tagen" (Apg. 1, 5) mit Pfingsten in Verbindung bringen, als die Jünger "alle mit Heiligem Geist erfüllt wurden und begannen, in anderen Sprachen zu sprechen" (2, 4). Das ist eine vernünftige und systematische Erklärung des biblischen Textes.

Auch wenn ich das zugebe, so glaube ich dennoch, daß meine Art, den biblischen Text zu verstehen, noch vernünftiger und systematischer ist als die ihrige. Ich möchte das kurz zusammengefaßt erklären:

Meine erstc Beobachtung ist die, daß das Neue Testament dieses Phänomen, daß Christen durch den Heiligen Geist bevollmächtigt werden, eher als *Erfülltwerden* mit dem Heiligen Geist kennt. Von *Taufe* ist hier nicht die Rede. Der Bibeltext, der über Pfingsten berichtet, spricht nicht davon, daß die Gläubigen "mit dem Heiligen Geist getauft" wurden, sondern davon, daß sie "mit dem Heiligen Geist erfüllt" wurden (2, 4). Ich verstehe die geschichtlichen Ereignisse, durch die die Juden (Apg. 2), die Samariter (siehe Apg. 8) und die Heiden (siehe Apg. 10) mit dem Evangelium in Berührung kamen, als drei Phasen des umfassenden "Pfingstgeschehens", das sich historisch ein für allemal ereignet hat. Nach diesem Ereignis war es für die Gläubigen weiterhin notwendig, mit dem Heiligen Geist erfüllt zu werden. Wahrscheinlich haben einige, wenn nicht die meisten der Gruppe, die in Apg. 4, 31 beschrieben ist, Pfingsten persönlich miterlebt. Mit Sicherheit jedoch Petrus und Johannes. Dennoch wurden sie "alle" bei dieser Gelegenheit nochmals "mit dem Heiligen Geist erfüllt". Es könnten noch andere biblische Beispiele angeführt werden.

Ich glaube, daß das Erfülltwerden mit dem Heiligen Geist nicht auf eine einzige Erfahrung beschränkt ist, die man ein für allemal macht, (wie etwa die Wiedergeburt), sondern etwas meint, was jeder Christ wiederholt von Zeit zu Zeit während seines christlichen Lebens erwarten sollte.

Meine zweite Beobachtung ist die, daß die 'Taufe im Heiligen Geist' in Wirklichkeit eine einmalige Erfahrung ist, die dann geschieht, wenn wir wiedergeboren werden. 1. Korinther 12, 13 sagt: "Wir sind alle in einem Geist zu einem Leib getauft." Ich weiß, daß David du Plessis jetzt darauf hinweisen würde, daß in diesem Fall der Heilige Geist der Täufer ist, und daß wir eine zweite Erfahrung mit Jesus als dem Täufer machen sollten. Genau hier unterscheiden sich aber unsere Ansichten.

Meine dritte Beobachtung ist die, daß die Sprachenrede eine geistliche Gabe ist. Sie ist nur eine der 27 verschiedenen Gaben des Geistes, die Gott im gesamten Leib Christi "zuteilt, wie er will" (1. Kor. 12, 11). Manche haben die Gabe der Sprachenrede, und manche haben sie nicht, genau so wie manche die Gabe der Evangelisation, Gastfreundschaft oder Lehre haben und andere wiederum nicht.

Meine vierte Beobachtung ist die, daß man mit dem Heiligen Geist erfüllt sein kann, die Frucht des Geistes zeigen und kraftvoll durch das Ausüben der Gaben des Geistes anderen dienen kann, ein Kanal Gottes zur Heilung der Kranken und zur Austreibung von Dämonen sein kann, und dies alles, ohne in Sprachen beten zu können. Fragt nicht Paulus: "Sprechen alle in anderen Sprachen?" (1. Kor. 12, 30). Die offensichtliche Antwort ist nein.

Aus diesem Grunde werden Sie es in der Dritten Welle nicht erleben, daß einzelne Menschen andere Christen dazu ermutigen die 'Taufe im Heiligen Geist' zu suchen, und Sie werden sehen, daß die Sprachengabe nicht gegenüber irgendeiner anderen Gabe hervorgehoben wird.

Mit diesem Thema hängt auch die Lehre von den Gaben des Geistes zusammen. Viele Mitglieder von Pfingstgemeinden und der charismatischen Bewegung neigen dazu, die neun Gaben in 1. Kor. 12, 8 -10 zu betonen und halten die Manifestationen dieser Gaben für einen größeren Erweis eines geisterfüllten Dienstes als die anderen 18 Gaben. Hinzu kommt, daß die Gläubigen, wenn sie nach der Auffassung der Pfingstgemeinden und der charismatischen Bewegung mit dem Heiligen Geist getauft sind, potentiellen Zugang zu allen neun Gaben erlangen, und zwar für die Dauer ihres ganzen Lebens als Christ. Die Dritte Welle - ich werde das später noch ausführlich erläutern - sieht diese Dinge anders, wobei es hier - ich betone das erneut - um eher zweitrangige Lehrfragen geht.

2. Unterschiede im Gemeindeverständnis

Ein Haupterkennungsmerkmal der Dritten Welle ist es, Spaltungen um jeden Preis zu vermeiden. Der Kern der Dritten Welle setzt sich aus Gläubigen zusammen, die mit ihrer gegenwärtigen Gemeindebindung zufrieden sind und die den Wunsch haben, daß das so bleibt.

Einer der Gründe, weshalb einige evangelikale Christen entschlossen sind, weder mit den Pfingstgemeinden noch mit der charismatischen Bewegung identifiziert zu werden, ist, daß diese beiden Bewegungen dafür bekannt sind, Spaltungen verursacht zu haben. Es gibt natürlich Ausnahmen, aber in vielen Fällen ist diese Kritik berechtigt. Die frühen Pfingstgemeinden kamen beispielsweise zum großen Teil aus der Heiligungsbewegung. Obwohl sie das ursprünglich eigentlich nicht wollten, haben sie sich von dieser Bewegung getrennt und - gemäß den Vorbildern von Luther und Wesley - eigene Denominationen gegründet. Die Kirche des Nazareners hieß ursprünglich, um einen Fall zu nennen, 'Pfingstkirche des Nazareners'. Ihre Abneigung gegen die ihrer Meinung nach unbiblische Betonung der Sprachenrede unter Pfingstlern war jedoch so stark, daß sie sich gezwungen sahen, diesen Teil ihres Namens aufzugeben. Noch heute, drei Generationen später, leiden sie darunter. Die charismatische Erneuerungsbewegung hat in den 60er und 70er Jahren eine bedeutende Anzahl gespaltener Gemeinden hinterlassen.

In den 80er Jahren ist Gemeindespaltung glücklicherweise ein weniger wichtiges Thema geworden, wofür wir alle dankbar sind. Aber religiöse Erinnerungen haben lange Wurzeln, und die Furcht, daß sich die Geschichte wiederholt, ist an vielen Orten noch vorhanden.

Leiter der Dritten Welle sind entschlossen, an vielen Punkten kompromißbereit zu sein, besonders dann, wenn es darum geht, den Dienst und die Arbeitsweise einer traditionellen evangelikalen Gemeinde nicht durcheinanderzubringen. In meinem Dienst in der Lake Avenue Congregational Church, am Fuller Theological Seminary und in Seminaren, die vom Charles E. Fuller Institut für Evangelisation und Gemeindewachstum unterstützt werden, stelle ich fest, daß ich andauernd Kompromisse eingehen muß. Und ich tue das gerne, weil ich den Eindruck habe, daß dies dem gegenwärtigen Ruf Gottes für mein Leben entspricht. Manche meiner Zeitgenossen würden eine solche Einstellung nicht teilen, denn sie haben den Eindruck, daß Gott sie in anderer Weise leitet. Manche von ihnen leiten eine unabhängige Gemeinde, wo sie buchstäblich alles genau so tun können, wie es ihnen beliebt. Meiner Meinung nach sind sie dort, wo Gott sie haben möchte, und ich bin da, wo Gott mich haben möchte. Menschen, denen eher ihre eigene Denomination und die eigene Position am Herzen liegt, und die kompromißlos ihren Auftrag innerhalb bestimmter Gemeindestrukturen sehen, sind Teil der Zweiten Welle. Ich gehöre zur dritten.

Ein Gebiet, auf dem ich gerne aus Rücksichtnahme auf andere einen Kompromiß eingehe, ist das öffentliche Beten in Sprachen. Einer der Schwerpunkte meines Dienstes, auf den ich später noch mehr eingehen werde, ist mein Gemeindebibelunterricht in der Lake Avenue Congregational Church. Unsere Gruppe nennt sich '120 Fellowship', die Gemeinschaft der 120. Zu dieser Gruppe, die vom Denken und Erleben der Dritten Welle geprägt ist, zählen sich etwa 100 Erwachsene. Ganz zu Anfang, als wir in unserer Gruppe die verschiedensten Geistesgaben zu praktizieren begannen, war meine Reaktion auf das öffentliche Beten in Sprachen eindeutig: Ich habe es rundweg verboten. Ich tat das aus zwei Gründen. Der erste Grund war: Ich wußte genug über die Geschichte von Spaltungen wegen der charismatischen Frage, um mir darüber im klaren zu sein, daß die Sprachenrede eines der Elemente war, die am meisten Trennungen verursacht haben. (Die Probleme mit der Sprachenrede gehen ja immerhin bis zur Gemeinde in Korinth zurück.) Mein Wunsch nach Einheit im Leib Christi überwog meinen Wunsch, alle Gaben des Geistes in Aktion zu sehen.

Der zweite Grund war, daß ich in gutem Einvernehmen mit meinem Pastor, Paul Cedar, handeln wollte. In privaten Gesprächen hat er mich zu dem Schritt ermutigt, öffentliches Beten in anderen Sprachen zu untersagen. Er bemerkte, daß einige seiner eher charismatisch orientierten Freunde dieselbe Haltung vertraten. Paul ermutigte mich jedoch, in erster Linie dem Heiligen Geist und erst in zweiter Linie Menschen gehorsam zu sein. Es war sein Prinzip, bei Gemeindeversammlungen öffentliche Sprachenrede nicht zuzulassen. Ich merkte, daß ich nicht sehr weise handeln würde, wenn ich mich in einer so heiklen Sache anders verhalten würde.

Als ich der Gruppe mitteilte, wie wir uns verhalten wollten, kamen einige zu mir und sagten: "Hast du nicht Angst, den Heiligen Geist zu dämpfen?" Meine Antwort war: "Ja". Ich habe Hemmungen an diesem Punkt, weil die Bibel sagt: "Verbietet nicht, in Sprachen zu beten" (1. Kor. 14, 39). Aber dieses Risiko nehme ich bereitwillig auf mich, weil der nächste Vers lautet: "Laßt alle Dinge mit Anstand und in Ordnung zugehen" (Vers 40). Und darüber hinaus bin ich bereit, die volle Verantwortung dafür zu tragen, wenn der Geist gedämpft wird. Gott wird Sie persönlich nicht verurteilen, wenn sie aus Gehorsam gegenüber Ihren geistlichen Leitern auf das öffentliche Beten in Sprachen verzichten. Es ist für Sie ein größeres geistliches Risiko, ihnen *nicht* zu gehorchen. Ich bin mir nicht sicher, ob wir deshalb, weil wir auf öffentliches Sprachenreden verzichtet hatten, jemanden aus unserer Gruppe verloren hätten. Und wenn, dann höchstens eine oder zwei Personen.

Ein letzter Punkt, der mit dem Gemeindeverständnis zu tun hat, hängt mit dem Gebrauch von Begriffen zusammen. Einer der Hauptgründe, daß es zu Spaltungen gekommen war, hing mit dem unbeabsichtigten Aufteilen einer Gemeinde in Christen erster und zweiter Klasse zusammen. Auch wenn hochqualifizierte Menschen in der charismatischen Bewegung versuchen, dies hartnäckig zu leugnen, gibt es kaum einen Weg, den Eindruck von der Hand zu weisen, daß diejenigen, die "die Erfahrung" gemacht haben, einen wichtigen Schritt zu einer - im Vergleich zu früher - höheren Ebene der Geistlichkeit getan haben. Und aus ernstgemeinter christlicher Liebe ist es für sie naheliegend, daß sie versuchen, ihren Brüdern und Schwestern in Christus dabei zu helfen, denselben Schritt zu tun.

Der gebräuchlichste Ausdruck, um diesen neuen geistlichen Status zu bezeichnen, ist das Adjektiv "geisterfüllt". Der Ausdruck wird so oft gebraucht, daß viele Menschen gar nicht bemerken, wieviel Uneinigkeit er verursachen kann. Das ist natürlich nicht der Fall in einer Pfingstgemeinde oder einer charismatischen Gemeinde, wo es ganz natürlich ist, nach der 'Taufe im Heiligen Geist' zu trachten. Ganz anders jedoch in einer evangelikalen Gemeinde, wo eine große Zahl reifer Christen, die eine enge Lebensbeziehung mit Gott unterhalten, zu Christen zweiter Klasse gemacht werden könnten, nur weil sie weder in Sprachen beten noch sich gerne unter solchen Christen aufhalten, die dies praktizieren.

Deshalb nennen sich Christen der Dritten Welle nicht gern 'geisterfüllt'. Aus demselben Grunde, hauptsächlich wegen des belasteten geschichtlichen Hintergrundes, ziehen sie es auch vor, sich nicht "charismatisch" zu nennen.

3. Unterschiede in der Erfahrung

Wie wir gesehen haben, ist der Zugang in die meisten Pfingstgemeinden und in charismatische Kreise mit der 'Taufe im Heiligen Geist' verbunden. Weil dies als einmaliges Erlebnis angesehen wird, erinnert man sich oft feierlich daran und bezeugt diese Erfahrung fast genauso häufig und detailliert wie die Wiedergeburt.

Ganz besonders kann man dies bei Menschen beobachten, die in einem christlichen Elternhaus aufgewachsen sind und sich an kein genaues Datum ihrer Bekehrung entsinnen können.

Ich war zum Beispiel fasziniert, als ich die hervorragende geschichtliche Darstellung von Vinson Synan, The *Twentieth-Century Pentecostal Explosion* las. In seiner Arbeit verfolgt er den Ursprung und die Entwicklung von 16 der existierenden Strömungen in der Pfingstgemeinde und der charismatischen Bewegung. Es ist erstaunlich, festzustellen, daß "die Erfahrung" der "Taufe" sie alle gemeinsam verbindet, sei ihr Hintergrund lutherisch, katholisch, methodistisch oder was auch immer. Auf einer Seite lesen wir folgendes über die Baptisten: "Clark schätzt, daß wenigstens ein Drittel aller amerikanischen baptistischen Missionare eine 'charismatische Erfahrung' gemacht haben." Und "keiner weiß genau, wieviele Pastoren und Missionare der Southern Baptists die Erfahrung von Pfingsten gemacht haben". Und: "Man sagt, daß ein hoher Prozentsatz aller Missionare der Southern Baptists, die auf dem Missionsfeld sind, in anderen Sprachen beten."[12]

Die Dritte Welle betont keine solchen einmaligen Erfahrungen, die eine Grenze errichten würde zwischen denen, die diese Erfahrung gemacht haben und also "dazugehören", und denen, die diese Erfahrung nicht aufweisen können und daher nicht dazugehören. Die Haupterfahrungsmerkmale der Dritten Welle zeigen sich nicht an der Person selbst, sondern in ihrem Dienst an anderen, vor allem im Gebet für Kranke und im Austreiben von Dämonen. Es hat sich gezeigt, daß bei einem solchen Dienst die Betonung mehr auf dem gemeinschaftlichen, den ganzen Leib Christi betreffenden Dienst liegt, und nicht auf der Einzelperson. Das Hauptziel dieses Buches ist, zu veranschaulichen, wie das in der Praxis funktioniert.

Die Dritte Welle und die Evangelikalen

Der Hintergrund der Dritten Welle ist die Gruppe der evangelikalen Christen. Zehntausende von Worten wurden geschrieben, um zu versuchen, das Wort "evangelikal" zur Zufriedenheit von jedermann zu definieren, aber ohne großen Erfolg. Mir liegt nicht daran, einen

Beitrag zur weiteren Verwirrung zu leisten. Was ich mit dem Ausdruck "evangelikal" in diesem Buch meine, ist nicht sehr kompliziert. Ich gebrauche diesen Ausdruck so, wie das normale Gemeindeglied in Amerika ihn versteht. Das ist etwa so, wie Billy Graham, das Lausanner Komitee oder die Baptisten diesen Begriff verstehen. Dieses Verständnis überschneidet sich ein wenig mit bewußt konservativen, fundamentalistischen Gruppen und auch mit dem mehr linksevangelikalen Lager. Ich bin mir bewußt, daß alle Angehörigen von Pfingstgemeinden und der charismatischen Bewegung im breitesten Sinne evangelikal sind. Im Moment jedoch gebrauche ich diesen Ausdruck im engeren Sinne, und der schließt die Pfingstgemeinden und die charismatische Bewegung nicht ein.

Wenn die Dritte Welle sich weiter ausbreiten sollte, wird das hauptsächlich unter evangelikalen Christen der Fall sein. Aber das geschieht nicht automatisch. Das Gedankengut der Dritten Welle wird nicht so bereitwillig und selbstverständlich aufgenommen werden wie das Gedankengut eines jeden anderen "gut evangelikalen" Buches. Jahrzehntelange antipfingstliche Rhetorik hat es inzwischen fertiggebracht, einige beachtliche Barrieren zu errichten. Das Buch von Dave Hunt, *Verführung der Christenheit*, steht auf einigen evangelikalen Bestsellerlisten noch immer vor John Wimbers *Vollmächtige Evangelisation*.

Es kann sein, daß für viele evangelikale Christen meine Beschreibung der Dritten Welle nichtssagend klingt. Sie werden sie schlicht als eine weitere, kaum verhüllte Form von Pfingstlertum betrachten. Hat die Dritte Welle denn nicht mit Heilungen und mit Befreiung von bösen Geistern zu tun? Beten nicht einige, die sich zur Dritten Welle zählen, regelmäßig in anderen Sprachen? Wird nicht behauptet, daß Wunder, Prophetien, Visionen und Worte der Erkenntnis vorkommen? Wird nicht die Person und das Werk des Heiligen Geistes betont?

Dies alles hört sich für evangelikale Christen verdächtig an, ganz besonders, wenn sie seit Generationen als (teilweise berechtigte) Reaktion auf Exzesse in der Pfingstbewegung unter dem Einfluß einer Lehre standen, die der evangelikale Theologe Richard Lovelace scherzhaft die 'Lehre von der Bescheidenheit des Heiligen Geistes' nennt. Ein Mißverständnis des Bibeltextes in Johannes 16, 13 hat viele zu der Annahme verleitet, der Heilige Geist würde nie von sich selbst sprechen. Lovelace bemerkt hierzu: "In der evangelikalen Bewegung hat man nicht nur die neun Gaben des Geistes gestrichen, es war sogar direkt gefährlich, zuviel über den Heiligen Geist zu sprechen."[13]

Es gibt eine evangelikale, reformiert geprägte Theologie, deren Wurzeln auf Benjamin Warfield (Princeton, USA) und Johannes Calvin zurückgehen, die gelehrt hat, daß die Zeichengaben wie Sprachenrede, Auslegung der Sprachenrede, Heilungen und Wunder mit dem Ende des apostolischen Zeitalters aufgehört hätten. Auch wenn er seine Meinung inzwischen geändert hat, war die Aussage von John R. Stott auf dem bedeutenden Weltkongreß für Evangelisation in Berlin 1966 durchaus typisch für die allgemeine evangelikale Haltung: "Der Auftrag der Gemeinde ist nicht, die Kranken zu heilen, sondern das Evangelium zu predigen . . . Die heutige Gemeinde ist nicht autorisiert, regelmäßig im Gebet für Kranke Wunder zu erwarten."[14]

Vor kurzer Zeit sagte J.I. Packer, der den Eindruck hat, daß das letzte Wort über das Andauern der Zeichengaben nach der apostolischen Ära noch nicht gesprochen wurde: "Die Theorie einer Wiederherstellung der Zeichengaben, die die charismatische Bewegung von der älteren Pfingstbewegung übernommen hat, ist unzutreffend. Niemand kann sicher sein, noch ist es wahrscheinlich, daß die neutestamentlichen Gaben der Zungennrede, der Auslegung, der Heilung und Wundertaten wiedereingesetzt wurden . . . "[15]

Ich kann das gut verstehen. Es klingt ganz ähnlich wie das, was mir beigebracht wurde, als ich in den 50er Jahren am Fuller Theological Seminary studiert habe.

Dispensationalistische Theologie, die viele hervorragende evangelikale Bibelschulen und Seminare prägt, hat dieses evangelikale Erklärungsmodell wieder verstärkt hervorgehoben. John F. MacArthur, Jr., ein Vertreter dieser Theologie, sagt: "Hier spricht die Bibel klar und deutlich davon, daß Zeichen, Wunder und Zeichengaben den Aposteln der ersten Generation gewährt wurden, um zu bestätigen, daß sie Botschafter einer neuen Offenbarung waren."[16]

Dave Breese argumentiert so: "Die Aufgabe der Wunder im Hinblick auf die Bibel ist erfüllt, denn das geschriebene Wort Gottes wurde bereits durch Zeichen, Wunder und die Gaben des Heiligen Geistes bestätigt."[17]

Ray Stedman vertritt folgende Auffassung zu den neutestamentlichen

Zeichen und Wundern: Sie "waren Zeichen, die die Apostel auszeichneten. Sie waren nie für die gesamte christliche Gemeinde gedacht."[18]

Es ist wichtig zu wissen, daß, so weit ich weiß, keiner dieser Autoren leugnen würde, daß Gott heute noch Kranke heilt. Die Frage ist nur, ob Er die Zeichengaben als Mittel gebraucht, um diesen Zweck zu erfüllen. Für einen großen Teil der evangelikalen Christen, die sich entweder der reformierten oder der dispensationalistischen Version vom Aufhören der Zeichengaben angeschlossen haben, stellt die Dritte Welle verständlicherweise eine Bedrohung dar. Ich habe aber den Eindruck, daß sich die Einstellungen in den letzten 10 Jahren geändert haben.

Wenn heutige christliche Gemeinden sich über ihren Dienst Gedanken machen und Modelle für ihre Arbeit entwickeln, würden sie gut daran tun, wenn sie die Außenwelt wissen ließen, wie sie sich selbst auf der Skala einordnen: charismatisch oder nicht-charismatisch, aber offen; nicht-charismatisch - nicht offen; bis hin zu einer anticharismatischen Einstellung. Im Laufe der Jahre sieht es so aus, als ob der Trend unter Evangelikalen eher von der anticharismatischen Position wegführt, hin zur nicht-charismatischen Haltung. Manche sind so offen und erklären: "Wir heißen praktizierende charismatische Christen in unserer Gemeinde willkommen, weisen aber darauf hin, daß sie sich einer nicht-charismatischen Gemeinde anschließen. Sie können ihre Gaben ausüben, aber nicht als Teil unseres offiziellen Gemeindeprogramms." Einige verschließen sich mehr und sagen: "Wir gestehen zu, daß pfingstlich und charismatisch geprägtes Christentum ein Teil des Wirkens Gottes in der heutigen Welt ist. Wir haben aber den Eindruck, daß diese Denkweise und die damit verbundenen Erfahrungen nicht zu uns passen. Wenn Sie ein charismatisch geprägter Christ sind, würden Sie sich wahrscheinlich in einer anderen Gemeinde eher zu Hause fühlen."

Mir gefällt die Art, wie Pastoren wie George Mallone, John Opmeer, Jeff Kirby und Paul Stevens ihre Pilgerreise beschreiben. Keiner von ihnen bezeichnet sich als charismatischen Pastor einer charismatischen Gemeinde. Ihr Geständnis läßt aufhorchen: "Unser Hintergrund, sowohl die dispensationalistische als auch die reformierte Theologie, hat uns beigebracht, daß die Zeichengaben des Heiligen Geistes mit dem Sterben der Apostel aufgehört haben. Um unsere theologischen Examen zu bestehen, haben wir die Meinung vertreten, die jedermann hören wollte." Als sie aber ihre theologischen Ausbildungsstätten verlassen hatten und einige Zeit ihren Dienst getan hatten, fanden sie heraus, daß sie Teil der Bewegung sind, die ich soeben beschreibe. Sie kamen zu drei Schlußfolgerungen:

1. Das Aufhören der Zeichengaben wird in der Bibel nicht gelehrt.
2. Das Fehlen dieser Gaben hat zur Folge, daß die Gemeinde unglaublich schwach und kränklich ist.
3. Unsere eigenen Erfahrungen deuten darauf hin, daß diese Gaben der Gemeinde noch heute zur Verfügung stehen.[19]

Das klingt für meine Ohren sehr nach Dritter Welle. Ich möchte darauf hinweisen, daß ein wichtiger Faktor, der diese evangelikalen Pastoren dazu veranlaßt hat, ihre Einstellung zu ändern, ihre persönliche Erfahrung mit der übernatürlichen Kraft Gottes in ihrem Dienst war. Das deckt sich mit meiner Beobachtung, daß persönliches Miterleben von Krankenheilungen, Wundern, Worten der Erkenntnis oder Befreiung von dämonischer Bindung der bei weitem überwiegende Faktor ist, der evangelikale Christen von einer skeptischen Haltung im Hinblick auf Zeichen und Wunder abbringen kann. Sehr oft beginnen diese Menschen daraufhin, diese neugewonnenen Erkenntnisse schrittweise in den eigenen Glauben miteinzubeziehen. Die Folge davon ist eine Offenheit und persönliches aktives Engagement in einem Dienst, der am ehesten mit dem Ausdruck 'Dritte Welle' charakterisiert werden kann.

Mein persönlicher Werdegang ist hier keine Ausnahme. Davon möchte ich gerne im nächsten Kapitel erzählen.

Anmerkungen

1. (Anm. d. Übers.: Dispensationalistisch: von englisch *dispensations* = hier: Heilszeiten, Heilssabschnitte. Dispensationalismus ist ein Lehrsystem, das die Heilsgeschichte als in bestimmte Abschnitte unterteilt versteht. Darin unterscheidet sich beispielsweise das "apostolische Zeitalter" vom "nachapostolischen Zeitalter", dem Zeitalter der Gemeinde; im besonderen wird etwa gelehrt, daß aus Textstellen wie z.B. 1. Kor. 13, 10 hervorgehe, die besonderen Zeichengaben hätten nur zur Bestätigung der biblischen Offenbarung gedient, und seien heute deshalb überflüssig, da wir ja heute die Bibel als vollständige Offenbarung Gottes vorliegen haben. Der Dispensationalismus hat auch im deutschsprachigen Europa einen erheblichen

Einfluß auf den Evangelikalismus gehabt, der bis heute nachwirkt).

2. C. Peter Wagner, *On the Crest of the Wave* (Ventura, CA: Regal Books, Div. of Gospel Light Publications, 1983), S. 19 - 21.

3. C. Peter Wagner, *Spiritual Power and Church Growth* (Wheaton, IL: Creation House, 1987).

4. Michael Cassidy, *Bursting the Wineskins* (Wheaton, IL: Harold Shaw, 1983), S. 11.

5. James Wong, "Reaching the Unreached", *The Courier*, März-April, 1984. S. 6.

6. C. Peter Wagner, "A Third Wave?" *Pastoral Renewal*, Juli-August, 1983, S. 1 - 5.

7. Vinson Synan, *In the Latter Days: The Outpouring of the Holy Spirit in the Twentieth Century* (Ann Arbor, MI: Servant Books, 1984), S. 137.

8. David Barrett, World Christian Encyclopedia (New York: Oxford University Press, Inc., 1982).

9. Thomas F. Zimmermann, "Priorities and Beliefs of Pentecostals," *Christianity Today*, 4. September 1981, S. 36 - 37.

10. Larry Christenson, "Baptism with the Holy Spirit", *Focus Newsletter*, Fellowship of Charismatic Christians in the United Church of Christ, Juni 1985, S. 1 - 3.

11. Ebd., S. 3.

12. Vinson Synan, *The Twentieth-Century Pentecostal Explosion* (Altamonte Springs, FL: Creation House, 1987), S. 33-34.

13. Richard Lovelace, "We need Other Christians," *Charisma*, Mai 1984, S. 10.

14. John R. Stott, "The Great Comission", *One Race, One Gospel, One Task*, Carl F.H. Henry und Stanley Mooneyham, Hrsg. (Minneapolis: World Wide Publications, 1967), Bd. 1, S. 51.

15. J.I. Packer, *Auf den Spuren des Heiligen Geistes* (Basel: Brunnen-Verlag, 1989), S. 238.

16. John F. MacArthur, Jr., *The Charismatics* (Grand Rapids, MI: Zondervan Academie Books), 1978, S. 78.

17. Dave Breese, *Satan's Ten Most Believable Lies* (Chicago: Moody Press, 1974), S. 86.

18. Ray Stedman, *Acts 1-12: Birth of the Body* (Ventura, CA: Regal Books, Div. of Gospel Light Publications, 1974), S. 105.

19. George Mallone, *Those Controversial Gifts*, (Downers Grove, IL: Inter-Varsity Press, 1983), S. 11.

Zwei

Wie ich die Dritte Welle entdeckte

Viele Menschen fragen mich nach meiner christlichen Vergangenheit. Ich habe keine. Als ich Christ wurde, kam ich direkt aus dem absoluten Heidentum. Ich bin in einer fröhlichen, gut angepaßten Familie groß geworden. Wir hatten einander alle sehr gern, aber mit der Kirche, mit Gott, Jesus oder der Bibel hatten wir nichts zu tun.

Als ich mein Zuhause verlassen hatte und aufs College ging, traf ich ein junges Fräulein, Doris. Ich wollte sie gern heiraten. Als ich sie fragte, sagte sie mir, daß sie mich nicht heiraten könne. Sie habe Gott versprochen, nur einen Christen zu heiraten. Ich entgegnete, daß ich gerne Christ werden wolle. Sie meinte, es gäbe da noch etwas. Sie hatte Gott versprochen, daß sie Missionarin werden wollte. Ehrlich gesagt hatte ich keine Ahnung, was ein Missionar ist, aber als sie es mir erklärte, war ich einverstanden.

Und so geschah es: Im Jahr 1950 knieten wir zusammen auf dem Bauernhof ihrer Eltern im Norden des Bundesstaates New York nieder. An diesem Tag lud ich Jesus als meinen Herrn und Erretter in mein Leben ein und verpflichtete mich, Missionar zu werden. Doris gab mir ihr Jawort, und heute freuen wir uns auf unseren 38. Hochzeitstag.

Wir werden evangelikal

Doris ist zwar in einer christlichen Familie aufgewachsen, jedoch war die Kirche, in die sie gingen, eher traditionell und hatte nicht viel mit evangelikalem Christentum gemeinsam. Als wir uns kennenlernten, war es genau eine Woche her, daß sie selbst erfahren hatte, wie Jesus ihr Leben neu machte. Als wir heirateten, schlossen wir uns der Gemeinde an, die uns am nächsten war. Es handelte sich um eine eher durchschnittliche Gemeinde. Mehr will ich im Moment darüber nicht sagen.

Wir nahmen unsere Mitgliedschaft ernst. Wir wurden in den Gemeindevorstand gewählt, und wir fuhren sogar nach New York, um uns beim Missionskomitee dieser Kirche zu bewerben. Dann begannen wir festzustellen, daß das, was der Pastor predigte, nicht mit dem übereinstimmte, was wir in der Bibel gelesen hatten. Zum Beispiel behauptete er, daß es so etwas wie eine Hölle nicht gibt. Weil Gott die Menschen liebt, würde jedermann ohne Bedingungen in den Himmel kommen. Einmal, als er in der Predigt etwas illustrieren wollte, legte er *Das Kapital* von Karl Marx auf die Kanzel, direkt neben die Bibel, und meinte, daß die beiden Bücher in gleicher Weise inspiriert seien. Ich verstand damals zwar nicht sehr viel vom Christentum. Aber eines wußte ich: Das, was er predigte, war nicht das, was ich in meiner Bibel gelesen hatte.

Etwa in dieser Zeit lernte ich die internationale Studentenbewegung *Inter-Varsity Christian Fellowship* kennen. Ich trat ihr bei und machte dort meine erste Bekanntschaft mit evangelikalem Christentum. Doris und ich schlossen uns einer konservativen, bibelgläubigen Gemeinde an, in der ich später auch ordiniert wurde. Um uns auf unseren späteren Missionsdienst vorzubereiten, zogen wir nach Kalifornien. Ich besuchte das Fuller Seminary, und Doris studierte an dem Institut, das später zur Biola University wurde. Dann traten wir unseren Missionsdienst in Bolivien an. Wir reisten mit der South America Mission und SIM International aus, damals als Andes Evangelical Mission bekannt.

Mit diesem Gemeindehintergrund waren die Würfel gefallen. Ich war evangelikaler Christ und bin dieser Zugehörigkeit seither treu geblieben. Ich wollte in der Vergangenheit nie etwas anderes sein als evangelikaler Christ, und ich denke auch nicht daran, irgendetwas daran zu ändern.

Wo war die Vollmacht?

Eines der Kennzeichen des evangelikalen Christentums ist die Hochachtung vor der Autorität der Schrift. Was die Bibel lehrt, hat letzte Gültigkeit für Glaube und Leben. Meine ganze Hingabe galt der Erfüllung des Missionsbefehls von Jesus: "Darum gehet hin in alle Welt und macht alle Völker zu Jüngern" (Matth. 28, 19). Unzählige Male hatte ich die Worte, die aus dem Munde von Jesus stammen, gelesen, die vor dem "Darum" stehen: "Mir ist gegeben alle Vollmacht im

Himmel und auf der Erde" (Vers 18). Ich verstand genug Griechisch, um zu wissen, daß das Wort für Vollmacht *exousia* hieß. Ich hatte auch gelesen, daß Jesus schon zuvor seinen Jüngern *exousia* "über unreine Geister gegeben hatte, um sie auszutreiben und jede Art von Seuche oder Krankheit zu heilen" (10, 1). Aus irgendeinem Grunde hatte ich diese zwei Bibeltexte nie miteinander in Verbindung gebracht.

Doris und ich verbrachten 16 Jahre als Missionare in Bolivien. Während unserer ersten Dienstzeit - wir lebten im Dschungel in der Nähe der brasilianischen Grenze - leitete ich eine Bibelschule, evangelisierte, gründete eine Gemeinde, sprach auf Bibelkonferenzen und bildete bolivianische Pastoren aus. In unserer zweiten und dritten Dienstperiode zogen wir in die Andenstadt Cochabamba. Der Großteil meiner Arbeit bestand aus Unterricht an einem theologischen Seminar sowie der Verwaltung und Leitung der Mission. Die meisten, die uns kannten, hielten uns für durchschnittlich begabte Missionare, vielleicht sogar ein wenig über dem Durchschnitt.

Wenn wir jetzt auf diese 16 Jahre zurücksehen, fragen wir uns, wie oft wir es erlebten, daß die Vollmacht zum Erfüllen des Missionsbefehls, von der Jesus sprach, die Vollmacht zum Austreiben von Dämonen und zum Heilen der Kranken, durch uns anderen zugute kam. Die Antwort ist, soweit wir uns zurückerinnern können: nicht ein einziges Mal.

Nun stellte sich uns die Frage: Weshalb? Wo war die Vollmacht? Ich bin mir dessen bewußt, daß ich kein geistlicher Riese bin. Die Antwort könnte also sehr wohl in meiner mangelnden Hingabe an Gott, der Schwachheit meines Gebetslebens, meinem schwankenden Glauben oder Sünde in meinem Leben begründet sein. Zweifellos war das alles ein Teil des Problems, aber, um ehrlich zu sein, ich glaube nicht, daß ein einzelner Faktor hiervon der Hauptgrund war. Es klingt vielleicht merkwürdig, aber ich glaube, der Hauptgrund war, daß ich mich genau so verhielt, wie man es damals von den meisten evangelikalen Christen erwartete. Die Tatsache, daß die meisten meiner evangelikalen Freunde und Kollegen im selben Boot saßen, unterstreicht nur meine Schlußfolgerung. Bei genauerer Untersuchung stellte ich wenigstens 4 gewichtige Hindernisse fest, die mich davon abhielten, mit der Vollmacht, von der Jesus sprach, in Berührung zu kommen:

1. Ich war Dispensationalist. Wie ich schon im letzten Kapitel beschrieben habe, hatte man mir beigebracht, was man als Evangelikaler zu glauben hatte. Ich übernahm die Lehren von christlichen Leitern wie John Stott, J.I. Packer, John MacArthur, Jr. und Ray Stedman. Ich las für gewöhnlich in der Scofield-Bibel, sowohl auf Englisch als auch auf Spanisch. Dort schreiben die Herausgeber in der Fußnote zu 1. Korinther 13, 8, daß die "Zeichen"-Gaben, wie etwa Sprachenrede, Heilungen oder Wunder, im nachapostolischen Zeitalter aufgehört hätten. Ich glaubte, daß Wunder zwar ihre Berechtigung bei der Verbreitung des Evangeliums hatten, bevor das Neue Testament geschrieben wurde, daß Wunder jedoch dann, als der biblische Kanon vollständig war, keine weitere Bedeutung mehr hatten.

Ein weiterer Aspekt der dispensationalistischen Lehre ist, daß das Reich Gottes als etwas Zukünftiges gesehen wird. Das Zeitalter der Gemeinde, in dem wir heute leben, ist demnach so etwas wie ein Zwischenstadium zwischen den irdischen Anfängen des Reiches Gottes zur Zeit des ersten Kommens von Jesus und dem Reich Gottes, wie es zur Zeit seiner Wiederkunft offenbar werden wird. Das Reich Gottes hatte für mich nichts mit der Gegenwart zu tun, sondern war etwas, worauf wir unsere Zukunftshoffnung setzten.

2. Ich war ein Anti-Pfingstler. In unseren evangelikalen Kreisen waren wir uns einig, daß das meiste, was wir bei den Pfingstlern beobachteten, bestenfalls eine Täuschung, im schlimmsten Fall jedoch Betrug war. Hätte man uns unter Druck gesetzt, so hätten wir zugegeben, daß wahrscheinlich die meisten Pfingstler mit uns zusammen in den Himmel kommen würden. Solch ein Urteil erschien uns jedoch wie ein Ausdruck christlicher Großzügigkeit, weil uns ihre Theologie so oberflächlich vorkam. Ich konnte nichts Positives an der Art und Weise, wie Pfingstler ihr Christentum auslebten, finden, sondern hatte eher eine Abneigung dagegen. Als Heilungsprediger der Pfingstbewegung nach Bolivien kamen und ihre Zelte aufbauten, warnte ich die Leute in meiner Gemeinde, ja nicht zu diesen Veranstaltungen zu gehen.

3. Mein Verständnis der Kraft Gottes war begrenzt. Wenn ich Predigten über die Kraft Gottes hörte, nahm ich an, daß diese Kraft etwas mit Errettung, Zeugnisgeben und einem heiligen Lebensstil zu tun hätte. Es war in meinen Kreisen, gelinde gesagt, verdächtig, weiter als dieses Verständnis der Kraft Gottes zu gehen und diese Kraft etwa auch mit der Heilung von Kranken oder mit Wundertaten in Verbindung zu bringen. Das war etwas, was man nur von den "unaufgeklärten" Pfingstlern erwartete. So etwas hielt man für eine Art Aberglauben.

4. Meine Weltanschauung war vom Humanismus geprägt. Es wäre unzutreffend, mich nach meiner gründlichen evangelikalen theologischen Ausbildung als Humanist zu bezeichnen. Von meinem heutigen Standpunkt aus betrachtet bin ich jedoch erstaunt, wie stark der säkulare Humanismus unserer heutigen amerikanischen Kultur unser Verständnis von christlicher Theologie geprägt hat.

Humanistische Denkweise hat unsere christlichen Schulen, Universitäten, Kirchen und unsere Literatur mehr geprägt, als wir gerne zugeben möchten.

Mein Kollege Paul G. Hiebert meint, daß wir Missionare oft als unfreiwillige Vermittler einer Verweltlichung in der Dritten Welt gewirkt haben. Ich kann das ohne weiteres unterstreichen. Ich kann mich zum Beispiel erinnern, daß ich es als meine missionarische Verantwortung empfunden habe, den Menschen in Bolivien beizubringen, daß Krankheiten von Bakterien und nicht von bösen Geistern verursacht werden. Krankheiten konnte man mit Spritzen und Operationen behandeln, ob man dabei nun an Gott glaubte oder nicht. Das Urteil über Krankheit und Gesundheit gehörte in den Bereich der Wissenschaft. Nur Ungebildete würden das mit der übernatürlichen Welt in Zusammenhang bringen. Und war es nicht eine der Aufgaben des Christentums, Unkenntnis zu beseitigen?

Paradigmenwechsel

Heute sehe ich die Dinge völlig anders. Es gehört zu meinem Alltag, daß Gott mich zur Heilung von Kranken und zum Austreiben von Dämonen gebraucht. Ich bin heute weder ein Dispensationalist noch ein Antipfingstler. Es mag sein, daß ich den Einfluß des säkularen Humanismus noch nicht ganz abgeschüttelt habe, aber ich weiß um das Problem und gebe mir Mühe. Ich bin immer noch evangelikaler Christ, aber ich habe inzwischen die Dritte Welle entdeckt und nehme aktiv daran teil. Was hat zu dieser Veränderung geführt? Es war ein Prozeß. Der Anthropologe Charles H. Kraft nennt das einen Paradigmenwechsel, eine weltanschauliche Umorientierung. Ich werde später noch darauf eingehen, was dieser Paradigmenwechsel alles beinhaltet. Ich will hier nur sagen, daß mein Verständnis der Art und Weise, wie die Kraft Gottes hier und heute wirkt, sich radikal verändert hat. Manche erleben diesen Paradigmenwechsel ziemlich plötzlich als Teil einer überwältigenden, spontanen Erfüllung mit dem Heiligen Geist oder als Folge einer dramatischen Heilung, die sie miterleben. Die Veränderung dauerte bei mir etwa 15 Jahre. In dieser Zeit durchlief ich 4 Stufen auf dem Weg zur Entdeckung der Dritten Welle.

E. Stanley Jones

Die erste Stufe hängt mit meiner Begegnung mit dem inzwischen verstorbenen E. Stanley Jones zusammen, dem berühmten methodistischen Indienmissionar. Mitte der 60er Jahre wurde Jones von den bolivianischen Methodisten eingeladen, Versammlungen zu halten. Zu der Zeit war ich nicht nur Dispensationalist, sondern auch ein seperatistischer Fundamentalist. Man hat mir während meiner theologischen Ausbildung beigebracht, daß E. Stanley Jones liberal war. Aus diesem Grunde wollte ich nichts mit ihm zu tun haben. Unsere Missionsgesellschaft, zusammen mit einigen anderen, hatte sich in der örtlichen christlichen Allianz dafür eingesetzt, ihn nicht nach Cochabamba einzuladen. Die Methodisten wurden völlig allein gelassen. Zu meiner großen Überraschung ging einer unserer älteren Missionare, der früher die Missionsgesellschaft geleitet hatte und von vielen als reifer Christ geachtet wurde, stillschweigend zur ersten Versammlung von Jones. Am nächsten Tag berichtete er mir, daß Jones unmöglich ein Liberaler sein könne. Er habe das biblische Evangelium gepredigt, einen Aufruf zur Entscheidung für Christus gegeben und für Menschen gebetet, daß sie gerettet werden. Mein Freund war ebenfalls Fundamentalist, genau wie ich, und so wurde meine Neugier geweckt. Am nächsten Tag entschlossen Doris und ich uns dazu, hinzugehen und uns die Sache selbst anzusehen. Ich war einer von denen, die sich öffentlich gegen E. Stanley Jones ausgesprochen hatten, und so wollte ich so wenig wie möglich auffallen. Ich ging im Schutz der Dunkelheit hin, kam zu spät und setzte mich still ganz hinten hin, um beim Hinausgehen wieder der erste zu sein. Ich war schockiert. Es stellte sich heraus, daß es sich an diesem Abend um einen der altmodischen Heilungsgottesdienste handelte, wo man zum Schluß aufgefordert wurde, nach vorne zu kommen, um mit sich um Heilung beten zu lassen.

Ausgerechnet zu diesem Zeitpunkt war es so, daß ich selbst dringend Heilung nötig hatte. Ich hatte eine Zyste im Nacken gehabt, die operativ entfernt werden mußte. Nun bin ich, offen gestanden, nicht der ideale Patient für einen Arzt. Als ich kurz nach der Operation einen Schock erlitt, wäre ich beinahe gestorben. Der Chirurg sagte mir, daß ich nur ganz knapp mit dem Leben davongekommen sei. Um die Sache aber noch zu verschlimmern, wollte die Operationswunde nicht heilen. Wochenlang war es ein nässendes und eiterndes Geschwür. Einige Tage vor dieser Gebetsversammlung hatte mir der Arzt mitgeteilt, daß er mich für eine erneute Operation überweisen müsse. Das war das Letzte, was ich wollte.

So saß ich also da und hörte E. Stanley Jones zu, wie er seinen Aufruf gab, für göttliche Heilung mit sich beten zu lassen. Seine Predigt sprach mich an, und ich konnte sogar einige meiner antipfingstlichen Befürchtungen überwinden. Fast konnte ich glauben, daß die Kraft Gottes auch heute noch Krankheit heilen kann. Aber ich war ja der Missionsdirektor und sollte außerdem überhaupt nicht bei dieser Versammlung dabeisein. Also verhielt ich mich still. Als einige nach vorne gegangen waren, um für sich beten zu lassen, tat Jones etwas sehr Angenehmes. Er sagte: “Ich weiß, daß noch andere da sind, die Heilung nötig haben. Aber aus irgendeinem Grunde sind sie nicht nach vorne gekommen. Entspannen Sie sich. Ich werde auch für Sie beten.” Ich bezog das auf mich. Als er betete, hatte ich den Glauben, Gott zu vertrauen, daß er die Wunde heilen würde.

Als wir wieder zuhause waren, nahm ich den Verband ab. Das Geschwür war noch immer offen und näßte, aber ich ging an diesem Abend ohne den Verband ins Bett. Am nächsten Morgen war die Wunde vollständig geheilt und ist es seither auch geblieben. Meine Haltung begann sich zu verändern - wenn auch nur geringfügig.

Pfingstler sind gar nicht so schlimm

Die zweite Stufe meines Paradigmenwechsels hatte mit dem Untersuchen wachsender Gemeinden zu tun. Ich habe im letzten Kapitel davon gesprochen, wie Donald McGavran mir geholfen hatte, einen Blick für Gemeindewachstum zu entwickeln, als ich Ende der 60er Jahre unter ihm an der Fuller School of World Mission studierte. Er brachte seinen Studenten bei, wachsende Gemeinden überall dort zu untersuchen, wo sie zu finden seien, um Prinzipien zu entdecken, die wiederum anderen Gemeinden zur Hilfe werden könnten.

Als ich nach Bolivien zurückkehrte, um das, was ich gelernt hatte, in die Praxis umzusetzen, fand ich zu meiner großen Bestürzung heraus, daß die schnellstwachsenden Gemeinden in Südamerika ausgerechnet die Pfingstgemeinden waren, welche ich so sehr verachtet hatte. Ich stellte fest, daß sich die Zahl der Pfingstler unter den evangelikalen Christen in Südamerika von 20 Prozent im Jahre 1950 auf etwa 70 Prozent im Jahre 1970 erhöht hatte, und daß die wachsende Tendenz noch immer anhielt. Als Spezialist für Gemeindewachstum konnte ich mir es nicht länger leisten, dieses Phänomen zu ignorieren. Es war mir jedoch klar, daß es für mich in meiner Stellung und mit meiner Haltung nicht sehr angebracht war, an den Pfingstgemeinden in Bolivien irgendwelches Interesse zu zeigen. Bruno Frigoli, ein Missionar der pfingstlich orientierten Assemblies of God, war einer meiner ärgsten Feinde. Aber gerade auf der anderen Seite der Anden, in Chile, gab es eine große Gruppe von Pfingstlern, die sich explosionsartig verbreitete.

In Chile kannte mich kein Mensch. Und so flog ich mit einer gehörigen Portion Aufregung über die Anden und besuchte einige Gottesdienste in den dortigen Pfingstgemeinden. Zu meinem Erstaunen benahmen sich diese Leute wie wirklich wiedergeborene Christen. Ich konnte die Frucht des Geistes in ihrem Leben erkennen. Ich sprach mit ihren Leitern und machte auf diese Weise Bekanntschaft mit Männern und Frauen Gottes. Ich stellte theologische Fragen und erhielt vernünftige Antworten.

Das, was an ihnen am meisten auffiel, waren ihre Gottesdienste. Ganz anders als bei unseren evangelikalen Gottesdiensten in Bolivien hatten die Pfingstler offenbar Spaß am Gottesdienst! Sie sangen und tanzten aus Freude am Heiligen Geist, klatschten und streckten die Hände hoch. Bevor ich mich versah, versuchte ich es auch einmal, und es gefiel mir sogar. Ich hörte einige Male Sprachengebete und prophetisches Reden, und ich fing an, darüber nachzudenken, ob diese Gaben vielleicht doch nicht nach den Aposteln aufgehört hatten zu existieren.

Das erste, was ich tat, als ich wieder in Bolivien ankam, war, mich mit Bruno Frigoli anzufreunden. Bald danach zogen Doris und ich wieder zurück in die Vereinigten Staaten, um am Fuller Seminary Unterricht zu geben. Das war die Zeit, als ich das Buch *Spiritual Power and Church Growth* schrieb, worin ich das weitergab, was ich von den Pfingstlern in Südamerika gelernt hatte. Mir hat es sehr geholfen, dieses Buch zu schreiben, denn es brachte mich einen großen Schritt in meinem

Paradigmenwechsel weiter. Und es freut mich, daß das Buch vielen anderen im selben Sinne ebenfalls weitergeholfen hat.

Church of God

Die dritte Stufe meines Paradigmenwechsels kam dadurch, daß ich im Laufe meiner Arbeit Mitte der 70er Jahre mit der Church of God (Cleveland, TN) zu tun hatte. Die Leiter dieser Denomination hatten mich eingeladen, ihnen dabei zu helfen, Prinzipien wachsender Gemeinden zu verstehen und anzuwenden; dies war das erste Mal, daß ich mit einer klassischen Pfingstgemeinde über eine längere Zeit hinweg Kontakt hatte. Ich wurde zwar für meinen Unterricht bei ihnen bezahlt, aber sie bemerkten wahrscheinlich nicht, daß ich mindestens genauso vielbei ihnen lernte, wie ich sie lehrte. Diese Männer und Frauen Gottes haben mich überzeugt, daß sie eine Dimension der Kraft Gottes kannten, die ich selbst nötig hatte. Nach jedem Besuch bei ihnen kam ich geistlich erfrischt nach Hause. Ich beobachtete bei mir selbst, daß ich mir im geheimen manchmal wünschte, auch Pfingstler zu sein!

Noch bevor ich jedoch meine Arbeit mit der Church of God abschloß, hatte ich den starken Verdacht, daß Gott etwas anderes für meine Zukunft geplant hatte.

John Wimber

Die vierte und letzte Stufe meines Paradigmenwechsels war eine Folge meiner Bekanntschaft mit John Wimber. Als ich John 1975 zum ersten Mal traf, war er Pastor einer Quäkergemeinde. Darüber hinaus war er im Verlauf seiner theologischen Ausbildung (Doctor of Ministry) in meinem Kurs über Gemeindewachstum als Student eingeschrieben. Er hatte bereits einen Namen als Leiter einer wachsenden Gemeinde in der Yorba Linda Friends Church, und so fiel mir sein Name auf der Studentenliste ins Auge. Wir schlossen Bekanntschaft, und nach der ersten Wochen sagte er zu mir: “Ehrlich gesagt habe ich das, was du unterrichtest, schon immer gewußt. Nur war mir nie klar, wie man das alles nennen soll.” Am Ende der zweiten und damit letzten Woche hatte ich begriffen, daß John ungewöhnliche Fähigkeiten als Praktiker und Berater für Gemeindewachstum besaß. Er war genau der Mann, den ich brauchte.

In den 70er Jahren arbeitete ich als Generalsekretär der Fuller Evangelistic Association und erteilte gleichzeitig noch Unterricht am Seminar. Mitte der 70er Jahre begann ich dann mit dem Aufbau des 'Charles E. Fuller Institute of Evangelism and Church Growth'. Ich tat dies, weil mir klar war, daß ich trotz meiner Spezialisierung als Theoretiker für Gemeindewachstum den Kontakt mit Männern der Praxis brauchte, die es besser als ich verstanden, wie man diese Theorien in den Gemeinden anwendet. In John Wimber sah ich einen solchen Mann, und ich überzeugte ihn, seine Position in der Gemeinde zu verlassen und für mich zu arbeiten. Mit John hatte das 'Charles Fuller Institute' einen denkbar guten Start. Wir wurden schnell Freunde und entdeckten mit Begeisterung jeweils die Begabungen und den praktischen Dienst des anderen.

Zu der Zeit waren wir beide mit ganzem Herzen traditionelle, evangelikale Christen. Wir hatten zwar eine gewisse Bewunderung für die Pfingstler und die Mitglieder der charismatischen Bewegung übrig, hielten sie uns aber dennoch, so gut es ging, vom Leibe. In diesen Tagen hatte ich einen kleinen 'charismatischen Vorsprung' vor John, denn ich benutze manchmal eine von Gott geschenkte Sprache zum persönlichen Gebet. Als frischbekehrter Christ hatte John zwar vor Jahren in Sprachen gebetet, aber man hat ihm gesagt, er solle das lassen, und so hatte er damit aufgehört. Wir sprachen damals nie darüber, und außerdem hielt ich das Gebet in Sprachen auch nicht für einen zentralen Faktor in meinem geistlichen Leben.

Dann wußte sich John von Gott dazu berufen, eine neue Gemeinde zu gründen. Ich unterstützte ihn darin, denn ich dachte an eine eher kleine Gemeinde, die ihm genügend Arbeitsmöglichkeiten bot, wenn er mal an einem Wochenende keine Pastorenschulung hatte. Ich hatte ja keine Ahnung, daß diese neue Gemeinde zur 'Vineyard Christian Fellopship of Anaheim' heranwachsen würde, einer Gemeinde von heute über 6.000 Mitgliedern. Als Gott diese Gemeinde mit außerordentlichem Gemeindewachstum zu segnen begann, mußte John Wimber seine Arbeit im Charles Fuller Institute 1977 aufgeben. Aber Gott wußte das und hatte Carl George aus Gainesville, Florida, darauf vorbereitet, John zu ersetzen und mit der Arbeit des Institutes weiterzumachen. John und ich blieben enge Freunde. Er hilft mir weiterhin jeden August dabei, im 'Doctor of Ministry'- Programm des Fuller Seminarys einen Kurs über Gemeindewachstum (*Church Growth II*) zu unterrichten.

Ganz am Rande hatte ich bemerkt, daß John und andere aus seiner Gemeinde in den Jahren 1978 bis 1980 damit begonnen hatten, für Kranke zu beten. Einige Menschen waren dadurch gesund geworden. Neugierig, wie ich war, besuchte ich hin und wieder die Sonntagabendgottesdienste der Gemeinde, als sie sich noch in der Turnhalle der 'Canyon High School' in Placentia, Kalifornien, traf. Im Jahre 1981 schlug John vor, an einem speziell dafür reservierten Vormittag im Church Growth II-Kurs über "Zeichen, Wunder und Gemeindewachstum" zu unterrichten. Wenn dieser Vorschlag von irgend jemand anderem gekommen wäre, hätte ich gezögert. Hier bewegten wir uns auf verbotenem Gelände, sowohl im Hinblick auf die Gemeindewachstumsbewegung als auch auf das Fuller Theological Seminary. Aber ich hatte Vertrauen zu John Wimber; ich hatte bei ihm soviel Integrität und Glaubwürdigkeit beobachtet, daß ich ihm grünes Licht gab. Als Besonderheit lud ich den Rektor unserer Fuller School of World Mission, Paul E. Pierson, dazu ein, dem Unterricht beizuwohnen.

Vom Zuschauer zum Teilnehmer

Obwohl die Vorlesung ganz anders war, als Paul Pierson und ich es gewöhnt waren, waren wir beide beeindruckt. Als wir uns am Mittagstisch unterhielten, bemerkte John, daß er noch weitaus mehr Material zu diesem Thema gesammelt habe, und wir begannen darüber nachzudenken, ob man einen kompletten Kurs zum Thema Zeichen und Wunder als Teil des regulären Lehrplanes der 'School of World Mission' anbieten könnte. In den darauffolgenden Monaten untersuchte das Kollegium der 'School of World Mission' die ganze Angelegenheit gründlich. Schließlich entschied man sich dazu, den Kurs *MC510: Zeichen, Wunder und Gemeindewachstum* einzuführen. Ich sollte der verantwortliche Professor sein, und John Wimber sollte den Hauptteil des Unterrichts gestalten.

Als dieser Kurs im Januar 1982 zum ersten Mal stattfand, legte ich großen Wert darauf, Zuschauer zu sein. Ich saß still hinten in der letzten Reihe und sah zu, wie John anderen Menschen im Gebet diente - "das Eigentliche tat" -, wie er seinen Dienst zu beschreiben pflegt. Ich war auf keinen Fall bereit, selbst einen solchen Dienst zu tun.

Aber das alles veränderte sich etwa in der dritten Woche. Als die Vorlesung zu Ende war und die Zeit für gegenseitigen Dienst begann, sagte John: “Ist jemand hier, der Gebet für körperliche Heilung nötig hat?” Ehe ich mich versah, hatte ich die Hand gehoben. Jahrelang war ich gegen zu hohen Blutdruck behandelt worden und mußte 3 Tabletten am Tag einnehmen. John ließ mich nach vorne kommen und bot mir einen Stuhl an.

Die ganze Klasse schaute zu, als er anfing zu beten. Ich spürte, wie ich von außergewöhnlichem Frieden erfüllt wurde. Ich war so entspannt, daß ich befürchtete, vom Stuhl zu fallen. Ganz entfernt hörte ich, wie John Schritt für Schritt erklärte, was mit mir geschah. Er sagte: “Der Heilige Geist ist auf ihm. Könnt ihr es sehen?” Ich muß wohl beinahe 10 Minuten dort auf dem Stuhl gesessen haben. John sagte mir, daß er den Eindruck habe, Gott hätte mir geholfen, aber ich sollte nicht ohne ärztliche Erlaubnis aufhören, die Tabletten zu nehmen.

Nach einigen Tagen ging ich erneut zum Arzt. Er war überrascht, daß mein Blutdruck so niedrig war. Ich erzählte ihm, was geschehen war, und er hörte aufmerksam zu. Er sagte: “Das ist sehr interessant. Ich weiß, daß unter Hypnose ungewöhnliche Dinge geschehen können!” Er ordnete an, ich solle weniger Tabletten nehmen, und nach einigen Monaten nahm ich überhaupt keine Medikamente mehr.

Das war der Abschluß meines Paradigmenwechsels. Ich begann als Skeptiker, wurde zum Zuschauer und beschloß schließlich, ein Teilnehmer zu werden. Ich begann damit, unter Handauflegung für Kranke zu beten und zu lernen, ihnen im Namen von Jesus zu dienen. Zunächst geschah nicht sehr viel, aber Gott heilte doch so viele, daß ich ermutigt war. Bald war das Gebet für Kranke zu einem beständigen Teil meines christlichen Lebensstils geworden, obschon ich damals noch nicht die Gabe der Heilung hatte.

Die Gemeinschaft der 120

Nachdem ich nun zum Teilnehmer geworden war und damit begonnen hatte, für Kranke zu beten, zeigte mir Gott, daß ich diesen Dienst in etwas geregelteren Bahnen ausüben sollte. Im Sommer 1982, nachdem der Kurs MC510 zum ersten Mal abgeschlossen war, half ich dabei, einen neuen Kurs für Erwachsenenschulung in meiner Gemeinde, der Lake Avenue Congregational Church in Pasadena, Kalifornien, aufzubauen. Ursprünglich hatten wir nicht daran gedacht, uns in diesem

Schulungsprogramm speziell mit dem Dienst der Krankenheilung zu befassen. Aber es sollte sich herausstellen, daß dieser Kurs zu dem Ort wurde, wo der Schwerpunkt meiner Tätigkeit auf Gemeindeebene lag. Dieser Dienst bot auch den Hintergrund, vor dem ich die meisten meiner Vorstellungen darüber entwickelt habe, wie ein Dienst im Stil der Dritten Welle in eine traditionelle evangelikale Gemeinde passen kann.

Diese Gemeinde, Lake Avenue Congregational Church, ist eine der traditionellen evangelikalen Gemeinden. Sie besteht seit 90 Jahren und ist kontinuierlich im Verlauf der 9 Jahrzehnte auf über 4.000 Mitglieder gewachsen, wobei der Gottesdienstbesuch etwa 3.000 beträgt. Evangelikale Berühmtheiten Amerikas wie Wilbur M. Smith, Charles Woodbridge, David Allan Hubbard, Harold Lindsell, Ted Engstrom, Daniel P. Fuller, Ralph D. Winter, Edward Dayton und viele andere haben hier Sonntags Erwachsenenschulungen gehalten. Die Gemeinde versteht sich eindeutig als nicht-charismatisch.

Ohne das bewußt geplant zu haben, geschah es, daß ich 1982, eine Woche vor dem Beginn des neuen Sonntagmorgenkurses, gebeten wurde, in allen 3 Morgengottesdiensten für unseren Pastor Paul Cedar, der im Urlaub war, die Predigt zu übernehmen. Ich predigte, wie man das von einem Missionar erwartete und erzählte der Gemeinde vom Wirken Gottes überall auf der Welt. Ein Teil meiner Berichte bezog sich auf einige dramatische Ereignisse: Ich erzählte davon, daß Menschen Zeichen und Wunder erlebt hatten. Bei einigen Gemeindegliedern war das Interesse geweckt, und beim ersten Treffen unserer sonntäglichen Erwachsenenschulung waren 88 Personen anwesend. Diese Zahl hat sich im Verlauf der Jahre geändert, mal kamen mehr, mal weniger, aber die Besuchszahl (bei 100 angemeldeten Personen) hat sich bei etwa 80 bis 100 eingependelt.

Ich lehrte aus der Apostelgeschichte, und Gott begegnete uns auf eine - zumindest für uns - ungewöhnliche Weise. Ein Teilnehmer des Kurses hat es so ausgedrückt: "Am Anfang studierten wir die Apostelgeschichte, aber ehe wir uns versahen, erlebten wir sie." Uns fielen einzelne Personen mit ausgeprägten geistlichen Gaben auf. Gott beschenkte uns mit Menschen, die die Gabe der Fürbitte, des Hirtendienstes, der Heilung, der Austreibung von Dämonen, der Prophetie, der Organisation, der Unterscheidung der Geister, der Worte der Erkenntnis und andere Gaben des Geistes zugeteilt bekommen hatten. Manche von uns begannen, den Sonntagabendgottesdienst von John Wimbers 'Vineyard' in Anaheim zu besuchen.

Zu den mit geistlichen Gaben beschenkten Menschen gehörten George Eckhart und Cathy Schaller, denen ich die Leitung unseres Gebetsdienstes übergab. Beide sind von John Wimber ausgebildet worden. Sie begannen damit, regelmäßig nach der Schulung am Sonntagmorgen für Kranke zu beten, und tun es heute noch.

Ich glaube, daß im wesentlichen 2 Gründe dafür sprechen, daß wir in einer traditionellen evangelikalen Gemeinde mit einem ausgeprägten Dienst des Gebets für Kranke beginnen konnten:

1. Der Hauptpastor, Paul Cedar, ist für den Gebrauch aller Gaben des Geistes in der Gemeinde offen. Er unterstützt den Dienst der '120 Fellowship' genauso wie die anderen 25 Erwachsenenschulungen, von denen keine der anderen gleicht. Er ist der Meinung, daß verschiedene Prägungen innerhalb der Grenzen von biblischem, evangelikalem Christentum nebeneinander existieren dürfen. Gott beschenkte ihn mit seiner Weisheit, einem Gespür für das Wirken des Heiligen Geistes und einem Gespür für die Einheit im Leib Christi.

2. Ganz bewußt wird beständig versucht, keine Spaltungen aufkommen zu lassen, worüber ich im letzten Kapitel berichtet habe. Wir lassen es unter keinen Umständen zu, daß man uns mit Bezeichnungen wie 'charismatisch', 'geisterfüllt' oder ähnlichen Ausdrücken bezeichnet, die andeuten würden, daß wir auf einer Art geistlicher Wolke über den anderen Kursen am Sonntagmorgen schweben würden, die einen andersgearteten Dienst tun. Wir leiden nicht an einem "Messiaskomplex" und haben auf keinen Fall vor, die Denkweise der gesamten Gemeinde zu unserem Stil zu bekehren. Offengestanden mögen wir die Gemeinde genau so, wie sie ist, weil wir mit Tausenden anderer den Eindruck haben, daß sie geistlich ungefähr da ist, wo Gott sie haben möchte.

Vor diesem Hintergrund ist der Ausdruck *Dritte Welle* entstanden. Wenn die Gruppe '120 Fellowship' nun schon nicht charismatisch ist und sich dennoch in einigen Dingen von dem traditionellen evangelikalen Muster unterscheidet, als was kann man sie denn dann bezeichnen? Ich nenne sie mit Vorliebe eine Gruppe, die ein Teil der Dritten Welle ist.

Die Gabe der Heilung

Zwei Jahre nach meinem Paradigmenwechsel beschenkte mich Gott mit der Gabe der Heilung. Das geschah im Sommer 1984 durch den Dienst des Lutheraners Fred Luthy aus Lancaster, Pennsylvania.

Ich machte die Bekanntschaft von Fred, als er sich als Student im 'Doctor of Ministry'-Programm für den Kurs *Church Growth I* anmeldete. Es war der ungewöhnlichste Kurs, den ich jemals unterrichtet hatte. Freds ausgeprägte Gabe der Heilung fiel der ganzen Klasse gleich von Beginn des zweiwöchigen Kurses an auf. Mit meiner Erlaubnis leitete Fred ein spontanes, inoffizielles Heilungsseminar in den Pausen und nach Vorlesungsende. Viele Male sahen wir, wie Gott auf wunderbare Weise in diesen zwei Wochen handelte.

Fred Luthy kam im nächsten Jahr zum Kurs *Church Growth II* zurück. Ich lud ihn eines Abends zu mir nach Hause zum Abendessen ein, zusammen mit den Leitern des Gebetsteams der '120 Fellowship'. Gerade als wir uns voneinander verabschieden wollten, fragte er, ob jemand Gebet für Heilung nötig hätte. Einer von uns hatte ein Bein, daß um einiges kürzer war als das andere. Mit großem Interesse beobachtete ich Fred, wie er sorgfältig die Länge der Beine verglich und sich daran machte, Gott darum zu bitten, die Beine einander anzugleichen. Plötzlich drehte er sich jedoch zu mir um und sagte: "Ich glaube daß Gott möchte, daß du für dieses Bein betest." Ich tat es, und augenblicklich wurde dieses Bein genauso lang wie das andere. Gott gebrauchte mich am selben Tag, um in zwei weiteren Fällen von zu kurzen Beinen und Rückenschmerzen Heilung zu schenken.

Wie ich es in meinem Buch *Die Gaben des Geistes für den Gemeindeaufbau* beschrieben habe, glaube ich nicht daran, daß man notwendigerweise eine besondere geistliche Gabe hat, wenn Gott einen auf diese Weise benutzt. Es kann sein, daß Gott so etwas ein- oder zweimal tut, und danach nie wieder. Ich war für die Möglichkeit offen, daß es sich um eine geistliche Gabe handelt, aber ich brauchte noch etwas mehr Praxis, um sicher zu sein. Und so bat ich Gott, nachdem ich gebetet und mich mit anderen ausgetauscht hatte, mir im Verlauf der nächsten vier Monate (bis zum Ende des Jahres 1984) klar zu zeigen, ob er mir die Gabe der Heilung geschenkt hatte oder nicht.

In diesen vier Monaten geschahen viele Dinge, die auf eine positive Antwort schließen ließen. Zwei Ereignisse waren so ungewöhnlich, daß ich sie bis heute nicht vergessen habe.

Der erste Fall ereignete sich in einer von John Wimbers 'Vineyard Christian Fellowship' organisierten Schulungskonferenz. Ich war eingeladen, auf einem Bankett in einem Hotel vor etwa 1.000 Pastoren und deren Ehefrauen zu sprechen. Während der Anbetungszeit wurde ich regelrecht von der Gegenwart des Heiligen Geistes ergriffen, und ich hörte die Stimme Gottes, wie er direkt zu meinem Geist sprach und mir sagte, ich sollte mit allen für Heilung beten. An so etwas hatte ich niemals zuvor gedacht, aber ich wußte, daß ich Gott gehorchen sollte. Das Resultat war, daß an diesem Abend mindestens 50 Personen, die zu kurze Beine, Rückenbeschwerden oder andere orthopädische Probleme hatten, geheilt wurden.

Der zweite Fall geschah, während Paul Yonggi Cho in Pasadena war, um die jährliche Vorlesung über Gemeindewachstum an der Fuller School of World Mission zu halten. Cho, ein langjähriger Freund von mir, ist Pastor der weltweit größten Gemeinde, der 'Yoido Full Gospel Church' in Seoul, Korea, die mehr als 500.000 Mitglieder hat. Als wir uns privat unterhielten, bemerkte er, daß er gehört habe, wie Gott mich gebrauchte, um für verkürzte Beine zu beten, und daß er mich gerne dabei beobachten wollte. Prompt schickte Gott am nächsten Tag einen ägyptischen Pastor der Koptischen Kirche zu mir, der als Teenager von einem Zug überfahren worden war und dessen Bein seither steif, schwach, verkrüppelt und verkürzt war. Gott bewies erneut, daß ihm nichts unmöglich ist: In der Anwesenheit von Cho wuchs das Bein des Pastors auf normale Größe, so daß er es zum ersten Mal seit dem Unfall wieder voll belasten konnte.

Cho erzählte diesen Vorfall später seiner Gemeinde in Seoul. Eine Diakonisse, deren Hüftknochen sich aufzulösen begann, hörte aufmerksam zu. Während der Predigt hatte sie den Eindruck, Gott sage ihr, daß sie nach Pasadena reisen solle, um Peter Wagner für sich beten zu lassen. Sie erzählte es Pastor Cho, und er erklärte sich einverstanden. Also kam sie. Sie kam mit einer Krücke in mein Büro am Seminar. Als sie ging, brauchte sie die Krücke nicht mehr. Eine Woche später, kurz vor ihrer Rückkehr nach Korea, zeigte sie mir Röntgenbilder, die vor und nach dem Gebet für sie gemacht worden waren, und sie zeigte mir die Stelle, wo nach Angaben des Arztes neues Knochenmaterial im Hüftknochen nachgewachsen war.

Gott hat mir die Gabe der Heilung gegeben, und ich gebrauche sie, wo immer dies möglich ist. Es wird zwar nicht jeder, für den ich bete, gesund, aber wie ich später dokumentieren werde, geschieht das doch mit einer ganzen Reihe von Personen. In diesem Zusammenhang möchte ich betonen, daß ich nicht glaube, daß die Gabe der Heilung eine Vorbedingung ist, um für Kranke zu beten, sondern daß es die Aufgabe aller Christen ist, die Hände auf Kranke zu legen und für sie zu beten und dafür offen zu sein, daß Gott sie als einen Kanal für Heilung gebraucht. Diejenigen aber, denen Gott diese Gabe anvertraut hat, erfahren einerseits eine besondere Vollmacht im Hinblick auf die Heilung von Kranken, auf der anderen Seite tragen sie ein erhöhtes Maß an Verantwortung und Rechenschaft. Das hängt mit der Haushalterschaft zusammen. Wem viel gegeben ist, von dem wird viel verlangt werden (siehe Lukas 12, 48).[1]

Hat die Dritte Welle Zukunft?

Ich bin sicher, daß nicht jeder 15 Jahre dazu braucht, um die Dritte Welle zu entdecken. Obschon manche möglicherweise auch länger als 15 Jahre brauchen werden, habe ich den Verdacht, daß es bei den meisten Christen weitaus schneller gehen wird. Unabhängig davon, wie lange dieser Prozeß dauert, kann man sechs verschiedene Stufen beobachten:

1. Opposition. Relativ wenige Christen vertreten die extreme Position, aktiv gegen einen Dienst aufzutreten, der mit Wundern zu tun hat. Dennoch gibt es einige, die das tun.

2. Unglauben. Für viele Christen, besonders solche, deren Verständnis des Glaubens von humanistischen Vorstellungen geprägt ist, erscheint die Vorstellung, daß Gott direkt in menschliche Belange eingreift, absurd. Sie sind keine Feinde derer, die an Wunder glauben, aber solche Menschen tun ihnen schlichtweg leid.

3. Skepsis. Der Skeptiker gibt zwar zu, daß Wunder möglich sind, hat aber seine Zweifel, ob Gott wohl oft, wenn überhaupt, Zeichen und Wunder gewirkt hat. In der Theorie hält er Wunder für möglich; in der Praxis wohl eher nicht.

4. Glaube. Die meisten evangelikalen Christen glauben, daß Maria ohne Geschlechtsverkehr schwanger wurde, daß Gott Daniel aus der

Löwengrube errettet hat und daß Jesus auf dem Wasser ging. Manche gehen darüber hinaus und glauben, daß wir erwarten dürfen, daß Gott in unseren Gemeinden heute immer noch auf ähnliche Weise wirkt.

5. Offenheit für andere Christen. Auf dieser Stufe sind wir zu der Überzeugung gelangt, daß tatsächlich echte Heilungen und Wunder in vielen Gemeinden und durch den Dienst vieler Christen stattfinden. Wir stehen dem, was Gott durch Zeichen und Wunder tut, positiv gegenüber und lassen uns sogar manchmal davon begeistern, ziehen es aber vor, Zuschauer und nicht Teilnehmer zu sein.

6. Teilnehmen am Dienst. Wir nehmen aktiv an einem Dienst des Gebets für Kranke teil, manchmal als Einzelperson, manchmal als Teil einer Gruppe gleichgesinnter Christen.

Ich glaube, daß sich immer mehr Christen heute auf die Stufe sechs zubewegen. Mein persönlicher Dienst - dieses Buch ist ein Teil davon - ist es, bei Stufe 4 (Glaube) anzufangen und zur Stufe sechs (Teilnahme) hinzuführen. Andere jedoch gehen viel tiefer und versucht Menschen dabei zu helfen, von den Stufen 1, 2 oder 3 zu einem Glauben an Gott zu gelangen, der ein wundertätiger Gott ist. So auch mein Kollege am Fuller Seminary, Colin Brown. Sein Buch *Miracles and the Critical Mind*, ist eine überzeugende wissenschaftliche Untersuchung der üblichen Argumente gegen Wunder. Weil er seine Gedanken in einfacher Sprache, die jedermann verstehen kann, in seinem kleineren Buch *That You May Believe* zusammengefaßt hat, spricht er darüber hinaus einen noch größeren Leserkreis an.

Vor einiger Zeit wurde ich in der Zeitschrift *USA Today* zitiert, daß ich gesagt habe, ich hätte den Eindruck, daß es am Ende des Jahrhunderts für unsere Gemeinden genauso natürlich sein wird, für Kranke zu beten, wie in die Sonntagsschule zu gehen. Viele meiner Freunde haben mich gefragt, ob ich das wirklich glaube, und ich glaube es tatsächlich. Es ist heute eindeutig zu sehen, wie sich immer mehr Christen auf die Stufe sechs zubewegen. Nicht jedermann, der auf der Stufe sechs angekommen ist, wird sich mit der Dritten Welle identifizieren wollen, aber ich schätze, eine bedeutende Anzahl wird es dennoch tun. Das ist auch der Grund, weshalb ich glaube, daß die Dritte Welle tatsächlich eine Zukunft hat.

Positive Anzeichen

Kurz vor dem 21. Jahrhundert weisen einige ziemlich eindeutige Anzeichen auf der christlichen Landkarte darauf hin, daß man dem neutestamentlichen Werk des Heiligen Geistes theoretisch und praktisch offener als früher gegenübersteht. Meiner Meinung nach sind es mindestens fünf kräftige Anzeichen, die zu dieser Schlußfolgerung führen:

1. Immer mehr Liberale werden evangelikale Christen. Der Höhepunkt der liberalen Theologie hatte seinen Höhepunkt vor zwei oder drei Jahrzehnten. Weltweit bekehren sich Erwachsene fast ausschließlich in Gemeinden, die sich selbst als theologisch konservativ verstehen. Bei vielen Gelegenheiten, wenn ich auf Pastorenkonferenzen sprach oder mich mit einzelnen Pastoren unterhielt, hat der eine oder andere oft ganz am Rande den Satz fallen lassen: "Damals, als ich noch liberal war..." Die Pfingst- und die charismatische Bewegung haben beträchtlich zu diesem Trend beigetragen.

Aber auch einige von denen, die liberal bleiben, öffnen sich für übernatürliche Phänomene wie Zeichen, Wunder und Dienste der Krankenheilung. In einer kürzlich erschienenen Ausgabe der Zeitschrift *International Review of Mission* bespricht der Sekretär des Weltkirchenrates, Arne Sovik, sechs Bücher über Heilung, die von ökumenisch gesinnten Autoren geschrieben wurden. Ganz zu Anfang seines Artikels bemerkt er: "Es ist erst kurze Zeit her, daß es zu einer Neubelebung des ernsthaften Interesses kam, den Zusammenhang zwischen persönlichem Glauben und Heilung zu untersuchen." Dann macht er folgende vielsagende Bemerkung: "Vor zehn oder zwanzig Jahren sah es so aus, daß der Krankenhausseelsorger nicht zu denen gehörte, die um die Genesung von Menschen Sorge trugen, sondern daß es eher seine Aufgabe war, den Patienten auf die Möglichkeit vorzubereiten, daß er möglicherweise nicht gesund wird."[2] Es ist offensichtlich, daß die Dinge heute anders stehen.

Pastor Vic Varkoni von der East Presbyterian Church in Charlotte, North Carolina, geht in dieselbe Richtung. Er sagt: "Der auffallendste Aspekt des Dienstes meiner Gemeinde ist, daß wir für Kranke beten." Er dankt Gott dafür, daß er Heilung schenkt, auch wenn man in seiner Gemeinde darum weder gebetet noch damit gerechnet hatte. Er hält das für außergewöhnlich, weil "wir weder evangelikal noch charismatisch sind, aber trotzdem Heilung erleben...Wir Presbyterianer haben so etwas schlicht und einfach nicht erwartet."[3]

2. Evangelikale Christen glauben an Wunder. Evangelikale Christen streiten sich nicht miteinander über die Tatsächlichkeit der Wunder, weil sie der Autorität der Bibel verpflichtet sind. Die Frage ist vielmehr, ob wir Wunder in unserem heutigen Dienst erwarten dürfen. Immer mehr Christen finden heraus, daß der Schritt von einem allgemeinen Glauben an Wunder zu einem Glauben, der auch heute noch mit Wundern rechnet, nicht allzu groß ist.

3. Evangelikale Christen glauben an Dämonen. Selbst unter evangelikalen Christen, die dafür eintreten, daß die charismatische Bewegung unbiblisch ist, und die lehren, daß Gaben wie Sprachenrede, Prophetie, Heilung und Wunder nach dem apostolischen Zeitalter aufgehört haben zu existieren, gibt es eine große Zahl solcher, die nüchtern zugeben, daß Dämonen heute noch aktiv sind und daß man sich mit ihnen auseinandersetzen muß. Das Moody Bible Institute zum Beispiel war eines der Zentren des amerikanischen Dispensationalismus und hat sich öffentlich gegen die charismatische Bewegung ausgesprochen. Dennoch hat der Verlag des Institutes, Moody Press, zwei der besten Bücher über die Befreiung von Dämonen veröffentlicht, die es gibt: Mark I. Bubecks *The Adversary* und *Overcoming the Adversary.* Beide Bücher gebrauche ich in meinem Unterricht am Fuller Seminary. Kürzlich hat der Vorsitzende der theologischen Abteilung des Moody Institutes, C. Fred Dickason, das Buch *Demon Possession and the Christian* veröffentlicht, in dem er unter anderem davon berichtet, wie er persönlich über 400 dämonisierten christlichen Brüdern und Schwestern helfen konnte.

4. Evangelikale Christen glauben, daß Gott heute heilt. Theologisch gesprochen sollte es eigentlich kein weiter Weg sein, einerseits zu glauben, daß Gott heute noch Dämonen auf übernatürlichem Weg auszutreiben vermag und andererseits zu glauben daß er Krankheiten übernatürlich zu heilen vermag. Genau das ist der Fall. Wenn es hart auf hart kommt, würden sehr wenige evangelikale Christen behaupten, daß Gott heute nicht heilen wolle oder könne. Die meisten würden, wenn es gewünscht wird, den Richtlinien folgen, die in Jakobus 5, 13-15 über das Herbeirufen der Ältesten, das Salben mit Öl und das Gebet des Glaubens stehen. Aber um ehrlich zu sein: Die Erwartungen unter evangelikalen Christen, Gott könnte auf wunderbare Weise heilen, sind nicht besonders groß. Elmer L. Towns drückt das bildhaft aus, wenn er es so beschreibt: “Weder der Pstor noch der Patient erwartet ein dramatisches Eingreifen Gottes. Der Pastor betet unbestimmt ‘Herr, segne die Ärzte und gib ihnen Weisheit. Lege Deine Hand auf Dein Kind. Amen.’” Town bemerkt dazu: “Es sieht so aus, als ob da nicht viel Glaube an Heilung vorhanden sei.”[4]

Die Oktoberausgabe im Jahr 1982 der Zeitschrift *Christian Life* berichtete über den Kurs MC510 (“Zeichen, Wunder und Gemeindewachstum”) am Fuller Seminary. Als Folge davon schnellte die Auflagenzahl dieser Ausgabe so hoch, daß alle Rekorde in der gesamten Geschichte des Magazins gebrochen wurden. Wegen der großen Nachfrage mußte es zum wiederholten Male aufgelegt werden.[5] Die Verleger starteten daraufhin eine Meinungsumfrage unter bekannten evangelikalen Leitern in Amerika. Eine der Fragen war: Glauben Sie, daß “Zeichen und Wunder”, wie wir sie im Neuen Testament beschrieben finden, heute noch geschehen können? Von den 29 Leiterpersönlichkeiten, die sie ausgesucht hatten, um ein ausgewogenes Spektrum der Evangelikalen durch diese Meinungsumfrage zu erreichen, antworteten nur zwei mit nein. Auf keinen Fall würden sich die 27 anderen, die positiv geantwortet hatten, mit der ersten, der zweiten oder der Dritten Welle identifizieren, und doch sind sie alle nicht weit weg davon.

5. Evangelikale Christen fangen an, den Pfingstlern und der charismatischen Bewegung zuzuhören. Ziemlich lange war es so, daß evangelikale Christen die Pfingst- und die charismatische Bewegung mit gutmütiger Nichtachtung, wenn nicht sogar mit Feindseligkeit straften. Das enorme Wachstum dieser Bewegungen, auf das ich im nächsten Kapitel eingehen möchte, hat das heute jedoch vollkommen unmöglich gemacht. Mir gefällt die Art, wie der inzwischen verstorbene J. Herbert Kane (Trinity Evangelical Divinity School) sich ausdrückte. “Bis vor kurzem sträubten sich viele Evangelikale gegen Zeichen und Wunder, und zwar aus theologischen Gründen . . . aber das alles ändert sich jetzt.” Er weist darauf hin, daß Evangelikale den Versuch unternahmen, apostolische Methoden auf dem Missionsfeld zu benutzen: “Wir haben jedoch vergessen, daß apostolische Methoden ohne apostolische Vollmacht nicht besser sind als jede andere Methode.” Was hat zu diesem Umdenken geführt? Kane sagt: “Unsere charismatischen und pfingstlichen Freunde haben uns auf diesem Gebiet außerordentlich geholfen, und wir schulden ihnen dafür Dank.”[6]

Die Lehren der Dritten Welle in theologischen Ausbildungsstätten

Ausgesprochen positiv erscheint mir, daß immer offener Lehrinhalte der Dritten Welle zu Unterrichtsthemen in theologischen Ausbildungsstätten und Bibelschulen werden, die Versuche mit Kursen in dieser Richtung wagen. Der MC510 Kurs, den John Wimber und ich am Fuller Seminary begonnen hatten, wurde schon genannt. Während der vier Jahre, in denen der Kurs unterrichtet wurde, gab es von Seiten einiger Theologieprofessoren Widerstand, und der Kurs mußte für ein Jahr eingestellt werden. Eine spezielle Kommission von 12 Professoren befaßte sich 8 Monate lang mit der Materie und einigte sich auf eine 80 Seiten lange Erklärung. Sodann, 1987, wurde ein ähnlicher Kurs wieder eingeführt: *MC550: The Ministry of Healing and World Evangelization*, der von Charles H. Kraft und mir zusammen unterrichtet wird. Dieser Kurs war (und ist immer noch) einer der beliebtesten Wahlkurse des Seminars.

Timothy M. Warner von der Trinity Evangelical Divinity School in Deerfield, Illinois, führte im Herbst 1985 den Kurs *ME875M: Power Encounter in Missionary Ministry* ein. Der Kurs beschäftigt sich mit den biblischen Konzepten der Machtverhältnisse im Hinblick auf Gott, Christus, den Heiligen Geist, Engel, Satan und Dämonen. Der Kurs führt weiterhin in das Wie und Warum geistlicher Kampfführung ein. Man hatte erwartet, daß etwa 25 Studenten, eine gute Anzahl für ein Wahlfach am 'Trinity', sich für diesen Kurs einschreiben würden. Doch stattdessen fanden sich 81 Studenten ein, und damit wurde der Kurs zu einem der zahlenmäßig bestbesuchten Wahlfächer der ganzen Schule. Kenneth S. Kantzer, ebenfalls am 'Trinity', hat damit begonnen, einen Kurs über die Geschichte der charismatischen Bewegung zu geben.

Am 'Columbia Biblical Seminary and Graduate School of Missions' in Colombia, South Carolina, gibt Philip M. Steyne den Kurs *MI624: A Biblical Theology of Power Encounter*. Er beschäftigt sich mit dem Wesen des Aufeinandertreffens von göttlichen und satanischen Mächten und besonders damit, wie dies aus der Perspektive der menschlichen Erfahrung zu beobachten ist.

F. Douglas Pennoyer von der 'Seattle Pacific University' hielt einen Kurs über "The Devil, Demons and World Missions." *PT802 Spiritual Warfare* wird an der Abteilung für Praktische Theologie an der 'Biola's

Talbot School of Theology' von Professor Neil Anderson gelehrt, und auf weniger anspruchsvollem Ausbildungsniveau wird ebenfalls dort *Anthropology 401 Magic, Witchcraft and Sorcery* unterrichtet. Das 'Moody Bible Institute' bietet den Kurs *SK3502 Counselling: Spirit Oppression* an, der von C. Fred Dickason und Mark I. Bubeck gegeben wird. Andere Institutionen gehen in dieselbe Richtung.

Wenn ich das sage, so heißt das nicht, daß alle oben angeführten Institutionen die Schlußfolgerungen dieses Buches nachvollziehen würden. Manche würden mich als offen charismatisch bezeichnen. Und doch ist man heute dort, wo die charismatische Dimension noch abgelehnt wird, lange nicht mehr so scharf und kategorisch wie noch vor 10 Jahren.

Ein Großteil dieser Entwicklung geht von der Missionsabteilung dieser Schulen aus. Theologische Fakultäten zögerten ein wenig mehr, wenn es darum ging, ob solch ein Unterricht überhaupt nützlich ist. Das ist auch der Grund, weshalb ein Ausspruch von John Jefferson Davis, Dogmatikprofessor am 'Gordon Conwell Seminary' in South Hamilton, Massachusetts, so ehrlich und wahr ist. Davis gibt im Verlauf einer Untersuchung zukünftiger Entwicklungen der amerikanischen evangelikalen Christenheit zu: "Diejenigen unter uns, die, wie ich selber, der reformierten theologischen Tradition verpflichtet sind, haben von den Erfahrungen mit dem Geist, wie sie bei Methodisten, Mitgliedern der Heiligungsbewegung und der Pfingstgemeinden vorkommen, viel zu lernen." Er spricht über den Ausdruck *power evangelism*, definiert ihn und sagt: "Seit etwa 1950 wird weltweit übernatürlich beglaubigte Evangelisation immer mehr ernst genommen und praktiziert."[7]

Bewirkt der theoretische Unterricht in den Seminaren überhaupt etwas?

Ja, er bewirkt etwas. Da sind zum Beispiel George und Gayle Weinand, die als Missionare in San Jose, Costa Rica arbeiten. Nachdem sie den Kurs MC510 beim Fuller Seminary durchlaufen hatten, schrieben sie nach Hause: "Seit unserer Rückkehr nach Costa Rica im Januar erleben wir eine uns zuvor unbekannte Vollmacht in einem Maße, wie wir es in den vergangenen sechs Jahren nie erlebt hatten." Sie berichten, wie sie einer epileptischen Frau helfen konnten, die mit Zauberei, dem Quija-Brett und dem Okkultismus zu tun hatte. Sie trieben die

Dämonen aus ihr aus, und "sie ist nun, nach 46 Jahren Quälerei, vollkommen frei."

Die Weinands berichten weiter von einem Mann, der an einem Bruch litt, der ihn so behinderte, daß er kaum laufen konnte. Als sie für ihn beteten, wurde er augenblicklich gesund. Eine andere Person erlebte, wie ein gebrochenes Handgelenk geheilt wurde. Ein Bibelschüler, der von dämonischen Angriffen im Bereich von Homosexualität geplagt wurde, wurde frei, und sein Leben hat sich seither verändert.

Sie schließen ihren Brief mit den Worten: "Was der Herr in vielen Teilen der Welt ins Leben ruft, ist nichts anderes als die magnetische Kraft der Urgemeinde. Wir erleben es ebenfalls hier in Costa Rica, und wir sind sehr ermutigt."[8]

Und genau so geht es mir auch.

Anmerkungen

1. Einiges von dem, was im vorangegangenen Abschnitt steht, wurde schon im Kapitel "Discovering the Power" in dem Buch *Power Encounters Among Christians in the Western World*, herausgegeben von John Wimber und Kevin Springer (Harper & Row), Frühling 1988, verwendet.
2. Arne Sovik, "Signs and Wonders", *International Review of Mission*, April 1987, S. 271.
3. Vic Varkoni, "We Are Being Healed", *Monday Morning*, 19. Mai 1986, S. 15.
4. Elmer L. Towns, "Does God Heal Today?" *Fundamentalist Journal*, Juni 1983, S. 36.
5. Eine neu überarbeitete und erweiterte Version der Oktoberausgabe (1982) der Zeitschrift *Christian Life* ist nun in Buchform erhältlich: *Signs and Wonders Today*, herausgegeben von C. Peter Wagner (Altamonte Springs, FL: Creation House, 1987).
6. J. Herbert Kane, *Wanted: World Christians* (Grand Rapids, MI: Baker Book House, 1986), S. 214 - 216.
7. John Jefferson Davis, "Future Directions for American Evangelicals", *Journal of the Evangelical Theological Society*, Dezember 1986, S. 464.
8. George und Gayle Weinand, San Jose, Costa Rica, in ihrem Gebetsrundbrief vom Mai 1985.

Drei

Übernatürlich beglaubigte Evangelisation heute

Die meisten Christen sind ernsthaft auf der Suche nach der Antwort auf die Frage: "Was genau tut Gott heute in der Welt?" Und sie stellen diese Frage zu Recht.

Diese Fragestellung ist außerordentlich wichtig, denn wie die Bibel ja lehrt, 'weht der Wind des Heiligen Geistes, wo er will' (siehe Johannes 3, 8). Was Gott gestern in der Welt getan hat, muß nicht notwendigerweise dasselbe sein, was er heute tut. Darum sagt Jesus auch: "Wer Ohren hat zu hören, soll hören, was der Geist den Gemeinden sagt" (Offb. 2, 7).

Glauben heißt sehen

Im letzten Kapitel habe ich gesagt, daß zu den entscheidenden Momenten in meinem persönlichen Paradigmenwechsel von einem Anti-Pfingstler hin zu einem Christen, der Teil der Dritten Welle geworden ist, die ehrliche Begegnung mit der Pfingstbewegung in Südamerika gehörte. Das phänomenale Wachstum dieser Gemeinden, das das Wachstum der Gemeinden, die ich kannte, bei weitem übertraf, erweckte meine Aufmerksamkeit. Eine genauere Untersuchung führte mich zu der Schlußfolgerung, daß ich vor einem außergewöhnlichen Wirken des Heiligen Geistes stand. Und es stellte sich mir die Frage: Habe ich ein Ohr für das, was der Geist den Gemeinden sagt?

Ich war nicht allein. Donald A. McGavran, von vielen als der bedeutendste Missionswissenschaftler des 20. Jahrhunderts betrachtet, hat sich vollkommen der Aufgabe gewidmet, das Wachsen oder Nicht-Wachsen von Gemeinden auf der ganzen Welt zu beobachten und zu analysieren. Während der längsten Zeit seines aktiven Dienstes, den

55 Jahren zwischen 1925 und 1980, war seine Reaktion auf Berichte von übernatürlichen Heilungen genau so, wie man es von einem 'durchschnittlichen Amerikaner' erwartet: Wer krank ist, gehört ins Krankenhaus. "Der Vorschlag, daß man jemand ruft, der einen mit Öl salbt und für einen betet", sagt er, "wird oft als abergläubisch angesehen." Natürlich leugnete er nicht, daß so etwas in der Bibel steht. Und er würde zugeben, daß "so etwas möglicherweise in einem anderen Heilsabschnitt geschehen konnte. Aber nicht heute."

Seine Einstellung änderte sich jedoch in den 60er Jahren, etwa um die Zeit, als er die 'School of World Mission' am Fuller Seminary in Pasadena, Kalifornien, gründete. Seine fortlaufenden Forschungsarbeiten zeigten ihm, daß die Gemeinden, die am schnellsten wuchsen, auch gleichzeitig diejenigen waren, die sich dem Wirken des Heiligen Geistes am weitesten öffneten. Heute sagt er: "Die Fakten, die ich in einem Land nach dem anderen entdeckte - Nordamerika mit eingeschlossen - lassen es schlicht und einfach nicht zu, daß ich meine früheren Ansichten aufrechterhalte. Und vielleicht muß ich hinzufügen, daß ich auch nach sorgfältigem Studium aus biblischen Gründen meine früheren Ansichten nicht weiter aufrechterhalten könnte."[1]

Manchen Menschen fällt es schwer zu erkennen, wie stark sich ein solches Denken von den gängigen Vorstellungen in der Vergangenheit unterscheidet. Rufus Anderson, einer der berühmten Missionswissenschaftler des letzten Jahrhunderts, drückte sich für seine Zeit typisch aus, wenn er im Jahre 1869, schrieb, daß man Missionare nicht als neuzeitliche Apostel betrachten könne, "weil es ihnen an den Zeichen, Wundern und großen Machttaten, die der Apostel Paulus in seinem zweiten Korintherbrief als notwendiges 'Zeichen eines Apostels' beschrieb, fehlt."[2]

McGavran berichtet von einem aufschlußreichen Gespräch, das er etwa in den 30er Jahren mit dem methodistischen Bischof Waskom Pickett aus Indien geführt hatte. Picket meinte, daß er in der Vorbereitung für sein Buch *Christian Mass Movements* in Indien (1936) auf mehr Zeichen und Wunder gestoßen sei als in der ganzen Apostelgeschichte.

McGavran fragte zurück: "Warum haben Sie denn in Ihrem Buch nichts darüber geschrieben?"

"Wenn ich es getan hätte," antwortete Pickett, "hätte mir niemand den Rest des Buches geglaubt."

Wahrscheinlich hatte er recht. Die Pfingstbewegung war eben erst entstanden, und viele christliche Zeitgenossen hatten damals ernsthafte Zweifel daran, ob es sich dabei wirklich um ein Wirken des Heiligen Geistes handelt. Heute ist das nicht mehr so.

Die Vollmacht, die hinter der Ernte steht

Wie ich schon im 1. Kapitel gesagt habe, erleben wir heute, am Ende des 20. Jahrhunderts, das größte Wachstum der weltweiten Christenheit aller Zeiten. Der Missionsforscher Patrick Johnstone sagt: "Die Zahl der Menschen, die in den letzten Jahren dem Reich Gottes hinzugefügt worden sind, übersteigt alle Voraussagen. Niemals zuvor in der Geschichte wurde solch ein hoher Prozentsatz der Weltbevölkerung mit dem Evangelium bekannt gemacht, und noch nie war das Wachstum der evangelikalen Christenheit so ermutigend."[3]

Die einflußreiche christliche Zeitschrift *Christianity Today* hat sich kürzlich mit diesem Phänomen beschäftigt und Sharon E. Mumper beauftragt, eine Titelgeschichte hierüber zu schreiben. Gleich zu Beginn ihres Artikels mit dem Titel "Wo in der Welt wächst die Gemeinde?" berichtet sie von einer übernatürlichen Heilung in China und bemerkt dazu, daß solch ein Ereignis heute durchaus nichts Ungewöhnliches darstellt. Sie schreibt weiter: "Heilungen, Dämonenaustreibungen und andere übernatürliche Zeichen und Wunder sind Begleiterscheinungen wachsender Gemeinden, nicht nur in China, sondern überraschenderweise in vielen Teilen der Welt."[4]

Das alles paßt zu dem, was ich in einem umfangreichen zweijährigen Forschungsprojekt im Auftrag des amerikanischen Verlages *Zondervan Publishing House* für meinen Beitrag im neuerschienenen *Dictionary of the Pentecostal and Charismatic Movements*[5] herausgefunden habe. Als ich damit begann, wußte ich, daß die Pfingstbewegung sowie die charismatischen Gemeinden stark wuchsen, aber was ich dann herausgefunden habe, hat mich dennoch überrascht. Auch wenn sich die Zahlen ständig ändern, weil man immer wieder neue Gruppen von Menschen entdeckt, unter denen Gemeinden stark wachsen, sind die Zahlen bis zum Jahre 1985 ziemlich zuverlässig. Etwa während der ersten 40 Jahre sind die Pfingst- und die charismatische Bewegung auf etwa 16 Millionen Menschen angewachsen. Das ist ein gutes Wachstum, aber nicht spektakulär. Dann begann ein Beschleunigungsprozeß, und im

Verlauf der nächsten 40 Jahre wuchs die Bewegung auf etwa 247 Millionen an. Im letzten Jahrzehnt allein (1975 - 1985) wuchs die Bewegung von 96 Millionen auf 247 Millionen, das entspricht einer auf zehn Jahre kalkulierten **W**achstums-**R**ate (ZWR) von 157 Prozent.

Was bedeutet das im Vergleich zu anderen Entwicklungen? Ich gebe zu, daß ich kein Geschichtsprofessor bin. Trotzdem will ich die folgende Hypothese riskieren:

> ***Keine andere nicht-politische, nicht-militärische Bewegung in der gesamten Geschichte ist so schnell gewachsen wie die Pfingst- und charismatische Bewegung in den letzten vierzig Jahren.***

Auch wenn mich ein Geschichtswissenschaftler widerlegen sollte, dann bleibt das, worauf ich hinaus will, immer noch gültig: Wenn dieses gegenwärtige Phänomen wirklich ein Wirken des Heiligen Geistes ist, wovon ich vollkommen überzeugt bin, dann begehen christliche Leiter einen verhängnisvollen Fehler, wenn sie es versäumen, ein Ohr für das zu haben, was der Geist den Gemeinden sagt.

Ich schlage nicht vor, daß wir uns jetzt alle der Pfingst- oder der charismatischen Bewegung anschließen sollen. Aber ich schlage allen Ernstes vor, daß wir uns der Bewegung des Heiligen Geistes anschließen. Für viele ist die Dritte Welle ein wirklich gangbarer Weg. Wie wir bereits gesehen haben, schätzt der Statistiker David Barrett, daß etwa 27 Millionen Menschen, die zur Dritten Welle gezählt werden können, zu den oben aufgeführten Zahlen hinzugezählt werden müßten, um ein anschauliches Bild von dem zu erhalten, was Gott weltweit tut.

Ich möchte nicht den Eindruck erwecken, das sei alles, was Gott auf der ganzen Welt tut. Das möchte ich ausdrücklich hinzufügen. Wie ich bereits gesagt habe, gibt es Orte, an denen die Gemeinde sehr lebendig wächst, ohne daß Zeichen und Wunder auftreten. Da sind zum Beispiel die Gemeinden in Guatemala, die mit der 'Central American Mission' (CAM) in Verbindung stehen. Der Gründer der CAM war kein anderer als C.I. Scofield, der Herausgeber der Studienbibel, die seinen Namen trägt und in der gelehrt wird, daß die Zeichengaben am Ende der apostolischen Zeit aufhörten zu existieren. Diese Mission, die sehr eng mit dem 'Dallas Theological Seminary' verbunden ist, hat beständig einen anti-pfingstlerischen Standpunkt vertreten. Dennoch sind ihre

Gemeinden von Gott durch beachtliches Wachstum gesegnet worden. Die Anzahl der getauften Gemeindeglieder nahm von 38.480 im Jahre 1980 auf 49.584 im Jahre 1983 zu, das entspricht 138 Prozent ZWR (der auf zehn Jahre kalkulierten **W**achstums-**R**ate).[6]

Es könnten hier noch viele andere Beispiele angeführt werden, wie etwa aus Singapore, wo die Gemeindegruppe, die am zweitschnellsten (nach den Pfingstgemeinden) wächst, die 'Bible Presbyterian Church' ist, eine durchgängig anti-pfingstlerische Denomination.

Wo Gott wirkt

Im weltweiten Vergleich gibt es zu jedem Bericht über eine wachsende nicht-pfingstlich orientierte Gemeinde mindestens etwa ein Dutzend Berichte von wachsenden Gemeinden aus dem Bereich der Pfingst- und charismatischen Bewegung. Das Wachstum einer einzigen Denomination, der 'Assemblies of God', hat in den vergangenen 20 Jahren ein Wachstum erlebt, das in unseren Tagen beispiellos ist. Im Jahre 1965 gehörten 16.000 Gemeinden zu ihrer Denomination, 1985 sind es bereits 107.415. Die Anzahl der Gemeindeglieder wuchs von etwa 1,5 Millionen auf über 13 Millionen in diesen 20 Jahren, und damit gebe ich die vorsichtigsten und behutsamsten Schätzungen an. Das entspricht 194 Prozent ZWR. Diese Denomination wächst so schnell, daß sie bereits in nicht weniger als 30 Nationen weltweit die größte oder zweitgrößte protestantische Denomination darstellt. In Sao Paulo, Brasilien, gehören 2.400 Gemeinden zu den 'Assemblies of God', mehr als andere Gemeindeverbände in den USA auf sich vereinigen, wie etwa die 'Christian and Missionary Alliance' oder die 'Baptist General Conference'.

Als in Paul Yonggi Chos Yoido Full Gospel Church in Seoul, Korea, im Jahre 1979 das 100.000ste Mitglied aufgenommen wurde, war das ein Ereignis, das dem sportlichen Durchbruch glich, als jemand zum erstenmal in Amerika die Distanz von einer Meile in einer Zeit unter 4 Minuten lief. Cho hatte der Welt gezeigt, daß es möglich ist, Meta-Gemeinden - Gemeinden mit mehreren Zehntausend Mitgliedern, zu leiten. Besonders in diesem Jahrzehnt sind viele Mega-Gemeinden - Gemeinden mit mehreren Tausend Mitgliedern - und Meta-Gemeinden entstanden. Zwar sind nicht alle davon Pfingst- oder charismatische Gemeinden, aber einer Schätzung zufolge sind es doch etwa 80 Prozent.

Wunder in Meta-Gemeinden

Eine der schnellstwachsenden Meta-Gemeinden ist die 'Sung Rak'-Baptistengemeinde in Seoul, Korea. Der Pastor dieser Gemeinde ist Ki Dong Kim. Da diese Gemeinde ihre Entstehung auf die konservative Denomination der amerikanischen 'Southern Baptists' zurückführt, wird sie nicht in üblichen Statistiken über Pfingst- und charismatische Gemeinden geführt. David Barrett jedoch zählt sie zur Kategorie der Dritten Welle. 1987 erreichte die Gemeinde eine Mitgliederzahl von 40.000, und man hat ein Gottesdienstzentrum mit 20.000 Sitzplätzen geplant. Pastor Kim berichtet, wie ihn Gott dazu gebraucht hat, 10 Tote aufzuerwecken, Tausende von Dämonen auszutreiben und mitzuerleben, wie 59 völlig verkrüppelte Menschen heute wieder laufen können.

Ich hatte kürzlich das Vorrecht, Pastor Kim in einem der sechs sonntäglichen Gottesdienste zu vertreten. Etwa 4.000 Gottesdienstbesucher waren gekommen. Kein einziger Sitzplatz war unbesetzt. Gegen Ende des Gottesdienstes kamen 150 Frauen und Männer nach vorne, um ihr Leben Jesus Christus anzuvertrauen. Der Diakon Shin Cho Kim begleitete diese Menschen zu einem seelsorgerlichen Nachtreffen hinaus. Diakon Kim war früher Mitglied eines nordkoreanischen Überfallkommandos gewesen, das im Jahre 1968 heimlich nach Südkorea eingedrungen war und die Aufgabe hatte, Präsident Park zu ermorden. Die südkoreanischen Grenzsoldaten verhafteten sie, und in der darauffolgenden Auseinandersetzung wurden 30 der Nordkoreaner getötet. Der einzige Überlebende war Shin Cho Kim. Er wurde zu einer fünfjährigen Gefängnisstrafe verurteilt.

Nach seiner Haftzeit heiratete Kim eine Südkoreanerin. Sie war eine vom christlichen Glauben abgekommene Frau, die früher Mitglied einer Baptistengemeinde war. Nach einiger Zeit wurde sie krank. Man sagte ihr, daß sie Magenkrebs hatte und bald sterben würde. Völlig verzweifelt nahm sie all ihren Mut zusammen und bat Pastor Ki Dong Kim, für sie zu beten. Das Ergebnis: Sie wurde völlig geheilt. Es dauerte nicht lange, bis sie mit ihren Sünden Schluß machte und zurück zu Christus und seiner Gemeinde kam. Trotz allem blieb ihr Ehemann Atheist und wollte nichts mit dem Christentum zu tun haben. Sie konnte ihn jedoch dazu überreden, mit ihr zu ihrer Geburtstagsfeier in die Gemeinde zu kommen. Er war beeindruckt. Bald darauf lernte er Pastor Kim kennen. Der Pastor betete für ihn und mußte drei Dämonen aus ihm austreiben. Sofort anschließend war Shin Cho Kim bereit, Jesus als seinen Herrn anzuerkennen und erlebte seine Errettung. Gott begabte ihn dazu, viele Erfahrungen in der übernatürlich beglaubigten Evangelisation zu machen, und er durfte miterleben, daß bisher über 15.000 Menschen durch seinen Dienst Christen wurden. Er ist gleichzeitig auch der Vorsitzende der südkoreanischen Antikommunistischen Liga!

Dramatische Berichte von übernatürlich beglaubigter Evangelisation erreichen uns buchstäblich aus allen Teilen der Welt. Eine der größten Gemeinden Afrikas ist die 'Deeper Life Bible Church' in Lagos, Nigeria. Ihr Pastor ist W.F. Kumuyi. Das Gemeindezentrum mit einer Kapazität von über 13.000 Sitzplätzen liegt mitten in der Stadt, und die zahlreichen Gottesdienste sind jeden Sonntag überfüllt. Die Mitgliederzahl dieser Gemeinde war im Jahre 1986 auf 42.000 angewachsen, von 1.500 Mitgliedern 10 Jahre zuvor. Einer der Gründe für dieses explosive Wachstum ist, daß man sich in der ganzen Stadt davon erzählt, wie Gott in dieser Gemeinde Menschen heilte. Ein Mitglied der 'Deeper Life'-Gemeinde, John Danuma, hatte jahrelang an Lepra gelitten. Er beschreibt das so: "Buchstäblich jeder Teil meines Körpers war von der Krankheit angefressen. Meine Schenkel waren am schlimmsten dran. Sie waren verstümmelt. Mein Fleisch sah aus wie Froschhaut. Mein Körper stank überall ekelerregend . . . das Essen war so schmerzhaft wie das Sterben selbst."[7]

Ebenso erging es Ma Celina. Ihr Körper war nach 25 Jahren Lepra ruiniert. "Der Gestank wurde immer ranziger. Finger fielen mir ab. Die Schmerzen selbst waren grauenvoller als die Angst vor dem Tod," sagt sie.[8] Wir wissen, daß Jesus damals vielen solcher Menschen begegnete, die alle Hoffnung aufgegeben hatten. In Nigeria konnten die Ärzte, die Medizinmänner und diejenigen, die mit Akupunktur zu heilen versuchten, nichts ausrichten. Freunde brachten John Danuma und Ma Celina fast gegen ihren Willen zur 'Deeper Life Bible Church'. Pastor Kumuyi betete für beide, und beide spürten plötzlich etwas Kühles in ihrem Körper. Beide erlebten eine dramatische Heilung und wurden - als Folge davon - treue Christen. In Europa und Afrika sind die Gemeinden, die am schnellsten wachsen, in aller Regel Gemeinden mit pfingstlicher oder charismatischer Prägung. Die sogenannte Hausgemeinden-Bewegung, eine unabhängige charismatische Bewegung in England, verzeichnet landesweit die größten Wachstumszahlen. Zwischen 1980 und 1985 nahm die Anzahl der Gemeinden von 190 auf 650 zu, mit einer Mitgliederzahl von etwa 75.000. Die größte und zugleich am schnellsten wachsende Gemeinde in Schweden ist die 'Word of Life Community' in Uppsala. Ihr Pastor Ulf Ekman hat ein Gottesdienstzentrum mit Platz für 4.000 Menschen gebaut, von dem man sagt, daß es das größte protestantische Kirchengebäude in Europa sei. In Norwegen sind heute 20 Prozent der praktizierenden Christen charismatisch geprägt, und dieser Prozentsatz liegt bei Christen mit Universitätsabschluß sogar noch höher. In Italien gehören über 80 Prozent der Protestanten zu den 'Assemblies of God'.

In Südamerika beläuft sich das zahlenmäßige Anwachsen der evangelikalen Christen von nur 50.000 am Anfang des Jahrhunderts auf voraussichtlich 137 Millionen am Ende des Jahrhunderts. Dieses bemerkenswerte Wachstum der Gemeinde, das das Bevölkerungswachstum weit übertrifft, wird mehr und mehr von den Pfingstgemeinden angeführt. Die Pfingstgemeinden, die in der Mitte des Jahrhunderts etwa 25 Prozent der Evangelikalen in Südamerika stellten, haben ihren Anteil gegen Ende des Jahrhunderts auf etwa 80 Prozent erhöhen können. In 13 der 20 größeren südamerikanischen Staaten war im Jahre 1985 eine Pfingstgemeinde die größte protestantische Gruppe im ganzen Land, und in vier weiteren Staaten war sie mit knappem Abstand die jeweils zweitgrößte Denomination.

Die zweitgrößte Gemeinde der Welt ist die 'Evangelical Cathedral of Jotabeche' in Santiago, Chile. Ihr Pastor ist Javier Vasquez. Im Jahre 1986 hatte ihr Mitgliederstand 300.000 erreicht. Die Gottesdienste finden in ihrem Zentrum statt, das für 16.000 Menschen Platz bietet. Darüberhinaus finden in 384 verschiedenen Tochtergemeinden im Umkreis von ca. 16 km weitere Zusammenkünfte statt.[9] Das Gebet für Kranke ist einer der Hauptfaktoren im Blick auf das Wachstum der 'Jotabeche'-Gemeinde. Der Heilungsdienst, den man dort beobachten kann, ist außergewöhnlich, sogar für eine Pfingstgemeinde. Da es sich um eine methodistische Pfingstgemeinde handelt, finden sich dort noch viele methodistische Elemente, wie zum Beispiel die Kindertaufe. Wegen der römisch-katholischen Kultur wünschen die meisten chilenischen Eltern, daß ihre Kinder getauft werden. Aber viele können sich die Gebühren nicht leisten, die von der katholischen Kirche dafür verlangt werden. Die Pastoren der 'Jotabeche'-Gemeinde tun dies nicht nur kostenlos, sondern beten für die Kinder bei der Taufe. Eine ganze Anzahl kranker Kinder ist auf diese Weise gesund geworden. Mehrere

Kinder, die von den Ärzten für unheilbar krank erklärt worden waren, und sogar einige, die offiziell für tot erklärt worden waren, sind geheilt worden und leben wieder. Das spricht sich natürlich herum.

Außerhalb von Korea ist das Wachstum von asiatischen Mega-Gemeinden noch nicht lange zu beobachten. Aber innerhalb der letzten 10 Jahre sind Gemeinden wie etwa die 'Calvary Church' in Kuala Lumpur, Malaysia (ihr Pastor ist Prince Guneratnam), oder das 'Calvary Charismatic Center' in Singapore (Pastor ist Rick Seaward), sowie die 'Hope of Bangkok'-Gemeinde in Thailand, die von Pastor Kriensak Chareonwongsak geleitet wird, entstanden. Dies sind nur einige der neugegründeten und schnell wachsenden Pfingst- oder charismatischen Gemeinden in Asien. Die 'Hope of Bangkok'-Gemeinde ist mit über 2.000 aktiven Mitgliedern um ein vielfaches größer als jede andere Gemeinde des Landes. Die wagemutige Vision von Pastor Kriensak ist es, mindestens eine Gemeinde in jeder der 685 Provinzen Thailands bis zum Jahre 2000 zu gründen.

Der spektakuläre Jesus-Film

Da wir gerade von Thailand sprechen, muß ich bemerken, daß es zu einer Welle von Gemeindegründungen kam, als Campus für Christus im Jahre 1982 damit begann, ihren 'Jesus'-Film dort vorzuführen. Wenn ihre Daten stimmen, dann wurden im letzten Jahrzehnt mehr Gemeinden in Thailand gegründet als in den gesamten 160 Jahren missionarischer Arbeit zuvor. Die Auswirkungen des 'Jesus'-Films sind jedoch nicht nur in Thailand, sondern in vielen Gegenden der Welt zu spüren. Die Berichte sprechen davon, daß zur Zeit täglich mindestens 150.000 Menschen diesen Film ansehen, mit dem Resultat, daß sich wenigstens 15.000 Personen täglich entscheiden, Christen zu werden. Wenn auch nicht alle davon auf Dauer Jünger Jesu werden, kann eine immer größere Zahl von ihnen dennoch in Hausbibelgruppen und neuen Gemeinden aufgenommen werden. Wenn man mich fragen würde, was ich für das gegenwärtig wirkungsvollste Mittel zur Evangelisation in der ganzen Welt betrachten würde, dann würde ich diesen Film nennen.

Warum hat dieser 'Jesus'-Film eine solche Wirkung? Einmal, weil größter Wert auf höchste Qualität im Hinblick auf die Darsteller, die Photographie und die Filmproduktion selbst gelegt wurde. Zweitens ist das Drehbuch des Films ausschließlich auf dem Evangelium nach Lukas aufgebaut. Es handelt sich um 'reines' Wort Gottes, ohne von Hollywood-Schnörkeleien überfrachtet zu sein. Und wie wir wissen, kommt der Glaube durch das Hören, das Hören durch das Wort Gottes (siehe Röm. 10, 17). Drittens wurden keine Kosten gescheut, um bei der Übersetzung hervorragende Lippensynchronisation in die jeweilige Einheimischensprache zu bewerkstelligen.

Was bedeutet das alles? In technologischen Gesellschaften wie etwa den USA bedeutet so etwas nicht allzu viel. Nur wenige Pastoren in Amerika kennen den Film überhaupt, und die meisten, die ihn gesehen haben, waren nicht übermäßig beeindruckt. Ganz anders sieht die Situation jedoch in Gebieten der Dritten Welt aus, in denen eine solche Technologie keine Selbstverständlichkeit ist. Wenn der Film in einem abgelegenen Dorf Indiens oder Nepals, manchmal an einer weiß getünchten Hauswand, vorgeführt wird, ist die Wirkung dramatisch. Wenn man diese Dorfbewohner fragt, dann haben ihrer Meinung nach Jesus und seine Jünger das Dorf persönlich besucht. Wenn sie sehen, wie Jesus Kranke heilt und Dämonen austreibt, sind sie tief beeindruckt, weil das, was er tut, direkt mit ihrem Alltag zu tun hat. Viele Menschen, die sie kennen und lieben, sind krank und besessen, manchmal sogar sie selbst. Und in solchen Fällen ist dann eben keiner da, der anfängt, über Probleme der biblischen Textkritik zu reden oder der von Bultmanns Entmythologisierung spricht. Keiner hebt auch warnend den Zeigefinger und erklärt, daß das, was Jesus tat, nur für eine vergangene Heilsepoche gültig gewesen sei, wie wir es für gewöhnlich in so vielen westlichen Gemeinden hören. Nein. Für diese Menschen geht es vor allem darum, von ihrer Angst vor bösen Geistern befreit zu werden. Sie brauchen Vollmacht, um die Macht der Dämonen zu brechen. Es ist ganz offensichtlich, daß dieser Jesus, der sie besucht hat, genau diese Vollmacht besitzt. Das ist wirkungsvolle, übernatürlich beglaubigte Evangelisation, weil es dem so sehr nahekommt, was Jesus tat. Die meisten von uns werden zwar zugeben, daß das Evangelium beide Dimensionen kennt: das Wort und auch die Tat, jedoch kommt für viele von uns verstandesmäßig orientierten Westlern das Wort zuerst, und die Tat kommt an zweiter Stelle. Für viele Menschen, die im Neuen Testament beschrieben werden, war dies nicht die normale Reihenfolge, und dasselbe gilt auch für viele heute lebender Menschen. Selbst nichtchristliche Historiker fangen an zu verstehen, woher die urchristliche Gemeinde ihre Vollmacht für das Wachstum der Gemeinde bezog. Der Geschichtswissenschaftler der Yale-Universität,

Ramsay MacMullen, stellt folgende Frage: Was hatten die Christen ihren Zuhörern zu bieten? Im Verlauf seiner Untersuchung der Christianisierung des Römischen Reiches hat er herausgefunden, daß die Tat in den ersten Jahrhunderten der Ausbreitung des Christentums das Wort im Hinblick auf die evangelistische Wirksamkeit bei weitem übertraf. Er stellt fest, daß die göttliche Vollmacht, besonders zur Austreibung von Dämonen, "einen furchterregenden Hochspannungseffekt" hatte und als das Hauptinstrument zur Bekehrung in den ersten Jahrhunderten angesehen werden sollte.[10]

"Jesus, zeige mir deine Macht"

MacMullen hätte auch über den 'Jesus'-Film in Indien sprechen können. Der Campus für Christus-Mitarbeiter Paul Eshleman berichtet in seinem Buch über den 'Jesus'-Film, *I Just Saw Jesus*, wie ein hinduistischer Zauberdoktor (*bhaghat*) diesen Film in Mandala in Indien gesehen hatte und von der übernatürlichen Vollmacht von Jesus und seinen Jüngern fasziniert war. Als er nach Hause ging, riß er das Jesusbild von dem Werbeblatt des Filmes für sich heraus und plazierte es auf seinem Götzenaltar, genau neben seinen anderen Lieblingsgöttern. Je mehr er darüber nachdachte, desto mehr fragte er sich, ob wohl Jesus wirklich der einzige wahre Gott sei, wie er zu sein vorgab. Er entschloß sich, einen Test zu machen. Er legte vor jeden seiner Götter eine Kugel aus Kuhmist auf den Altar, trat einen Schritt zurück und sagte mit vielen Worten: "Na gut. Jesus, wenn du der einzig wahre Gott bist, zeige mir deine Macht." Fast augenblicklich ging die Kugel aus Kuhmist vor dem Jesusbild in Flammen auf. Es ist fast unnötig, zu bemerken, daß die anderen Götter schleunigst verschwanden und der Mann zu einem treuen Nachfolger von Jesus wurde.[11]

Berichte wie dieser wurden von Mitarbeitern von Campus für Christus in der ganzen Welt verbreitet. Auf den Solomon-Inseln sah beispielsweise ein Ehepaar, deren Tochter von den Ärzten als unheilbar aufgegeben worden war, im Film, wie Jesus die Tochter des Jairus von den Toten auferweckte. Sie gingen nach Hause, beteten für ihre Tochter, und sie wurde vollständig geheilt.[12]

In Thailand wurde eine Bande lebensgefährlicher Räubern durch das körperliche Auftauchen von zwei Engeln mit brennenden Schwertern daran gehindert, eine Gruppe von Christen anzugreifen. In einem anderen Teil von Thailand mußte das Film-Team in einem Tempel übernachten, von dem jedermann wußte, daß er von Dämonen bewohnt wurde. In dieser Nacht tauchte einer der Dämonen vor ihnen allen auf. Sie vertrieben ihn im Namen von Jesus und schliefen friedlich weiter, zum großen Erstaunen der Dorfbewohner.[13]

Der Pastor einer Nazarenergemeinde in Indien, S. Dinakaran, berichtete, wie böse Geister andauernd die Glühbirnen des Projektors zum Platzen brachten und die Leinwand zerrissen, solange, bis man sie direkt ansprach und sie durch die Kraft Gottes gezwungen wurden, aufzuhören.[14]

Es ist kein Wunder, daß das Evangelium sich nun schnell in Gegenden verbreitet, die man früher als äußerst feindselig betrachtet hatte. Nepal zum Beispiel ist ein Staat, der offiziell für das Evangelium verschlossen ist. Es ist gesetzeswidrig, einen Nepalesen zu Christus zu führen. Wenn die Menschen jedoch den 'Jesus'-Film sehen und die Worte und Taten von Jesus wörtlich nehmen, so wie sie im Lukasevangelium berichtet sind, geschehen außergewöhnliche Dinge. Sie vertrauen nicht nur ihr Leben Jesus an, sondern sind unkompliziert genug, zu glauben, daß Jesus die Kranken durch sie heilen und Dämonen durch sie austreiben wird. Sie sind begeistert, wenn sie herausfinden, daß er genau das tut. Übernatürlich beglaubigte Evangelisation ist in Nepal so wirkungsvoll, daß die Anzahl der getauften Gläubigen von nur 500 im Jahre 1976 auf über 60.000 im Jahre 1986 - nur 10 Jahre später - angewachsen ist, und daß diese Tendenz noch immer zunimmt. Die Bewohner ganzer Dörfer sind Christen geworden.

Es ist sehr interessant zu beobachten, daß die meisten dieser Gläubigen, die sich zu der Denomination 'Nepal Christian Fellowship' zählen, sich nicht als Pfingstler oder charismatische Christen verstehen. Möglicherweise passen sie viel eher zur Dritten Welle.

Übernatürlich beglaubigte Evangelisation in China

Die zwei aufregendsten Gebiete im Hinblick auf die Ausbreitung des Reiches Gottes in der heutigen Welt sind China und Argentinien. Das zahlenmäßige Wachstum der Christen in China, das seit dem Jahre 1976 einen außergewöhnlichen Aufschwung erlebte, hat alle Rekorde gebrochen. Als die Kommunisten nach der Machtübernahme in den Jahren

1949 und 1950 alle Missionare des Landes verwiesen hatten, blieben etwa 1 Million protestantische Gläubige zurück. Dann begann eine der schwersten Verfolgungen seit den Tagen Neros. Pastoren wurden verhaftet und ins Gefängnis geworfen, Bibeln wurden verbrannt, Kirchen und Häuser, in denen man sich zu christlichen Versammlungen getroffen hatte, wurden abgebrannt, die Christen wurden nicht in Ruhe gelassen, sie wurden diskriminiert und geschlagen. Das Werk des Vorsitzenden Mao, die Rote Garde und die Viererbande hätten eigentlich genug Macht gehabt, um das Christentum für immer aus China zu verbannen. Doch es kam ganz anders. Den Heiligen Geist konnten sie nicht aus dem Lande vertreiben, und so kam es zum Aufblühen der Hausgemeindenbewegung. Wie ich schon im ersten Kapitel bemerkt habe, stieg die Zahl der Christen in China nach vorsichtigen Schätzungen auf 50 Millionen an. Etwa 5 bis 10 Prozent der Bevölkerung sind bereits Christen, und diese Zahl wächst beständig. Berichten zufolge werden täglich zwischen 10.000 und 20.000 Menschen sollen, Christen.

Wie kann so etwas geschehen? Es gibt zahlreiche neuerschienene Bücher, die dieses außergewöhnliche Phänomen untersucht haben.[15] Viele Faktoren haben stark zu diesem Wachstum der Gemeinde beigetragen, etwa der treue Zeugendienst der Gläubigen trotz ihres Leidens, der evangelistische Reisedienst, der besonders durch Frauen getan wird, die Reinheit der Gemeinden durch strikte Gemeindezucht, die christlichen Radiosendungen, die Tatsache, daß sowohl der Konfuzianismus als auch der Marxismus darin versagt haben, die grundlegendsten menschlichen Bedürfnisse zu befriedigen und anderes mehr. Alle Schriftsteller sind sich jedoch an einem Punkt einig: Kein anderer Faktor war hierfür mehr ausschlaggebend als die übernatürliche Vollmacht, die sich in den auftretenden Zeichen und Wundern zeigte. Von einigen Ausnahmen abgesehen lag der Schwerpunkt des Dienstes der protestantischen Gemeinden Chinas kaum darauf, für Kranke zu beten und Dämonen auszutreiben. Aber die Dinge haben sich geändert, als die westlichen Missionare gehen mußten. Ohne besondere Planung, Predigt oder Aufforderung in dieser Richtung kam es spontan zu machtvollen Erweisen von übernatürlichen Zeichen und Wundern in jeder einzelnen Provinz Chinas. Christlicher, von Wundern begleiteter Dienst wurde zum christlichen Alltag, ganz ähnlich wie in der Apostelgeschichte. Im heutigen China ist diese Dimension des Dienstes nahezu eine Selbstverständlichkeit.

Jonathan Chao, der Gründer und Leiter des 'Chinese Church Growth Research Center' in Hong Kong, hielt 1986 am Fuller Seminary eine Vorlesung über Zeichen und Wunder in den chinesischen Gemeinden.

Unter vielen dokumentierten Berichten war ein Ereignis, das während der späten Jahre der Konterrevolution (1973 - 1976) geschah. Zu dieser Zeit war es ein Staatsverbrechen, an Jesus zu glauben. Eine Christin hatte ihr Baby ins Krankenhaus gebracht. Dort war es gestorben. Anstatt den Leichnam des Kindes zu begraben, nahm die Mutter die Leiche des Kindes mit nach Hause, hielt es in ihren Armen und betete vier Tage und Nächte über dem Kind. Am Ende des vierten Tages beantwortete Gott ihre Gebete und erweckte das Kind von den Toten. Der Arzt und die Krankenschwester, die die Todesbescheinigung ausgefüllt hatten, konnten sich überhaupt nicht erklären, was sie mit ihren eigenen Augen gesehen hatten. Viele Menschen wurden als Folge dieses Zeugnisses Christen. Kurz darauf wurde ein junger Prediger, der diese Begebenheit in einem anderen Dorf erzählt hatte, festgenommen und angeklagt, falsche, abergläubische Gerüchte zu verbreiten. In seiner Gerichtsverhandlung wurde der Fall genau untersucht, und zum großen Erstaunen des Gerichtshofes fand man heraus, daß alles exakt der Wahrheit entsprach.

David Wang, Leiter von 'Asian Outreach', erzählte von einer Reise in die innere Mongolei, die er kürzlich gemacht hatte. In einer Hausgemeinde traf er eine Frau, die von ihrem Ehemann verlassen worden war. In dem Dorf, wo sie geboren wurde, konnte sie nicht länger überleben, und so nahm sie ihren Sohn und ging in eine andere Stadt. Sie konnte aber nirgends unterkommen. Schließlich brachte sie der dortige Bürgermeister zu einem leerstehenden Haus und erlaubte ihnen, dort zu wohnen. Nach einer Woche fragte er sie, wie es ihnen gehe. Er war erstaunt, als er hörte, daß alles in Ordnung sei. Seine Überraschung kam daher, daß er sie eigentlich eher aus Boshaftigkeit in ein von Dämonen bewohntes Haus geführt hatte, wovor die Menschen dort so sehr Angst hatten, daß es noch nicht einmal jemand wagte, nachts an diesem Haus vorbeizugehen.

Der atheistische Bürgermeister war so tief davon beeindruckt, daß die Dämonen keine Macht über diese Christin hatten, daß er sie fragte, ob sie für eine Frau in dem Dorf beten würde, die seit Jahren von Dämonen besessen war. Sie war ein hoffnungsloser Fall, an den Boden gekettet, und so wild, daß man ihr das Essen wie einem wilden Tier vorwerfen mußte. Die Christin bat um etwas Zeit, um sich vorzubereiten, ging zurück in ihren Geburtsort und nahm ein Team von Betern mit sich. Alle zusammen wurden von dem Bürgermeister zu der Hütte der besessenen Frau geführt. Eine große Menschenmenge hatte sich draußen angesammelt. Einer von dem Gebetsteam kam bald heraus und bat um Wasser zum Baden sowie um einige Kleidungsstücke. Innerhalb einer Stunde kam die kranke Frau heraus, geheilt und vollkommen bei Verstand. Viele Menschen in diesem Dorf wurden Christen als Ergebnis dieser Demonstration übernatürlich beglaubigter Evangelisation.[16]

Übernatürlich beglaubigte Evangelisation in Argentinien

Den größten Teil des 20. Jahrhunderts hindurch war das Wachstum der evangelikalen Gemeinden in Argentinien, verglichen mit dem Rest Südamerikas, unbedeutend. Das änderte sich dramatisch im Jahre 1982, als Argentinien die Falkland-Inseln an England verlor. Zuvor hatten die Argentinier den Ruf erlangt, die stolzesten Menschen Südamerikas zu sein. Als sie aber den Krieg verloren hatten und herausfanden, daß sie von ihren Generälen angelogen worden waren, die ihnen sagten, daß ein militärischer Sieg sicher sei, zerbrach dieser Stolz, und das ganze sozialpsychologische Klima der Nation veränderte sich. Die Argentinier hatten nicht länger Vertrauen in das Militär. Sie vertrauten auch weder der katholischen Kirche, die sich hinter das Militär gestellt hatte, noch ihrer Regierung und waren plötzlich gezwungen, nach etwas Ausschau zu halten, an dem sie sich festhalten konnten.

Gott hatte auf sie gewartet. Genau am selben Tag, als das Schlachtschiff General Belgrano von den Engländern versenkt wurde, begann ein junger Geschäftsmann - er war noch nicht einmal 40 Jahre alt - mit Namen Carlos Annacondia einen wirkungsvollen evangelistischen Verkündigungsdienst. Annacondia, Eigentümer einer Schrauben- und Mutternfabrik, hatte sich 1979 durch den Dienst des südamerikanischen Diplomaten Manuel Ruiz bekehrt. Heute ist Annacondia der führende Evangelist Argentiniens. Er ist immer noch theologischer Laie und hält mehrmals im Jahr öffentliche Veranstaltungsreihen in den von Menschen wimmelnden argentinischen Städten. In jeder dieser Veranstaltungsreihen predigt er 30 oder 40 Abende lang auf freien Plätzen zu Menschenmengen bis zu 40.000 Personen, von 8 Uhr abends bis Mitternacht oder auch später. Man schätzt, daß sich in den ersten 5

Jahren seines Dienstes mehr als 1 Million Menschen öffentlich für Christus entschieden haben, das ist ungefähr soviel, wie es Billy Graham in den ersten 20 Jahren seines Dienstes erleben durfte.

Ich verbrachte vor kurzem einige Zeit zusammen mit Carlos Annacondia in Argentinien, und ich war tief beeindruckt von seiner Demut und Vollmacht. Die einzige Form der Evangelisation, die er kennt, ist übernatürlich beglaubigte Evangelisation. Der entscheidende Teil einer typischen Veranstaltung besteht in einer langanhaltenden, öffentlichen Zurückweisung Satans und all' seiner Mächte. Wenn er das tut, fließen ihm die Worte geradezu vom Munde und werden durch ein exzellentes Lautsprechersystem weithin hörbar gemacht. Manchmal dauert dieses Zurückweisen 15 oder 20 Minuten. Noch bevor er damit zu Ende ist, beginnen sich Dämonen, die durch Zuhörer in die Versammlung gebracht worden sind, dramatisch zu melden, indem sie oft die jeweilige Person zu Boden werfen, wo diese dann schreit und um sich schlägt. Ein gut ausgebildetes Team von Helfern ist unter den Zuhörern unterwegs und begleitet die dämonisierte Person zu einem großen, 50 Meter langen gelb-weiß gestreiften Zelt hinter der Plattform, wobei sie oft körperliche Gewalt anwenden müssen. Annacondia nennt das seine "geistliche Intensivstation", wo andere Teams von Christen mit der Gabe der Austreibung von Dämonen ihren Dienst oft bis zum Morgengrauen versehen.

In der Zwischenzeit predigt Annacondia eindringlich das Evangelium. Während dieser Predigten werden Hunderte von Menschen errettet oder erleben körperliche Heilung. Wenn die Aufforderung gegeben wird, nach vorne zu kommen, um für persönliche Errettung zu beten, rennen die Menschen buchstäblich nach vorne auf einen abgesteckten Platz, um sich bei Seelsorgern, die an langen Tischen sitzen, zu melden, und ihre Entscheidung für Christus zu bekräftigen. Beinahe jedes nur denkbare Wunder kam im Verlauf solcher *conquistas*, wie Carlos Annacondia seine Versammlungen nennt, vor. Das häufigste jedoch ist das übernatürliche Plombieren von Zähnen. Es ist so häufig, daß nur diejenigen, die es erlebt haben, daß drei oder mehr Zähne plombiert oder komplett ersetzt wurden, öffentlich darüber reden dürfen. Die Erneuerung von nur ein oder zwei Zähnen wird eher als eine Kleinigkeit angesehen.

Wunder, die mit dem Gebiß zu tun haben, kommen ebenso häufig im Dienst von Omar Cabrera vor, der zusammen mit seiner Frau Marfa die

'Vision der Zukunft'-Gemeinde leitet. Diese Gemeinde ist mit 145.000 Mitgliedern die drittgrößte Gemeinde der Welt, nach Paul Yonggi Chos' Yoido-Gemeinde in Korea (550.000) und Javier Vasquez' Jotabeche-Gemeinde in Chile (über 300.000). Als ich Cabrera kürzlich kennenlernte, war ich ziemlich skeptisch, als ich von diesem übernatürlichen Plombieren von Zähnen hörte, und so ließ ich mich mit einer seiner Verwaltungsangestellten, Ana, bekannt machen. Ana, eine etwa 50-jährige Frau, hat es vor einigen Jahren erlebt, wie ihre Zähne auf diese Weise plombiert wurden. Sie war zwar damals Patientin bei einem Zahnarzt, hatte es aber jahrelang versäumt, ihn aufzusuchen, so daß der Zustand ihrer Zähne sich stark verschlechtert hatte. Auf das Gebet von Omar Cabrera hin wurden 5 Backenzähne neu gefüllt. Sie ging daraufhin zum Zahnarzt, der ihr bestätigte, daß ihre Zähne mit einer ihm unbekannten Substanz gefüllt worden waren, die "so hart wie ein Diamant" ist. Als sie mir erzählte, daß sie seither keine Löcher in den Zähnen mehr gehabt hat, bat ich sie um Erlaubnis, einmal in ihren Mund zu schauen. Und tatsächlich waren die Zähne allesamt fachmännisch mit einer Substanz gefüllt, die etwas weißer war als die Zähne selbst.

Wenn es auch noch einige argentinische Pastoren gibt, die skeptisch sind, ist übernatürlich beglaubigte Evangelisation jedoch die Norm geworden. Die Gemeinde von Pastor Roberto Carlini, 'Sanctuary of Faith Church' in der Stadt Rosario wuchs in drei Jahren von 500 auf 5.000 Mitglieder an, und er hat drei Häuserblocks in der Stadt gekauft, um das Zentrum für den Gottesdienst zu bauen. Hector Gimenez, ein vorbestrafter ehemaliger Drogensüchtiger, erlebte, wie die von ihm gegründete Gemeinde 'Church of the Miracles of Jesus Christ' in Buenos Aires in weniger als einem einzigen Jahr von Null auf 20.000 Mitglieder anwuchs. Sie haben dort ein Theater gemietet, in dem er in vier Gottesdiensten täglich predigt. In der Stadt La Plata hatte die 'Church of the Diagonal'-Gemeinde von Alberto Scataglini die erste öffentliche Versammlung von Carlos Annacondia organisiert und ist seither von 500 auf 2.500 Mitglieder angewachsen.

Auf ganz unvorhergesehene Weise wurde ich Zeuge einer übernatürlich beglaubigten Evangelisation während meines letzten Besuchs in Argentinien. Nach einer der allabendlichen evangelistischen Veranstaltungen, die Omar Cabrera in einem Stadion in Cordoba abhielt, bei der er zu Tausenden von Menschen sprach, und in der viele geheilt und errettet wurden, lud mich mein Freund Edgardo Silvoso, Direktor von 'Harvest Evangelism' in San Jose, Kalifornien, zusammen mit einigen anderen amerikanischen Freunden zum Abendessen ein. Edgardo bat uns, daß wir uns zu einigen chinesischen Christen setzten, um ihnen dabei zu helfen, das zu verstehen, was sie gesehen hatten. Nachdem sie viele Fragen gestellt hatten, ob Zeichen und Wunder heute noch zu erwarten seien oder nicht, bemerkte einer von ihnen, daß er an furchtbaren Rückenschmerzen litt. Ich fragte ihn, ob ich für ihn um Heilung beten dürfe. Er war einverstanden.

Wir rückten also seinen Stuhl vom Tisch weg, mehr in die Mitte des Restaurants, wo ich besser seine Füße anfassen und beobachten konnte. Ein Bein war kürzer als das andere, und als ich dafür betete, verlängerte es sich. Dann legte ich meine Hände auf seinen Rücken, betete, und die Schmerzen verschwanden. Zu diesem Zeitpunkt hatten die meisten unserer Gruppe ihre Plätze an den Tischen verlassen und standen um uns herum. Auch einige Angestellte des Restaurants standen mit dabei. Ein junger amerikanischer Missionar bat um Gebet. Als ich betete, berührte der Heilige Geist diesen Mann in spürbarer Weise, und er begann laut zu weinen und seine Sünden zu bekennen. Inzwischen standen sieben der Angestellten des Restaurants bei unserer Gruppe. Einer bat mich, gegen die weitere Ausbreitung einiger weißer Flecken auf seinem Kopf zu beten. Zunächst jedoch betete ich für sein ebenfalls zu kurzes Bein. Es wuchs auf normale Länge. Dann betete ich für die weißen Stellen auf seinem Kopf, aber wir konnten kein sofortiges Ergebnis feststellen. Ein anderer Angestellter bat mich, für seinen verstauchten Daumen zu beten.

Da meldete sich Ed Silvoso. Neben anderen Qualitäten, die er hat, ist er auch ein begabter Evangelist. Er rief die sieben Angestellten zu sich und erklärte ihnen das, was sie gerade zu sehen bekommen hatten. Er sagte ihnen, daß die Kraft Gottes nicht nur dazu da war, sie zu heilen, sondern auch sie zu erretten. Dann forderte er alle, die es wünschten, Jesus als ihren persönlichen Erretter und Herrn anzunehmen, dazu auf, ihre Hand in die seine zu legen und mit ihm zu beten. Alle sieben taten dies. Plötzlich kam noch ein anderer Angestellter angelaufen und legte seine Hand auch noch auf die der anderen. Kurz darauf umarmten wir uns alle und freuten uns an der spürbaren Gegenwart Gottes.

Übernatürlich beglaubigte Evangelisation in der Vineyard-Gemeinde

Im größten Teil dieses Kapitels wurden aufregende Dinge berichtet, die Gott überall auf der Welt tut. Über die USA habe ich nicht viel gesagt. Ich erinnere mich, daß sich vor nicht allzu langer Zeit ein Professor, einer meiner Kollegen am Seminar, über solche Berichte entrüstete und zu mir sagte: “Ihr Missionare erzählt ständig solche Geschichten, die irgendwo passieren, wo wir nicht nachprüfen können, ob sie stimmen oder nicht. Warum passiert denn in unserer Gegend nicht mal so etwas?” Die Antwort darauf ist natürlich, daß solche Dinge sehr wohl auch in Amerika geschehen.

Beinahe jedes Jahr wechselten sich die ‘Assemblies of God’ und die ‘Church of God’-Gemeinden (Cleveland, TN) darin ab, die schnellstwachsende Denomination in den Vereinigten Staaten zu sein. Auch wenn keine genauen Zahlen zu haben sind, wächst die ‘Church of God in Christ’ möglicherweise noch schneller. Alle diese drei Gemeindeverbände sind klassisch pfingstliche Denominationen. Wenn man die unabhängigen charismatischen Gemeinden zu den klassisch pfingstlichen dazu nimmt, würde die gegenwärtige Wachstumsrate dieser Bewegung in den USA 173 Prozent ZWR betragen, was um ein Vielfaches höher ist als die jeder anderen ähnlichen Gruppe oder etwa Sekte wie die der Mormonen oder Zeugen Jehovas.[17]

Elmer Towns hat vor kurzem eine Liste der schnellstwachsenden Lokalgemeinden in jedem der 50 amerikanischen Bundesstaaten für die Zeitschrift *Ministries Today* zusammengestellt (Ausgabe Sept./Oktober 1986) und hat herausgefunden, daß 40 dieser 50 Gemeinden Pfingst- oder charismatische Gemeinden waren. Die Zeitschrift *Christianity Today* hat dieses Phänomen ebenfalls festgehalten und die Ausgabe vom 16. Oktober 1987 dem Thema gewidmet: “Die Pfingstgemeinden Amerikas: Wer sind sie, was glauben sie, wohin gehen sie.”

Als eine besondere Gruppe stellten die unabhängigen charismatischen Gemeinden die schnellstwachsende religiöse Gruppierung Amerikas in den 80er Jahren dar. Unter ihnen hat die ‘Vineyard Christian Fellowship’ in Anaheim, Kalifornien, eine führende Position. Mein Freund, der skeptische Professor, hätte genau dasselbe sehen können, was die Missionare immer berichten, wenn er sich die Mühe gemacht hätte, eine knappe Autostunde weit von seinem Seminar wegzufahren.

Im letzten Kapitel habe ich meine Beziehung zu John Wimber und seinem Dienst am Fuller Seminary beschrieben. Der Grund, warum sein Unterricht dort so eingeschlagen hat, war hauptsächlich, daß alles, was er sagte, durch praktische Demonstration unterstrichen wurde.

Der Ausdruck *power evangelism* (übernatürlich beglaubigte Evangelisation), der als Kapitelüberschrift und an verschiedenen anderen Stellen dieses Buches auftaucht, wurde von John Wimber geprägt, um zu beschreiben, wie er das Wirken Gottes im 'Vineyard' erlebte. In seinen Büchern *Vollmächtige Evangelisation* und *Heilung in der Kraft des Geistes* definiert und beschreibt er übernatürlich beglaubigte Evangelisation und zeigt auf, wie diese Art der Evangelisation mit dem Dienst der 'Vineyard Christian Fellowship' verbunden ist. Wimber sagt: "Mit dem Ausdruck '*power evangelism*' meine ich eine Darbietung des Evangeliums, die zwar vernunftgemäß ist, aber gleichzeitig den Rahmen des verstandesmäßig Erfaßbaren sprengt. Die Erklärung des Evangeliums wird durch die Demonstration der Kraft Gottes in Zeichen und Wundern unterstrichen." Seiner Erfahrung nach ist diese Art der Evangelisation deshalb so wirkungsvoll, weil der Widerstand gegen das Evangelium durch den Erweis der Kraft Gottes auf übernatürlichem Weg überwunden wird und dadurch die Offenheit für die Ansprüche von Christus in der Regel sehr groß wird."[18]

Die 'Vineyard'-Gemeinde in Anaheim ist nicht nur auf etwa 6.000 Mitglieder angewachsen, sondern John Wimber hat auch die Sicht dafür, bis zum Jahre 2000 nicht weniger als 10.000 Vineyard-Gemeinden in Nordamerika zu gründen. Gegenwärtig sind es etwa 250 Gemeinden. Ihre junge Denomination trägt den Namen 'Association of Vineyard Churches'. Ihr vierteljährlich erscheinender Rundbrief berichtet regelmäßig unter der Rubrik "Werke des Vaters" über Fälle, in welcher übernatürliche Heilungen im Verlauf des Dienstes dieser Gemeinden dokumentiert werden. Ich habe keinen Zweifel daran, daß mein Freund, der Profesor, überrascht sein wird, wenn er hört, was sich alles in letzter Zeit in den Vereinigten Staaten zugetragen hat:

- Joe, 4, aus dem San Fernando-Tal, mit Strabismus (gekreuzten Augen) geboren, war von den Ärzten als unheilbar bezeichnet worden. Eine Operation wurde für ihn angesetzt. 2 Monate lang ist für ihn beständig gebetet worden, und als er im Verlauf der weiteren Behandlung für die Operation untersucht wurde, stellte es sich heraus, daß er völlig gesund war.

- Jackie Berry, 16, aus St. Louis, wurde auf Gebet hin von Skoliose am Rücken geheilt.

- Laura aus Shreveport, Louisiana, litt an Leberkrebs. Ihr war operativ nicht mehr zu helfen, und man hatte ihr noch 3 bis 6 Monate Lebenszeit vorausgesagt. Nach 7 Monaten intensivem Gebet zeigte ein Test, daß der Krebs vollkommen verschwunden war.

- Warren aus San Jose, Kalifornien, war seit dem Koreakrieg auf einem Ohr taub. Man betete für ihn, und auf der Stelle konnte er wieder hören.

- In Evanston, Illinois, betete ein Team von Christen für eine Frau, die infolge eines Unfalls auf einem Auge blind war. Durch Laserchirurgie hatte man über 50 Tumore entfernt, und die Retina und ihre Linse waren in sehr schlechtem Zustand. Nach 15 Minuten konnte sie wieder sehen. Die Ärzte in der Mayo-Klinik konnten noch nicht einmal die Spur einer Operationsnarbe entdecken.

- Rachel, 1, war von den Ärzten aufgegeben worden. Ihre Nieren versagten, weil sie von einem seltenen Virus befallen waren. Im Morgengottesdienst der Vineyard-Gemeinde in Santa Clara, Kalifornien, wurde für sie gebetet, und gegen 13.00 Uhr am selben Nachmittag begannen ihre Nieren wieder zu arbeiten. Nach einigen Tagen war keine Spur der Krankheit mehr zu finden.[19]

Was der Geist sagt

Ein solches Kapitel hätte wohl kaum zu Beginn unseres 20. Jahrhunderts geschrieben werden können. Einiges von dem, was beschrieben worden ist, geschah etwa in der Mitte des Jahrhunderts, aber nicht sehr viel. An der Schwelle des 21. Jahrhunderts jedoch befinden wir uns in einer Zeit, wo sich das Reich Gottes in einer Weise ausbreitet, wie es in der ganzen Geschichte der Christenheit nie dagewesen ist. Neben den vielen Dingen, die Gott heute weltweit tut, benutzt er sein Volk als Instrument für übernatürlich beglaubigte Evangelisation. Ich bin sicher, daß der Heilige Geist dadurch der Gemeinde etwas außerordentlich wichtiges zu sagen hat. Viele von denjenigen, die Ohren haben zu hören, lernen es, sich vom Heiligen Geist in dessen ersten Welle, die Pfingstbewegung und dessen zweite Welle, die charismatische Bewegung mit einbeziehen zu lassen. Manche reagieren auf das Reden des Geistes dadurch, daß sie ein Teil der Dritten Welle werden. Unabhängig davon, welche äußere Formen und welchen Stil von Christsein sie ausleben, bekennen sie: "Ja, Heiliger Geist, ich höre, was Du den Gemeinden sagst. Ich schätze das, was Du tust, hoch ein. Ich möchte gerne, daß Du auch auf mich zählen kannst."

Anmerkungen

1. Kevin Perotta, "A Third Wave", *New Covenant*, Dez. 1983, S. 19.
2. Rufus Anderson, "Principles and Methods of Modern Missions", (1869) in *Classics of Christian Mission*, Hrsg. Francis M. DuBose, (Nashville, TN; Broadman Press, 1979), S. 254.
3. Patrick Johnstone, *Operation World*, (Pasadena, CA: William Carey Library, 1986), S. 35. [In der deutschen Ausgabe *Gebet für die Welt* (Neuhausen, Hänssler-Verlag, 1988[3]), wurde dieser Abschnitt weggelassen.]
4. Sharon E. Mumper, "Where in the World Is the Church Growing?" *Christianity Today*, 11. Juli 1986, S. 17.
5. C. Peter Wagner, "Church Growth", *Dictionary of the Pentecostal and Charismatic Movements*, Hrsg. Stanley M. Burgess und Gary B. McGee (Grand Rapids: Zondervan Publishing House, 1988).
6. Für die Glaubensziele der Central American Church, siehe Emilio Antonio Nuñez, Hrsg., *La Hora de Dios para Guatemala*, Guatemala City: SEPAL, 1983, S. 177.
7. Diese Zeugnisse sind dem Rundbrief *Miracles and Healing*, herausgegeben von der Deeper Life Church in Lagos, Nigeria, Ausgaben 1, 7 und 9 (ohne Datum) entnommen.
8. Ebd.
9. John N. Vaughan, *The World's Twenty Largest Churches* (Grand Rapids, MI: Baker Book House, 1984), S. 211.
10. Ramsay MacMullen, *Christianizing the Roman Empire, A.D. 100- 400 (New Haven, CT: Yale* University Press, 1984), S. 27.
11. Paul Eshleman, *I Just Saw Jesus* (San Bernardino, CA: Here's Life Publishers, 1985), S. 114 - 115.
12. Ebd., S. 105. 106.
13. Ebd., S. 111. 112.
14. Ebd., S. 110. 111.
15. Einige der besten Bücher über das Wachstum der Gemeinde in China sind: Paul E. Kauffman, *China the Emerging Challenge* (Grand Rapids, MI: Baker Book House, 1982); Carl Lawrence, *The Church in China* (Minneapolis, MI: Bethany House Publishers, 1985); Leslie Lyall, *God Reigns in China* (London: Hodder and Stoughton, 1985); David H. Adeney, China: *The Church's Long March* (Ventura, CA: Regal Books, Div. of Gospel Light Publications, 1985); sowie Arthur Wallis, *China Miracle* (Colombia, MO: City Hill Publishing, 1986).
16. C. Peter Wagner, Hrsg., *Signs and Wonders Today* (Altamonte Springs, FL: Creation House, 1987), S. 83 - 84.
17. Wagner, Dictionary.
18. John Wimber und Kevin Springer, *Vollmächtige Evangelisation* (Hochheim, Projektion J, 1986), S. 45.
19. The Vineyard Newsletter, Frühling 1986; Herbst/Winter 1986; Frühling 1987.

Vier

Ein Leben unter der Herrschaft Gottes

Es ist eine Sache, die wundervollen Dinge zu hören, die Gott überall auf der Welt tut, und sogar darüber in Begeisterung zu geraten. Es ist eine völlig andere Sache, sich zu fragen, ob solche Dinge überhaupt vorkommen *sollten*. Um es anders auszudrücken: Die meisten ernsthaften Christen möchten gerne früher oder später wissen, ob sich das, was sie erleben, mit der Bibel vereinbaren läßt.

Wenn es um den Dienst der Krankenheilung geht, stehen theologische Überlegungen ganz oben auf dem Fragenkatalog von christlichen Leitern, die einen traditionellen evangelikalen Hintergrund haben. Ich habe ja davon schon im ersten Kapitel gesprochen. Dort, wo die Lehren von Benjamin Warfield, John MacArthur, Jr., C.I. Scofield oder anderen vorherrschen, ist ein Wechsel zur Dritten Welle nicht einfach. Nicht nur Pastoren, sondern auch christliche Laien würden unverantwortlich handeln, wenn sie versuchen würden, einen Heilungsdienst für Kranke in ihrer Lokalgemeinde zu beginnen, ohne zunächst die entscheidenden theologischen Fragen zu klären. Wenn man diese Gesichtspunkte überspringt, bringt man die eigene Gemeinde schnell in die Gefahr, krank zu werden, und genau das will ich ja mit diesem Buch vermeiden.

Ich wünschte mir, daß ich eine Theologie entwerfen könnte, mit der jeder Christ einverstanden wäre. Aber das ist unmöglich. Viele haben das im Laufe der Zeit versucht, aber keiner war erfolgreich. Trotzdem will ich versuchen, zu einem theologischen Verständnis anzuregen, um einen Dienst, wie er für die Dritte Welle charakteristisch ist, theologisch einordnen zu können. Dieses Verständnis stimmt ausdrücklich mit den Grundsätzen evangelikaler Überzeugungen überein und wird hoffentlich möglichst wenigen evangelikalen Christen Schwierigkeiten bereiten.

Das Reich Gottes als Ausgangspunkt

Ich bin nicht der erste, der das Reich Gottes zur theologischen Ausgangsbasis macht. Ich kann mich noch genau entsinnen, wie ich bei einer Schulungsveranstaltung mit John Wimber war und er begann, auf sehr plausible Weise über das Reich Gottes zu reden. Das erste Kapitel in seinem Buch *Vollmächtige Evangelisation* trägt bezeichnenderweise die Überschrift: "Das Reich Gottes". Aber auch Wimber hat diesen Ansatz nicht erfunden. Er sagt, daß "der Großteil dieses Kapitels auf Material aufbaut, das auf die Arbeiten von George Ladd und James Kallas zurückgeht."[1]

Viele andere unterstreichen die Auffassung Wimbers, daß das Reich Gottes ein hilfreicher Ansatzpunkt dafür ist, das heutige Wirken Gottes zu verstehen und einzuordnen. Zum Beispiel hat Ken Blue in *Authority to Heal* ein neues Buch veröffentlicht, das ich persönlich für die derzeit beste theologische Arbeit über die Dritte Welle halte. Der zweite Teil seines Buches trägt den Titel: "The Kingdom of God and the Fight to Heal" (Das Reich Gottes und der Kampf um Heilung).[2]

Die meisten Christen können das Vaterunser auswendig. Dieses Gebet enthält auch den Vers: "Dein Reich komme, Dein Wille geschehe auf der Erde wie im Himmel" (Matth. 6, 10). Das Vaterunser habe ich schon gekannt, bevor ich überhaupt Christ wurde. Es mag sein, daß es sogar so bekannt ist, daß manche Christen es immer wieder sagen können, ohne jemals über die eigentliche Bedeutung der Worte nachzudenken. Ich habe das jahrelang getan. Als ich dann endlich einmal anfing, darüber nachzudenken und mich zu fragen, was ich eigentlich damit meinte, wenn ich sagte: "Dein Reich komme, Dein Wille geschehe auf der Erde wie im Himmel", entdeckte ich, daß ich damit nur zwei vage Vermutungen aussprach.

Erstens: Ich nahm an, daß das Reich Gottes nur etwas mit der Zukunft zu tun habe. In Wirklichkeit betete ich um das zweite Kommen von Jesus. Mir war beigebracht worden, daß das Zeitalter der Gemeinde mit Pfingsten begann, und daß das Reich Gottes erst dann Wirklichkeit werden würde, wenn Jesus wiederkäme. Ich hatte keinen Zweifel daran, daß Wunder in der Vergangenheit geschehen waren und auch in Zukunft geschehen würden. Aber heute? Nun, heute haben wir ja die ganze Wissenschaft, die Medizin und sogar Computer, und über dem allen die Bibel, das geschriebene Wort Gottes. Wo wir doch so reich beschenkt sind, dachte ich, was soll ich da noch nach Wundern Ausschau halten?

Zweitens: Ich nahm an, daß alles, was heute auf der Welt geschieht, tatsächlich dem Willen Gottes entspricht. Da Gott ja absolut souverän ist, muß - so folgerte ich - alles, was auf der Welt geschieht, von ihm gebilligt worden sein. Wenn ich für eine kranke Person gebetet habe, dann hat es etwa so geklungen: "Gott, bitte gib ihr die Gnade, diese Krankheit zu ertragen und tröste ihre Familie." Unausgesprochen, aber wirkungsvoll war damit die Annahme verbunden, daß es schlicht und einfach der Wille Gottes ist, daß wir krank sind, und so haben wir Krankheit zu ertragen, so gut wir es können.

Eines der Schlüsselelemente, um die Dritte Welle zu entdecken, war, mich noch einmal mit diesen beiden Vermutungen näher zu befassen. Als ich das tat, erkannte ich, daß beide Vermutungen richtig waren. Aber nur zum Teil. Ja, es stimmt, daß das Reich Gottes zukünftig ist, aber es ist auch schon jetzt gegenwärtig. Ja, es stimmt, daß Gott souverän ist, aber darüberhinaus dürfen wir den Teufel nicht vergessen, der ebenfalls am Werk ist und der mit aller Kraft gegen den Willen Gottes agiert. Aus diesem Grunde könnten einige der Dinge, die wir um uns herum beobachten, nicht von Gott, sondern von Satan verursacht sein. So oft habe ich diese Wahrheit schon in dem Lied von Luther besungen: "Ein' feste Burg ist unser Gott", habe aber den eigentlichen Sinn dieser Tatsache nicht verstanden. Luther sagte: *Der alt böse Feind, mit Ernst er's jetzt meint; groß Macht und viel List sein grausam Rüstung ist, auf Erd' ist nicht seinsgleichen.*

Welche Grundvoraussetzungen müssen wir erfaßt haben, um beginnen zu können, wirkungsvoll für Kranke zu beten?

"Dein Reich komme"

Was meinen wir eigentlich, wenn wir beten: "Dein Reich komme"?

Eine grundlegende Voraussetzung dafür ist es, zu erkennen, daß die Bibel lehrt, daß Satan der "Gott dieser Welt" ist (2. Kor. 4, 4). In gewissem Sinne ist es Satan, der über die Welt, wie wir sie kennen, Herrschaft ausübt. Die Welt ist das Reich Satans, und zwar seit dem Zeitpunkt, als Adam und Eva ihre rechtmäßige Herrschaft durch Ungehorsam Gott gegenüber aufgaben.

Manchen mag es jetzt so vorkommen, als ob ich zu weit gegangen bin und Satan zuviel Macht zugebilligt habe. Aber wenn wir an das Gespräch von Jesus und Satan im Verlauf der Versuchungsgeschichte denken und ernst nehmen, was dort gesagt wurde, sind wir eines Besseren belehrt. Damals nahm Satan Jesus auf einen hohen Berg und zeigte ihm alle Reiche der Welt. Dann sagte er: "Alle diese Dinge will ich dir geben, wenn du niederfällst und mich anbetest" (Matth. 4, 9). Erlaubte sich Satan einen Spaß mit Jesus, oder meinte er es ernst? Eines steht fest: Jesus stellte es nicht in Abrede, daß Satan tatsächlich die Macht hatte, die 'Reiche der Welt' beliebig zu verteilen. Ganz offensichtlich gehörte das tatsächlich in den Kompetenzbereich Satans. Darüberhinaus gibt uns der Bericht von Lukas noch weiteren Aufschluß. Er zitiert nämlich Satan noch ausführlicher, wie er sagt: " Diese Macht ist mir übergeben, und ich gebe sie, wem ich will" (Lukas 4, 6). Dieses Thema wird später von Johannes wieder aufgegriffen, der sagt: "Die ganze Welt liegt im Argen" (1. Joh. 5, 19).

Wenn dies auch alles wahr ist, so wissen wir doch, daß Satan nicht der oberste Herrscher der Welt ist. "Die Erde gehört dem Herrn, und alles, was darinnen ist" (Ps. 24, 1). Gott ist der König der Könige und der Herr aller Herren. Satan ist nur Usurpator: Er hat Dinge an sich gerissen, die ihm nicht gehören. Aber wir dürfen darüber die Tatsache nicht vergessen, *daß* er Macht an sich gerissen *hat*. Uns wird nicht mitgeteilt, wieviel er auf anderen Planeten und Galaxien zu sagen hat. Aber eines wissen wir, erneut mit den Worten Martin Luthers gesprochen: "*Auf Erd' ist nicht seinsgleichen* ". Seine Macht ist zwar nur von beschränkter Dauer, aber sie ist dennoch ein Faktor, den wir sehr ernst nehmen sollten.

Die Macht Satans wird uns sehr dramatisch in einem Bericht aus Tibet vor Augen geführt, wo die Mächte des Bösen völlig ungestört jahrhundertelang ihr Unwesen trieben. Paul Kauffman, Direktor von 'Asian Outreach', hatte einen interessanten Zeitungsbericht in der Ausgabe vom 16. Juli 1982 der *Far East Economic Review* gelesen. Darin wurde berichtet, daß ein Spezialist für Akupunktur aus Australien gebeten worden war, einen alten Mann aus Tibet zu behandeln, der damals in Indien lebte. Zu seinem Erstaunen war es ihm völlig unmöglich, mit seinen Nadeln durch die Haut des Tibeters zu dringen. Er entschuldigte sich sehr und sagte, daß ihm so etwas noch nie geschehen sei.

“Oh,” sagte der Tibeter, “ich bin es, der sich entschuldigen muß. Ich vergaß, mein Amulett abzunehmen.” Als er das Amulett von seinem Hals entfernte, konnten die Nadeln problemlos durch seine Haut dringen. Dann erklärte er: “Dieses Amulett hat mir ein Lama gegeben, damit es mich vor den Kugeln der Chinesen schützen sollte.”[3] Wenn ich davon spreche, daß die Macht Satans eine ehrfurchterregende Tatsache ist, so denke ich dabei gerade an solche Berichte.

Wenn uns klar geworden ist, wieviel Macht Satan unrechtmässig an sich gerissen hat, können wir auch viel eher die ganze Tragweite der Tatsache erfassen, daß Jesus ja durch sein Kommen eine neue Herrschaft auf dieser Welt errichtet hat. Hier handelte es sich um nichts weniger als um eine göttliche Invasion feindlichen Territoriums und um einen Zusammenprall gigantischer Mächte. Das Reich Satans war durch die Herrschaft von Jesus zu einem Krieg herausgefordert worden. Wenn Jesus einen Kranken heilte, so war dies jedesmal ein Kriegsakt, eine peinliche Angelegenheit für Satan. Jeder ausgetriebene Dämon war eine Beleidigung des Teufels. Das verstehe ich erst jetzt.

Theologen haben uns darauf hingewiesen, daß man für das Kommen von Jesus viele Gründe anführen kann. Aber unter diesen Gründen ist der folgende am allerdeutlichsten: “Dazu ist der Sohn Gottes erschienen, um die Werke des Teufels zu zerstören” (1. Joh. 3, 8).

Wie konnte ich das übersehen?

Heute ist mir die Tatsache, daß das Reich Gottes sowohl gegenwärtig als auch zukünftig ist, so sehr einleuchtend, daß ich mich wirklich frage, wie ich es solange übersehen konnte. Als ich in den 50er Jahren am Fuller Seminary Theologie studierte, war George Ladd einer meiner Professoren. Schon damals war er gerade dabei, einer der führenden Theologen zu den Fragen der biblischen Theologie des Reiches Gottes in unserem Land zu werden. Damals hatte mich jedoch der Dispensationalismus und die Scofield-Bibel so sehr fasziniert, daß ich nicht verstehen konnte, wovon er redete. Es ist zwar peinlich, aber ich muß heute zugeben, daß mir George Ladd hauptsächlich deswegen in Erinnerung ist, weil er so respektlos die Auffassung in Frage stellte, die Entrückung läge zeitlich vor der ‘Großen Trübsal’. Eine solche Haltung wurde von vielen als evangelikale Bilderstürmerei betrachtet.

Während meines Missionsdienstes in Bolivien vertrat ich immer noch die Auffassung, das Reich Gottes sei etwas Zukünftiges. Als ich jedoch dem Kollegium der Fuller School of World Mission im Jahre 1971 beitrat, fiel es mir auf, wieviel mein Kollege Arthur Glasser über das Reich Gottes sprach. Langsam begann ich zu verstehen. Wie wenig ich von der Sache verstand, begriff ich schließlich, als mein Freund Raymond J. Bakke vom Northern Baptist Seminary in einer Rezension von einem meiner Bücher schrieb: "Es ist lange her, daß ich ein bedeutendes Buch über Ekklesiologie oder Missionswissenschaft gelesen habe, welches nicht ein einziges Mal das Reich Gottes erwähnt."[4] Schlagartig verstand ich und begann nochmals, die Bücher von George Ladd zu lesen. Ladds Überzeugung war eindeutig: "Die moderne Wissenschaft ist ziemlich einhellig der Meinung, daß das Reich Gottes die zentrale Botschaft von Jesus gewesen ist."[5]

Ladds Theorie sagt im wesentlichen aus, daß die Bibel zwei Hauptabschnitte der menschlichen Geschichte kennt, nämlich das "gegenwärtige Zeitalter" und das "zukünftige Zeitalter". Bis zum Kommen von Jesus gab es nur das "gegenwärtige Zeitalter", worin Satan überaus viel Machtbefugnis besaß. Aber mit dem Kommen von Jesus begann das "zukünftige Zeitalter". Der Höhepunkt dieses Anbruchs einer neuen Ära ist sein Tod und die Auferstehung: Damit hatte das "zukünftige Zeitalter" begonnen, das Reich Gottes, das heute schon auf dieser Erde angebrochen ist. Beim zweiten Kommen von Jesus findet das "gegenwärtige Zeitalter" sein Ende, Satan wird in den Feuersee geworfen werden, und das zukünftige Reich - neuer Himmel und neue Erde genannt - wird für immer Bestand haben. Jetzt allerdings, in der Periode zwischen dem ersten und dem zweiten Kommen von Jesus, befinden wir uns im Kriegszustand.

Ich bin heute überzeugt, daß das Reich Gottes einen viel höheren Stellenwert in unseren Predigten einnehmen sollte, als es in der evangelikalen Christenheit bisher der Fall war. Johannes der Täufer sagte: "Das Himmelreich ist nahe!" (Matth. 3, 2). Jesus verkündigte: "Das Himmelreich ist nahe!" (4, 17). Dann wurden die Apostel ausgesandt. Ihre Predigt war: "Das Himmelreich ist nahe!" (10, 7). Die Apostelgeschichte beginnt damit, daß Jesus über das Reich Gottes lehrt (siehe Apg. 1, 3), und endet mit Paulus, der über das Reich Gottes predigt (siehe 28, 31).

Wir tun gut daran, wenn wir uns daran erinnern, daß es in unserem

Erleben einen Unterschied gibt zwischen dem was wir aus der Zeit des Alten Testaments wissen, und dem was wir heute erleben. Natürlich können wir im ganzen Alten Testament sehen, daß Jahwe-Gott der König der Könige und der Herr der Herren war. Er war es, der sich mit seiner gewaltigen Macht für sein Volk einsetzte. Wie sollten wir sonst solche Begebenheiten wie die Sintflut, den Auszug aus Ägypten, Elia auf dem Berg Karmel oder Daniel in der Löwengrube verstehen? Dennoch ist es eine Tatsache, daß beim Kommen von Jesus das Reich Gottes in einer nie zuvor dagewesenen Weise Eingang in die Menschheitsgeschichte gefunden hat. George Ladd weist darauf hin, daß es ein entscheidender Wendepunkt in der Geschichte war, als Jesus davon sprach, daß er "den Satan wie einen Blitz vom Himmel" hatte fallen sehen (Lukas 10, 18).

Nach diesem Vorfall machte Jesus seinen Jüngern klar, welches Privileg es für sie war, gerade die Dinge mitzuerleben, die um sie herum geschahen. Er fügte hinzu: "Ich sage euch: Viele Propheten und Könige haben sehen wollen, was ihr seht, und haben es nicht gesehen" (V. 24), wobei er Personen aus alttestamentlichen Zeiten mit ihnen vergleicht. Bei anderer Gelegenheit sagte er, daß es zwar keinen größeren Propheten als Johannes den Täufer gab, jedoch selbst der Kleinste im Reich Gottes größer sei als er (siehe 7, 28).

Satan hatte enorm viel Macht, aber nur bis zu dem Zeitpunkt, als Jesus kam. Das Kreuz von Jesus Christus hat diese Macht gebrochen. Die Bibel sagt uns, daß Jesus am Kreuz Mächte und Gewalten entwaffnet und mit ihnen einen öffentlichen Triumpfzug veranstaltet hat (siehe Kol. 2, 15). Wenn das der Wahrheit entspricht, warum verfügt dann Satan immer noch über ein gewisses Maß an Macht? Der Grund ist, daß Satan in dieser Zwischenperiode, dem "schon jetzt und noch nicht", wie ein Löwe ist, der eine Schrotladung abbekommen hat, aber noch nicht daran gestorben ist. Der Feind ist dadurch noch wilder, bösartiger und gefährlicher geworden, als er es jemals war, und zwar weil er wütend ist.

Man hat gewisse Stellen der Offenbarung schon immer unterschiedlich auslegen können. Eine Passage jedoch veranschaulicht das, worüber ich gerade spreche, in bildhafter Weise. Offenbarung 12, 9 spricht davon daß Satan aus dem Himmel geworfen wurde. Und dann werden die Bewohner der Erde gewarnt, denn "der Teufel kommt zu euch hinunter, voller Zorn, denn er weiß, daß er nur wenig Zeit hat" (V. 12). Ich erinnere mich, wie Paul Yonggi Cho einmal bemerkte, daß Korea auf dem Papier am 15. August 1945 von der japanischen Besatzung befreit worden war. Während der darauffolgenden Monate fuhren die Japaner jedoch fort, Koreaner zu töten, bis dann endlich die Befreiung rechtsgültig war. Ganz ähnlich ist unsere Situation: Satan ist zwar letztlich geschlagen, aber er ist äußerst wütend auf uns und wild entschlossen, uns so viel wie möglich zu schaden.

"Dein Wille geschehe wie im Himmel so auf der Erde"

Sobald wir im Vaterunser zu der Stelle kommen, wo es heißt: "Dein Reich komme", lautet der nächste Satz: "Dein Wille geschehe wie im Himmel so auf der Erde." Dies ist sehr aufschlußreich, wenn es darum geht, herauszufinden, was wir tun sollen. In dieser Kriegssituation zwischen dem Reich Satans und dem Reich Gottes hilft uns dieser Abschnitt des Vaterunsers, zu verstehen, was Gott gerne durch uns tun möchte.

Wir müssen begreifen, daß das Reich Gottes nicht ein bestimmtes geographisches Gebiet mit politischen Grenzen meint. Immer wieder hat Jesus betont: "Mein Reich ist nicht von dieser Welt" (Joh. 18, 36). Das Reich Gottes meint die Herrschaft, nicht den Herrschafts*bereich* Gottes. Die Menschen, die zu diesem Reich gehören, sind diejenigen, die sich freiwillig der Autorität von Jesus als ihrem König unterstellen. Wenn Sie eine solche Person sind, dann ist das Reich Gottes überall da, wo auch Sie sind. Aus diesem Grunde sagt Jesus: Das "Reich Gottes ist mitten unter euch" (Lukas 17, 21). Dort, wo der Wille Gottes auf der Erde getan wird - genau wie im Himmel -, dort finden wir das Reich Gottes.

Aber wie sieht dieses Reich aus? Woran kann man es erkennen? Welche Zeichen deuten uns an, daß das Reich Gottes wirklich hier und heute greifbare Realität ist?

Die Zeichen des Reiches Gottes

Um hier weiterzukommen, ist es hilfreich, einmal herauszufinden, was eigentlich im Himmel vor sich geht. Wir wissen zwar nicht alles darüber, aber die Bibel gibt uns einige ziemlich vielsagende Andeutungen. Was geschieht, wenn Gott alleiniger Machthaber ist und der

Teufel vollkommen aus dem Blickfeld verschwunden ist? Wir können das zum Teil im Garten Eden sehen, als Adam und Eva noch nicht in Sünde gefallen waren. Mehr davon sehen wir im Neuen Jerusalem, nachdem der Teufel in den Feuerseee geworfen worden ist. Im Neuen Jerusalem "wird kein Tod mehr sein, noch Leid, noch Geschrei, noch Schmerz" (Offb. 21, 4).

Wir wollen uns das etwas genauer ansehen. Ich habe aus einer ganzen Reihe von Gemeinsamkeiten der ursprünglichen Schöpfung (vor dem Sündenfall) und dem Neuen Jerusalem sechs Charakteristika ausgewählt, die uns helfen werden, das Wirken des Reiches Gottes zu verstehen.

Im Reich Gottes gibt es:

1. keine Armen.
2. keinen Krieg.
3. keine Unterdrückten.
4. keine Besessenen.
5. keine Kranken.
6. keine Verlorenen.

Um es anders auszudrücken: Ich bin der Meinung, daß diese sechs Charakteristika: Armut, Krieg, Unterdrückung, Besessenheit, Krankheit und Verlorenheit, ein Werk Satans sind, die in dem Moment Teil der Menschheitsgeschichte wurden, als die Menschen zum ersten Mal sündigten. Das hat sich seither nicht geändert.

Wenn wir also beten: "Dein Wille geschehe wie im Himmel so auf der Erde", dann bitten wir Gott eigentlich darum, uns als die Repräsentanten des Reiches Gottes dazu zu gebrauchen, im größtmöglichen Maße dort Frieden zu stiften, wo Krieg ist, und Befreiung, wo wir Unterdrückung vorfinden. Jesus sagte zum Beispiel: "Wenn ich die Dämonen durch den Finger Gottes austreibe, so ist das Reich Gottes zu euch gekommen" (Lukas 11, 20). Die Menschen auf dieser Erde sind deswegen von Dämonen geplagt, weil sie Teil des Reiches Satans sind. Wenn jedoch das Reich Gottes an Boden gewinnt, werden Dämonen besiegt werden.

Als Jesus seinen Dienst begann, wollte er sichergehen, daß seine

Nachfolger eine klare Vorstellung von den Auswirkungen der Herrschaft Gottes hatten, die er auf diese Erde brachte. Und so ging er in die Synagoge in seiner Heimatstadt Nazareth und las aus dem 61. Kapitel Jesajas, daß er dazu gekommen war, den Armen das Evangelium zu verkündigen, die zerbrochenen Herzen zu heilen, die Gefangenen zu befreien, die Blinden sehend zu machen und die Unterdrückten zu befreien (siehe Lukas 4, 18).

Eine weitere Aufzählung der Zeichen des Reiches Gottes finden wir am Ende des Markusevangeliums. Jesus sendet hier seine Apostel aus, um das Evangelium der ganzen Schöpfung zu predigen mit den Worten: "Diese Zeichen werden denen folgen, die glauben" (16, 17). Er erwähnt dann das Austreiben von Dämonen, das Sprechen in anderen Sprachen, das Anrühren von Schlangen, das Trinken von Gift und das Heilen der Kranken durch das Auflegen der Hände (siehe Mk. 16, 15 - 18).

Ich bin mir dessen bewußt, daß manche Theologen darüber diskutieren, ob es sich hier um authentische Worte von Jesus handelt, oder ob sie von einem Redaktor im 2. Jahrhundert hinzugefügt worden sind. Es stimmt, daß der Text im Markusevangelium, Kapitel 16, 9-20, in den ältesten Manuskripten des Codex Sinaiticus oder des Codex Vaticanus nicht vorkommt. Aber ich kann mich Michael Harper anschließen, der sagt: "Meiner Meinung nach ist die Frage der Urheberschaft nicht so entscheidend. Jedes einzelne Wort dieses Textes stimmt mit den Taten der Apostel überein, und so können wir den Text akzeptieren, wer immer ihn geschrieben haben mag."[6]

Solche Zeichen können nicht nur in der Apostelgeschichte gefunden werden, sondern auch in der heutigen Wirklichkeit. Als wir uns in Ost-Bolivien aufhielten, mußten Doris und ich eine Tagesreise per Pferd durch den Dschungel unternehmen, um einige Missionare aufzusuchen, die unter Ayore-Indianern an einem Ort namens Bella Vista arbeiteten. Dieser Ort lag so abgelegen, daß wir die ersten Missionare waren, die sie dort besuchten. Wir ritten mit unserer kleinen vierjährigen Tochter Karen los. Unterwegs mußten wir bestürzt feststellen, daß wir vergessen hatten, Wasserbehälter mitzunehmen. Das Wetter war sehr heiß und trocken, und wir hatten noch einen mehrstündigen Ritt vor uns. Anstatt umzukehren, entschlossen wir uns, unterwegs nach Wasser zu suchen. Und tatsächlich, wir fanden recht große Teiche hier und da neben dem Weg und löschten unseren Durst.

Die Überraschung kam, als John und Phoebe Depue bei unserer Ankunft bemerkten, daß wir keine Wasserbehälter bei uns hatten. "Was habt ihr getrunken?" fragten sie uns mit einiger Bestürzung. Wir erzählten ihnen, daß wir Wasser aus den Teichen getrunken hatten, die am Weg lagen. Sie fielen beinahe in Ohnmacht. "Oh nein!", riefen sie. "Vor einigen Tagen sind die Ayore-Indianer vorbeigekommen und haben die ganzen Teiche vergiftet, um an die Fische heranzukommen. Das Gift ist tödlich!" Wir verspürten jedoch überhaupt keine Anzeichen davon und freuten uns daran, daß die Kraft Gottes Wirklichkeit ist, auch wenn es einige Gelehrte gibt, die daran zweifeln.

Solche Erfahrungen mit Gift stehen nicht alleine da; ähnliches kann auch von Erfahrungen mit giftigen Schlangen berichtet werden. Eloise Clarno erzählte, daß kürzlich der philippinische Pastor Elmer Arrozena eine Predigt über Markus 16, 15 - 18 vorbereitet hatte, der Gottesdienst jedoch wegen eines Taifuns abgesagt werden mußte. In dieser Nacht schlüpfte eine hochgiftige Kobra, vom Sturm verjagt, unter der Wohnungstür durch und glitt auf sein Kind zu. Mit einer Reflexbewegung griff Arrozena nach der Schlange, und sie biß ihn zweimal. Schon ein Biß reicht völlig aus, einen Menschen zu töten, von zweien gar nicht zu reden. Er wurde bewußtlos, aber seine Frau Shirley rief einige Christen herbei, die ernsthaft zusammen beteten. Nach 30 Minuten war Arrozena wieder vollkommen hergestellt. Am nächsten Sonntag konnte er mit großer Überzeugung predigen: "Sie werden Schlangen anrühren . . . und es wird ihnen nichts schaden" (Markus 16, 18).[7]

Eine der eindeutigsten Aufzählungen von Zeichen des Reiches Gottes finden wir, als Jesus mit den Jüngern von Johannes dem Täufer sprach. Nachdem Johannes gefangengenommen worden war, sank ihm der Mut, und er fragte sich, ob er wohl überhaupt das Richtige gepredigt hatte. Und so schickte er seine Jünger zu Jesus, um ihn zu fragen, ob er der Richtige sei. Als Antwort verwies Jesus auf einige öffentlich sichtbare Manifestationen in seinem Dienst: Die Blinden sehen, die Lahmen gehen, die Aussätzigen werden rein, die Tauben hören, die Toten stehen auf, und den Armen wird das Evangelium gepredigt (siehe Lukas 7, 22).

Wunder im Fuller Seminary

Genauso wie die Zeichen, die mit Gift und Schlangen zu tun haben, erleben wir auch, wie Gott bewirkt, daß die Lahmen gehen und die Blinden wieder sehen können, letzteres sogar in unseren Breitengraden, in den Klassenzimmern des Fuller Seminary. Als ich vor kurzem mit dem Unterricht eines Grundkurses in Gemeindewachstum begann und die Studenten darum bat, sich vorzustellen, hatte ich das Vorrecht, Sam Sasser kennenzulernen. Er hatte viele Jahre zusammen mit den Assemblies of God auf den Inseln im Südpazifik gearbeitet. Das Klassenzimmer war geräumig, und er saß in der hinteren Reihe in einem Rollstuhl. Sein Fuß war dick bandagiert. Ich erfuhr, daß er mehrere Unfälle überlebt hatte: zwei Bootsunfälle und einen Flugzeugabsturz, nach denen er weite Strecken zu Fuß auf scharfen Korallenriffen zurücklegen mußte. Als Folge davon hatte er sich eine Korallenvergiftung zugezogen. Als Auswirkung des Giftes hatten seine Knochen begonnen, sich aufzulösen, und er mußte in den letzten vier Jahren mehrfach chirurgisch behandelt werden, um zerfallenes Knochenmaterial zu entfernen. Er wußte nicht, wie lange er noch im Rollstuhl zu sitzen hatte.

Am zweiten Unterrichtstag begannen wir die Vorlesung wie gewohnt mit einer gemeinsamen 20-30minütigen Gebetszeit. Ich bat David Ellis, einen Missionar, der mit der World Gospel Mission in Bolivien arbeitete, an diesem Tag unsere Gebetszeit zu leiten. Jeder in der Klasse konnte Gebetsanliegen vortragen. Sam Sasser meldete sich und bat um Gebet für seine Heilung. Ich schlug Ellis vor, einigen anderen Studenten, die in der Nähe von Sasser saßen, Gelegenheit zu geben, Sasser die Hände aufzulegen, bevor er für ihn betete. Das tat er auch.

Am dritten Unterrichtstag, wiederum während der Gebetszeit, meldete sich Sam Sasser erneut. Er wollte ein Zeugnis sagen. “Ich liebe es nicht, Dinge zu dramatisieren”, sagte er, “aber ich hatte gestern nichts davon erwähnt, daß ich als Folge der Korallenvergiftung auch fast blind bin. Am ersten Tag konnte ich Sie nicht sehen, wie Sie vor der Klasse standen und unterrichteten.” (Mir war entgangen, daß seine Sekretärin, die seinen Rollstuhl geschoben hatte, auch Unterrichtsnotizen für ihn machte.) Er fuhr fort: “Nach dem Gebet gestern konnte ich Sie die ganze Zeit hindurch sehen. Und nicht nur das. Als am nächsten Morgen die Krankenschwester kam, um an meinem Fuß den Verband zu wechseln, traute sie ihren Augen nicht. Sie sagte mir, daß, was immer mit mir geschehen war, es durchaus möglich sei, daß ich innerhalb einer Woche gesund sein könnte.”

Am vierten Tag meldete er sich erneut. “Die Krankenschwester hatte meinem Arzt erzählt, was sie gesehen hatte”, sagte er, “und so bat er mich, heute morgen in seine Praxis zu kommen. Als er den Verband abnahm, fing er laut an zu lachen. Ein großer Schnitt, 10 cm lang und 3-4 cm tief, war vollkommen geheilt und am oberen Ende vernarbt. Er sagte: So etwas ist unmöglich. Irgendetwas stimmt hier nicht. Ich fürchte, daß ein Infektionsherd in der Verletzung eingeschlossen ist. Und so öffnete er den Schnitt, um ihn mit einem Wattestäbchen zu untersuchen. Er fand nichts. Heute hat er mich zum Anpassen von Spezialschuhen geschickt.”

Nach einer weiteren Woche konnte Sam Sasser überall auf dem Seminargelände umhergehen. Er schob seinen eigenen Rollstuhl. Er zog seine Anmeldung bei einer Institution zurück, an der er für den Gebrauch von Blindenhunden ausgebildet worden wäre. Auch wenn Sam noch nicht Tennis spielen kann oder Bücher lesen, und noch immer hin und wieder Anzeichen der schweren Korallenvergiftung zum Vorschein kommen, hat sich Gott dennoch verherrlicht. Viele an unserem Seminar sind dadurch ermutigt worden, solche Zeichen der Herrschaft Gottes in unserer Mitte zu sehen.

Ein Leben unter der Herrschaft Gottes

Wenn wir es gelernt haben, die Merkmale der Herrschaft Gottes richtig einzuschätzen, wissen wir auch viel mehr darüber, was wir als Antwort auf das Gebet “Dein Wille geschehe wie im Himmel so auf der Erde” von Gott erwarten können. Sie zeigen uns, in welche Richtung unser persönlicher Dienst gehen könnte. Wenn wir diese Zeichen der Herrschaft Gottes im Blick haben, können wir uns eine klarere Vorstellung davon machen, wie ein Leben unter der Herrschaft Gottes aussieht. Wir sollten in unserem Dienst genau diese Schwerpunkte setzen, sowohl in unserem Leben als Einzelpersonen, als auch in unserem Dienst als aktive Glieder von Gemeinden und anderen christlichen Gruppen. Dann können wir auch erwarten, daß wir in gewisser Regelmäßigkeit auch in diesen Bereichen von Gott gebraucht werden. Denn genau in diesen Bereichen zeigt sich ja die Herrschaft Gottes. Wir sollten uns beispielsweise um die Armen und Unterdrückten kümmern. Wir sollten uns dafür einsetzen, daß hungrige Menschen - in unserem eigenen Land, aber auch in der ganzen Welt -, mit

Nahrung versorgt werden. Wir sollten versuchen, entwürdigende soziale Strukturen wie etwa Apartheid in Südafrika oder das Kastensystem in Indien zu ändern.

Es ist einleuchtend, daß eine Theologie des Reiches Gottes, wie wir sie hier entfalten, einen guten Bezugsrahmen für jede Art von sozialen Diensten wie auch für Evangelisation bietet. Ganz offensichtlich sind alle Zeichen des Reiches Gottes wichtig und sollten uns am Herzen liegen. In besonderer Weise gehören zu diesen Zeichen das Heilen der Kranken und das Austreiben von Dämonen. Man könnte daher sagen, daß es ein ganz natürliches Ergebnis der Gegenwart von Jesus und seiner Herrschaft in Ihrer Gemeinde ist, wenn Sie beginnen, für Kranke zu beten. Leider ist es so, daß viele Christen genau an diesem Punkt beginnen, nervös zu werden. Es ist weitaus bequemer, medizinische Hilfe für die Erdbebenopfer in Mexiko zu senden, Billy Graham-Evangelisationen zu unterstützen oder eine Petition für die Befreiung der Juden in der Sowjetunion zu unterschreiben, als damit anzufangen, in unseren Gottesdiensten für Kranke zu beten. Manche fragen mich, ob ich wirklich glaube, daß Zeichen und Wunder normal sein müßten (wobei es einigen wohl eher darum geht, ihre bisherige Meinung zu verteidigen).

Ich glaube, die Antwort darauf hängt davon ab, was wir jeweils unter *normal* verstehen. Ich glaube nicht, daß Zeichen und Wunder notwendigerweise Zeichen für wahres Christentum, echte Geistlichkeit oder die wahre Gemeinde sind. Sie werden nicht unter die Frucht des Geistes gerechnet. Viele bemerkenswerte Christen kommen ganz gut ohne sie aus.

Meiner Meinung nach sollten Zeichen und Wunder für uns Christen in etwa so normal sein wie die Taufe von Gläubigen. Manche, etwa Baptisten, Mennoniten und die ‘Church of Christ’, sagen, daß man ohne die Glaubenstaufe keine echte Gemeinde haben kann. Andere, wie zum Beispiel die Presbyterianer, Episkopale und Lutheraner, sind der Überzeugung, daß wahre Gemeinde auch ohne die Glaubenstaufe möglich ist. Ich für meinen Fall vertrete die Glaubenstaufe und erwarte, daß sich jeder in meiner Familie sowie jeder andere, den ich beeinflussen kann, taufen läßt. In meiner Gemeinde, einer kongregationalistischen ‘Gemeindekirche’, kann man getauft sein oder auch nicht, beides ist in Ordnung. Das Gebet für Kranke und das Austreiben von Dämonen sehe ich ganz ähnlich. Ich glaube daran, praktiziere es und helfe so vielen wie möglich, ebenfalls diesen Dienst auszuüben. Wenn jedoch andere christliche Brüder und Schwestern eine andere Meinung vertreten als ich, so bin ich weit davon entfernt, sie aus diesem Grunde als Christen zweiter Klasse einzustufen.

Das Problem der Verlorenen

Einer der Hauptgründe, warum dieses Buch geschrieben wurde, ist es, einzelnen Christen und ganzen christlichen Gemeinden dabei zu helfen, wirkungsvoll und regelmäßig für Kranke zu beten. Manchmal ist es nötig, Hindernisse aus dem Weg zu räumen, bis das geschehen kann. Ich habe beobachtet, daß es für uns als evangelikale Christen hilfreich ist, die wichtigen Parallelen zwischen den beiden Aufgaben zu sehen, einerseits die Verlorenen zu erreichen und andererseits die Kranken zu heilen. Beides sind Grundwerte im Reich Gottes. In der Vergangenheit hatte Evangelisation bei evangelikalen Christen den Vorrang vor sozialer Hilfe, die von Liberalen betont wird, oder dem Austreiben von Dämonen, was charismatisch orientierten Christen besonders wichtig ist. Die Soteriologie (Lehre von der Erlösung) wurde dabei stärker betont als die Sozialethik oder die Pneumatologie (Lehre vom Heiligen Geist).

Evangelikale Christen sind sich darin einig, daß der Wille Gottes, daß die Verlorenen erreicht werden sollen, in der Bibel klar und deutlich zum Ausdruck kommt. Wenige zweifeln daran, daß er "nicht will, daß jemand verloren gehe, sondern jeder sich zur Buße kehrt" (2. Petr. 3, 9). Gott will, daß alle Menschen gerettet werden. Und doch werden nicht alle gerettet.

Woran liegt es denn dann, daß der Wille Gottes nicht getan wird, und daß die vielen, die er retten möchte, eben nicht errettet werden? Man könnte hier viele verschiedene Gründe anführen. Der Hauptgrund jedoch ist, daß es das direkte Interesse und Wirken Satans ist, daß Menschen im Zustand der Verlorenheit bleiben. Der Apostel Paulus sagt: Wenn das Evangelium durch einen Schleier verdeckt ist, dann für diejenigen, die verloren sind und "denen der Gott dieser Welt den Verstand verblendet hat, daß sie das helle Licht des Evangeliums von der Herrlichkeit des Christus, der das Ebenbild Gottes ist, nicht sehen" (2. Kor. 4, 4). Das Evangelium zu verkündigen und mitzuerleben, wie Menschen gerrettet werden, ist Teil dieses Krieges der Reiche Satans und Gottes, über den wir gerade sprechen. Wenn ein Mensch errettet wird, so ist das ein Sieg über den Feind. Das ist auch der Grund, warum uns gesagt wird, daß sich die Engel im Himmel darüber freuen, wenn sie so etwas sehen (siehe Lukas 15, 10).

Als evangelikalen Christen ist uns die kalte, eindeutige Tatsache, daß Menschen für ewig verlorengehen können, schon lange bewußt. Diese Realität wird solange zu unserem Leben gehören, bis Jesus wiederkommt. Jahrhundertelang haben die Theologen versucht, das zu erklären. Dicke Wälzer sind über theologische Themen wie Prädestination, Supralapsarismus oder alttestamentlichen Synergismus geschrieben worden, aber keiner davon hat das Problem zur Zufriedenheit aller lösen können. Die großen Kirchenkonzile der Vergangenheit haben es zwar fertiggebracht, die Dreieinigkeit und das Verhältnis der 2 Naturen von Christus zu erklären, aber dieses Problem haben sie nicht zu lösen vermocht.

Aber kümmert das Menschen wie Billy Graham, Bill Bright oder Luis Palau? Nicht im geringsten. Während sich Theologen darüber Gedanken machen, warum - oder warum eben gerade nicht - Menschen verlorengehen könnten, predigen sie weiter unermüdlich das Evangelium und versuchen, soviele wie nur möglich mit der rettenden Botschaft des Evangeliums zu erreichen. Und die meisten evangelikalen Christen unterstützen sie darin mit freudigem Herzen.

Das Problem der Kranken

Auch wenn das Thema nahezu dasselbe ist, reagieren viele jedoch ganz anders, wenn es darum geht, für Kranken zu beten. Viele evangelikale Christen haben Schwierigkeiten, wenn sie erkennen, daß nicht jeder, für den gebetet wird, gesund wird. Ganz typisch hierfür ist das Verhalten eines meiner Kollegen, der Professor am Fuller Seminary ist. Er war durch den Kurs MC510, den John Wimber und ich im Seminar abhielten, verärgert worden. Überall waren Gerüchte im Umlauf, Kursteilnehmer seien mitten auf dem Gelände des theologischen Seminars tatsächlich geheilt worden. Ohne Namensnennung wurde er in der Zeitschrift *Christianity Today* zitiert. Er warf uns vor, ein "'Lotterie-Christentum' zu vertreten, bei dem es einige Hauptgewinne - spektakuläre Heilungen - und viele Kleinstgewinne - wie verschwundene Kopfschmerzen - gebe, um die Masse anzuziehen." Sein Haupteinwand war, daß so eine Lehre weit von einer Theologie des Kreuzes entfernt sei.[8]

Ich möchte nicht behaupten, daß ich eine letzte Antwort auf das Problem habe, warum einige Menschen geheilt werden und einige nicht. Genausowenig weiß ich, warum einige Menschen gerettet werden und andere nicht. Aber wir wollen einmal ein wenig darüber nachdenken.

Entspricht Krankheit zum Beispiel dem Willen Gottes? Diese Frage läßt sich gut durch eine weitere Frage beantworten. Ist Krankheit etwas besonders Kostbares im Reich Gottes? Offenbar nicht. Wie wir gesehen haben, steht Krankheit, genauso wie Armut und Krieg, im Gegensatz zum Wertesystem des Reiches Gottes.

Wenn aber Krankheit nicht der Wille Gottes ist, viele Menschen jedoch krank sind, was ist dann die Ursache davon? Die Antwort ist eindeutig: Satan. Ich stimme mit dem überein, was Robert Wise hierzu sagt: "Wir wollen die Schlußfolgerung rot anstreichen. Die Katastrophen dieser Welt haben ihren Ursprung nicht im Willen Gottes. Der Urheber von Not ist der Böse."[9]

Ich glaube, daß Satan auf drei verschiedenen Wegen versucht, Menschen mit Krankheit und Leid zu schlagen:

1. Satan verursacht Krankheit auf direktem Weg. Ganz offensichtlich setzt Satan hierfür auch Dämonen ein. Beispielsweise haben etwa 25 Prozent der im Markusevangelium berichteten Fälle, in denen Jesus Kranke heilt, mit Dämonen zu tun. Daß Satan direkt Krankheit verursacht, wird uns eindeutig in dem Fall der Heilung einer verkrüppelten Frau bezeugt. Weil diese Heilung an einem Sabbat geschah, wurde Jesus wegen dieser Tat von einem Synagogenvorsteher kritisiert. Und Jesus antwortet: "Sollte nicht diese Frau, die eine Tochter Abrahams ist, die Satan nun 18 Jahre lang gebunden hatte, an einem Sabbat von dieser Bindung befreit werden?" (Lukas 13, 16). Der direkte Einfluß Satans wird auch bei Hiob deutlich. Wir wissen zwar nicht genau, wieviel Krankheiten direkt von Satan verursacht werden, aber ohne Zweifel ist ein erheblicher Prozentsatz davon auf ihn zurückzuführen.

2. Satan benutzt die natürlichen Folgen des Sündenfalls, um Krankheit und Leid zu bewirken. Er gebraucht dazu Bakterien, Viren, Fehlernährung, Unfälle, Kämpfe, Gift, Alter, Triebtäter, Mörder und vieles mehr.

Aller Wahrscheinlichkeit nach läßt sich die Mehrheit aller Krankheiten hierauf zurückführen.

3. Satan versucht, Menschen zur Sünde zu verleiten, und Gott gebraucht manchmal Krankheit, um sie für ihr Vergehen zu strafen. Im Alten Testament finden sich viele Beispiele, wie Gott sein eigenes Volk mit Plagen straft, weil sie gesündigt hatten. Als einige aus dem Volk Israel gegen Mose und Aaron rebellierten, schickte Gott eine Seuche und tötete dadurch 14.700 Menschen (siehe 4. Mose 16, 45-50). In einem weiteren Fall tötete Gott viele Israeliten bei Beth-Schemes, weil sie gegen seinen Willen einen Blick in die Bundeslade geworfen hatten (siehe 1. Sam. 6, 19). Dies sind nur zwei Beispiele von vielen. Im Neuen Testament wird der Zauberer Elymas als Teil eines geistlichen Kräftemessens von Gott mit Blindheit geschlagen (siehe Apg. 13, 6-12). In Korinth war es dazu gekommen, daß einige Gläubige als Folge eines Mißbrauchs des Abendmahls krank wurden und einige gestorben waren (siehe 1. Kor. 11, 30).

Unabhängig von der unmittelbaren Ursache zieht Krankheit normalerweise Schmerzen, Leiden und Tod nach sich, und dies alles sind Auswirkungen der Herrschaft Satans.

Trotz der Absichten Satans haben jedoch manche Krankheiten positive Folgen. Wir wissen, daß "alle Dinge für die, die Gott lieben, zum Besten zusammenwirken" (siehe Röm. 8, 28). Menschen wie etwa Joni Eareckson Tada, die im Rollstuhl sitzt, bezeugen, daß Gott ihre Krankheit dazu gebraucht hat, um vielen Menschen seine Liebe zu bezeugen. Sie sagt: "Satan hatte sich ausgemalt, daß sich ein 17jähriges Mädchen namens Joni den Nacken brechen würde, in der teuflischen Hoffnung, dadurch ihr Leben zu ruinieren. Als Antwort auf das Gebet um einen engeren Umgang mit ihm benutzte jedoch Gott diesen gebrochenen Nacken, um ihren Rollstuhl zu einer Plattform zu machen, von der aus er seine tröstende Gnade bezeugt."[10]

Mein ehemaliger Kollege am Fuller Seminary, Tom Brewster, war sein ganzes Leben lang gelähmt gewesen. Er konnte sich weder mit dieser Behinderung anfreunden, noch war er davon überzeugt, daß sie von Gott kommt. Wir haben mit ihm bis zu seinem letzten Tag um Heilung gebetet. Und trotzdem hat er oft davon gesprochen, wie Gott diesen Badeunfall dazu benutzt hatte, ihn Dinge zu lehren und ihn in einer Weise zu formen, wie es auf andere Weise nicht möglich gewesen wäre.

Selbst der Apostel Paulus machte die Erfahrung, daß sein "Pfahl im Fleisch" ein göttlicher Segen für sein Leben war. Manche meinen, hierbei habe es sich nicht um eine körperliches Leiden gehandelt. Was es auch immer war, es war eindeutig auf das Wirken Satans zurückzuführen, und Paulus gefiel das überhaupt nicht. In diesem ganzen Erleben verstand Paulus, daß Gott diese Maßnahme dazu gebrauchte, um ihn demütig zu halten, und dafür war er dankbar. Er sagt: "Ich rühme mich meiner Schwachheit" (siehe 2. Kor. 12, 7-10).

Freude am Handeln Gottes

Krankheit und Verlorenheit wird solange zuunserem Alltag gehören, bis Jesus wiederkommt. Warum wir darunter zu leiden haben, obwohl beides nicht dem Willen Gottes entspricht, ist eine der Fragen, die die Bibel schlicht und einfach nicht beantwortet. Wenn irgend jemand darauf eine Antwort finden sollte, dann bin ich davon überzeugt, daß man ihm dafür den Nobel-Preis verleihen wird.

In der Zwischenzeit bin ich jedoch bereit, mit diesen Zuständen zu leben. Und ich bete weiterhin täglich: "Dein Wille geschehe, wie im Himmel so auf der Erde." Weil ich als ein Repräsentant des Reiches Gottes an vorderster Front stehe, werde ich auch weiterhin etwas gegen das Wirken Satans unternehmen. In der Kraft, die der Heilige Geist dazu schenkt, werde ich Verlorenen von Jesus erzählen und für Kranke beten, auch wenn ich schon im Voraus weiß, daß dadurch nicht jeder gerettet wird und auch nicht jeder geheilt. Einige jedoch werden Rettung oder auch Heilung erleben. Und das ist ein überwältigender Lohn, der jeden Aufwand rechtfertigt. Wenn das geschieht, werde ich mich freuen und weiß, daß ich dabei nicht allein bin. Die Engel im Himmel freuen sich mit mir.

Anmerkungen

1. John Wimber und Kevin Springer, *Vollmächtige Evangelisation*, (Hochheim, Projektion J, 1986), S. 10.
2. Ken Blue, *Authority to Heal*, (Downer's Grove, IL: Inter-Varsity Press, 1987), S. 65.
3. Paul E. Kauffman, "Another Look at Tibet", *Asian Report*. Nr. 138, Januar 1983, S. 9.
4. Raymond J. Bakke, "Our Kind of People", *Evangelical Missions Quarterly*, April 1980, S. 127.
5. George Eldon Ladd, *A Theology of the New Testament*, (Grand Rapids, MI: Wm. B. Eerdmans Pub. Co., 1974), S. 57.
6. Michael Harper, *The Healings of Jesus* (Downers Grove, IL: Inter-Varsity Press, 1986), S. 163.
7. Siehe *Forsquare World Advance*, Juli-August 1983, S. 11.
8. Tim Stafford, "Testing the Wine from John Wimber's Vineyard", *Christianity Today*, Ausgabe vom 8. August 1986, S. 21.
9. Robert L. Wise, *When There Is No Miracle* (Ventura, CA: Regal Books, Div. of Gospel Light Publications, 1977), S. 128.
10. Joni Eareckson /Steve Estes, *Der nächste Schritt*, (Asslar, Verlag Schulte und Gerth, 1984[2]), S. 165. 166.

Fünf

Anvertraute Vollmacht

Eine der erstaunlichsten Aussagen von Jesus finden wir gegen Ende seines Dienstes. Er wandte sich zu seinen Aposteln und stellte fest: "Wahrlich, wahrlich, ich sage euch: Wer an mich glaubt, der wird die Taten auch tun, die ich tue, und wird größere Taten als diese vollbringen, denn ich gehe zum Vater" (Johannes 14, 12).

Wie sollen wir diese Aussage verstehen?

Während meiner theologischen Ausbildung hat man mir beigebracht, diesen Vers nicht wörtlich zu verstehen. Als Evangelikaler hatte man das so zu glauben. Manche lehren diese Auffassung immer noch. Ray Stedmann zum Beispiel. Er fragt, welche größeren Taten als körperliche Heilungen eigentlich vollbracht werden können? Seine Schlußfolgerung: "*Geistliche* Heilung natürlich. Was Gott am allermeisten möchte, ist, die *geistlichen* Verletzungen im Menschen zu heilen." Einer der Gründe, warum Stedmann das so betont, ist, daß es seiner Meinung nach "immer ein Fehler ist, ein körperliches Wunder zu sehr zu betonen. Auch wenn Wunder Aufmerksamkeit auf sich ziehen, bewirken sie für gewöhnlich, daß Menschen verwirrt werden, so daß der Beobachter das überhört, was Gott ihm hierdurch sagen wollte."[1] Zweifellos ist diese Haltung bei heutigen amerikanischen Christen sehr weit verbreitet und wird oft vertreten.

Das ist bei Mitgliedern der Pfingstgemeinden und der charismatischen Bewegung jedoch anders. Sie nehmen diese Worte Jesu wörtlich. Es ist meine Überzeugung, daß sich evangelikale Christen, die sich mit der Dritten Welle verbunden fühlen, nicht davor scheuen sollten, die Worte von Jesus ebenfalls wörtlich zu nehmen. Ich stimme Michael Harper zu, der sagt: "Die ersten Christen behaupteten, über dieselbe Vollmacht zu verfügen, wie sie bei Jesus ersichtlich war, besonders wenn es darum ging, Kranke zu heilen." Wie konnten diese Christen nur so etwas sagen? "Jesus hat ihnen . . . dieselben Gaben des Heiligen Geistes anvertraut, die er selbst ausübte."[2]

Ganz offensichtlich ist es von entscheidender Bedeutung, das Wirken des Heiligen Geistes angemessen zu verstehen. Haben Sie bemerkt, daß Jesus davon sprach, daß die Kraft, über die er sprach, kommen würde, "weil ich zum Vater gehe"? Was ist daran so bedeutsam? Jesus sagt später: "Wenn ich nicht hingehe, so kommt der Tröster nicht zu euch. Wenn ich aber gehe, will ich ihn zu euch senden." (Johannes 16, 7). Der Tröster, von dem hier gesprochen wird, ist natürlich der Heilige Geist. Und das bringt mich zu der theologischen Hypothese, die ich in diesem Kapitel aufstellen möchte:

Es war der Heilige Geist, der die Quelle der Vollmacht Jesu während seines Dienstes hier auf der Erde war. Jesus übte keine Vollmacht aus, über die er aus sich selbst heraus verfügte. Wir können heute erwarten, dieselben oder größere Taten als Jesus zu tun, weil uns der Zugang zu derselben Kraftquelle offensteht.

Die zwei Naturen von Jesus

Die klassische christliche Theologie lehrt uns, daß Jesus Christus zwei Naturen hatte, eine göttliche Natur und eine menschliche Natur. Das bedeutet nicht, daß er eigentlich zwei Persönlichkeiten darstellte. Er war auch nicht halb-göttlich und halb-menschlich, wie wir es von einigen Figuren der griechischen Mythologie kennen. Er war - was für uns fast unvorstellbar ist - 100 Prozent Gott und 100 Prozent Mensch. Das scheint zwar ein mathematischer Widerspruch zu sein, aber biblisch und theologisch ist dies legitim. Die klassische lateinische Formel, mit der Theologen diesen Sachverhalt beschreiben, ist: *vere deus et vere homo*, wahrer Gott und wahrer Mensch.

Ich betone das, weil ich nicht mißverstanden werden möchte. Für mich gibt es keinen Zweifel an der Gültigkeit dieser klassischen Lehre der zwei Naturen von Christus. Nichts von dem, was ich jetzt sagen werde, sollte so verstanden werden, als wollte ich auch nur im geringsten einen Kompromiß der Tatsachen vorschlagen, daß Jesus zugleich wahrer Gott und wahrer Mensch war. Das, womit wir uns nun beschäftigen wollen, stellt die zwei Naturen von Jesus nicht in Frage. Es geht mir jedoch darum, zu untersuchen, wie sich diese beiden Naturen zueinander verhielten.

War Jesus wirklich allwissend?

Die Textstelle im Markusevangelium, Kap. 13, 32, war mir immer ein Rätsel. Ich finde, daß uns dieses Rätsel einen interessanten Einstieg bietet, uns mit diesem Thema zu beschäftigen. Erinnern wir uns: Jesus ist auf dem Ölberg, zusammen mit Petrus, Jakobus, Johannes und Andreas. Sie sprechen miteinander. Die Jünger fragen ihn, wann das Ende kommen wird. Und Jesus berichtet ihnen von vielen Dingen, die am Ende der Zeit geschehen werden: Kriegen, Kriegsgeschrei, Erdbeben, Verfolgungen und falschen Propheten. Aber wann wird das alles geschehen? Hören wir genau, was Jesus sagt: "Vom Tag und der Stunde weiß niemand, auch die Engel im Himmel nicht, auch der Sohn nicht, sondern allein der Vater."

Gesetzt den Fall, Jesus meinte, was er sagte und hatte nicht vor, seine Jünger mit dunklen Worten im Unklaren zu lassen. Das würde bedeuten, daß er soeben seinen Jüngern gesagt hatte, daß er ihnen deshalb nichts Genaues über den Zeitpunkt des Endes mitteilen konnte, weil er es schlichtweg selbst nicht wußte. Warum uns das ein Rätsel aufgibt, leuchtet sofort ein. Jesus ist zu 100 Prozent Gott. Gott ist allwissend - er weiß alles. Wie kann es dann sein, daß es irgendetwas gab, auch wenn es nur ein kleines Detail war, das Jesus seinen eigenen Worten zufolge nicht wußte?

Viele Theologen haben sich lange mit diesem Thema beschäftigt. Die meisten der herkömmlichen Antworten kann man nach drei Erklärungsmodellen einteilen:

1. Es handelt sich um ein völliges Geheimnis. Man erklärt, daß es sich hier um einen Tatbestand handelt, für den es keine vernünftige menschliche Erklärung gibt. Gottes Gedanken sind höher als unsere Gedanken, und wir tun gut daran, wenn wir zugeben, daß wir diese Gedanken nicht verstehen.

2. Die Theorie vom menschlichen Jesus. Viele liberale Theologen leugnen die Göttlichkeit von Jesus. Sie hatten niemals angenommen, daß Jesus wirklich Gott war und finden hier ihre Annahme bestätigt. Die Schwierigkeiten beginnen jedoch, wenn sie, um ihre Auffassung zu belegen, andere Passagen hinwegerklären müssen wie etwa: "Am Anfang war das Wort, und das Wort war bei Gott, und das Wort war Gott . . . und das Wort wurde Fleisch und wohnte unter uns" (Johannes 1, 1. 14). Die Theorie vom rein menschlichen Jesus ist für evangelikale Christen unannehmbar.

3. Die Wechseltheorie. Bei dieser Auffassung geht es darum, daß Jesus, der sowohl göttlich als auch menschlich war, beständig zwischen den beiden verschiedenen Naturen hin und her wechselte. Manchmal war er Gott, zu anderen Gelegenheiten war er Mensch. Als er Wasser in Wein verwandelte, war er Gott. Als er Hunger verspürte, war er Mensch.

Die letzte Auffassung ist unter Evangelikalen am weitesten verbreitet. Manche würden nicht im Traum darauf kommen, diese Theorie in Frage stellen. Bis zu einem gewissen Grade hat diese Theorie auch ihren Vorteil, denn sie unterstreicht sehr die Gottheit von Christus. Sie hat jedoch auch ihre Schwächen. Lange Jahre hindurch habe ich selbst diese Auffassung vertreten. Dann versuchte ich, diese Theorie auf Markus 13, 32 anzuwenden. Aus der Sicht dieser Auffassung würden wir zu verstehen haben, daß Jesus in Wirklichkeit zu seinen Jüngern sagte: "*Menschlich gesprochen* weiß ich nicht, wann das Ende der Zeiten sein wird." Damit nehmen wir jedoch stillschweigend an, daß Jesus auch als Gott hätte sprechen können. Dann hätte er den Zeitpunkt gewußt und hätte das auch seinen Jüngern sagen können. Das klingt jedoch sehr verdächtig.

Darüberhinaus wäre zu fragen, wie Jesus denn sagen konnte, daß die Engel über den Zeitpunkt des Endes nichts wissen, wenn er in diesem Augenblick doch als Mensch sprach? Für einen Menschen ist eine solche Aussage nicht möglich. Die Theorie, daß Jesus zwischen seinen Naturen hin und her wechselt, würde uns also zu der Annahme führen, daß Jesus hier mitten im Satz 'umgeschaltet' hat. An diesem Punkt begann ich daran zu zweifeln, ob diese Art von Theologie wirklich gesund ist.

Die Theologie der Menschwerdung

Meiner Meinung nach gibt es eine weitaus einleuchtendere Theorie, um das Verhältnis zwischen den beiden Naturen von Jesus zu verstehen. Ich möchte sie die Theologie der Menschwerdung nennen. Für diese

Theorie finden wir einen grundlegenden Text in der bekannten Stelle aus dem 2. Kapitel des Philipperbriefs. Die Stelle ist so wichtig, daß ich sie hier zitieren möchte:

Orientiert euch an Jesus Christus. Er hielt es nicht wie einen Raub fest, Gott gleich zu sein, obwohl er in göttlicher Gestalt war, sondern entäußerte sich selbst und nahm die Gestalt eines Knechts an, und wurde wie ein Mensch, an seinem Verhalten als Mensch erkennbar. Er erniedrigte sich selbst und war gehorsam bis zum Tod, zum Tod am Kreuz (Verse 5-8).

Gleich zu Beginn hält dieser Text eindeutig fest, daß Jesus zu 100 Prozent Gott war. Als Gott verfügte er über alle göttlichen Eigenschaften, wie zum Beispiel Allwissenheit. Er war ja "Gott gleich". Obwohl Jesus Gott war, wurde er durch seine Menschwerdung "ungleich", er unterschied sich von Gott dem Vater. Es ist offensichtlich, daß sich der menschgewordene Jesus von dem Jesus *vor* der Menschwerdung unterschied. Auf welche Weise geschah es nun, daß er sich von Gott selbst unterschied? Ganz eindeutig nicht dadurch, daß er seine Gottheit aufgab, denn er war ja immer zu 100 Prozent Gott. Zu der Ungleichheit zwischen Jesus und seinem Vater kam es nicht dadurch, daß Jesus irgend etwas aufgab, sondern etwas annahm, was der Vater nicht hatte. Er nahm eine menschliche Natur an, "nahm die Gestalt eines Knechts an und wurde wie ein Mensch." Von diesem Moment an unterschied sich Jesus sowohl vom Vater als auch vom Heiligen Geist, denn diese hatten nur eine Natur. Jesus hatte zwei.

Es gehört ganz unverzichtbar zur Inkarnation, der Menschwerdung von Jesus, daß er einverstanden war, während seines gesamten Lebens auf der Erde gehorsam zu sein. Er wurde "gehorsam bis zum Tod, zum Tod am Kreuz."

Um die geistliche Dynamik seines Dienstes hier auf der Erde zu erfassen, ist es ganz entscheidend, daß wir verstehen, daß Jesus bei seiner Menschwerdung zu einem gehorsamen Knecht wurde. Was war das Merkmal seines Gehorsams? Zum einen war er freiwillig gehorsam. Niemand zwang Jesus dazu. Zum andern dauerte dieser Gehorsam nur eine bestimmte Zeit lang. Nach seinem Tod würde dies nicht mehr nötig sein. Darüberhinaus war Jesus durch diese Verpflichtung zum Gehorsam seinem Vater gegenüber damit einverstanden, auf den Gebrauch seiner göttlichen Eigenschaften während der Zeit seines

Dienstes hier auf der Erde zu verzichten. Ich möchte noch einmal betonen, daß ich nicht sage, daß Jesus zu irgendeiner Zeit keine göttlichen Eigenschaften hatte. Er besaß sie, aber er hatte sich freiwillig damit einverstanden erklärt, von ihnen keinen Gebrauch zu machen.

Wenn das, was wir gerade eben gesagt haben, zutrifft, dann liegt eine theologische Schlüsselerkenntnis vor uns: *Die einzige Natur, die Jesus während seiner irdischen Lebenszeit auslebte, war seine menschliche Natur.*

Ich bin mir vollkommen bewußt, daß sich eine solche Aussage für viele evangelikale Christen schon deshalb merkwürdig anhört, weil sie sich stark von der "Wechseltheorie" unterscheidet. Ich werde nie vergessen, wie ich bei meiner theologischen Abschlußprüfung vor über dreißig Jahren beiläufig etwas über diese oben ausgeführte Theorie sagte, ohne mir darüber im klaren zu sein, daß das ein Schock für einige Mitglieder der Prüfungskommission sein würde. Sie haben zwar schließlich beschlossen, mich zu ordinieren, aber es war knapp. Ich wurde nur unter der Voraussetzung ordiniert, daß ich mich noch etwas mehr mit dem Verhältnis zwischen den beiden Naturen von Christus zu beschäftigen hatte. Ich hielt mein Versprechen. Aber als Ergebnis weiterer Studien blieb ich meiner bisherigen Auffassung treu, obwohl ich im Laufe der Jahre gemerkt habe, daß ich damit ziemlich allein dastehe.

Ich habe mich kürzlich sehr darüber gefreut, von einem der heute angesehensten Dogmatiker, meinem Kollegen Colin Brown, der ebenfalls am Fuller Seminary unterrichtet, kräftige Unterstützung in dieser Auffassung zu erhalten. In seinem Buch *That You May Believe* widmet er den gesamten 2. Teil dem Thema: "Was sagen uns die Wunderberichte über Jesus?" Er nennt seine Auffassung "Christologie des Geistes" (*Spirit Christology*). Gekonnt und mit einem Blick für das Detail verwirft er die 'Wechseltheorie', "die von traditionellen Apologeten über Jesus, den göttlichen Sohn Gottes, aufgestellt worden war, der Wunder sozusagen aus seiner ihm eigenen Vollmacht heraus vollbrachte." Brown sagt: "Die Wunder von Jesus haben eine besondere Stellung. Sie haben jedoch mit Jesus als der zweiten Person der Trinität nichts zu tun. Sie werden nicht als Beweise seiner persönlichen Gottheit dargestellt."[3] Ich empfehle denen, die sich intensiver mit dem Thema auseinandersetzen möchten, dieses Buch von Brown zu studieren.

Jesus, der zweite Adam

Um noch klarer zu verstehen, was ich meine, untersuchen wir zunächst einmal, was es eigentlich bedeutet, daß Jesus der zweite Adam ist. Dann wollen wir sehen, was Jesus selbst dazu sagte.

Als Adam noch im Garten Eden lebte, lag es zu jeder Zeit in seiner Macht, die verbotene Frucht zu essen. Er hatte jedoch mit Gott einen Bund gemacht, daß er diese Möglichkeit nicht nutzen wollte, die Frucht zu essen. Eine wichtige Haltung, die enge Beziehung Adams zu Gott aufrechtzuerhalten, war sein Gehorsam. Die Parallele zu Jesus ist offensichtlich. Jesus hatte zu jeder Zeit die Macht, während seiner Zeit auf der Erde seine göttlichen Fähigkeiten zu gebrauchen. Wollte er jedoch dem Vater gehorsam sein, so war ihm dies untersagt.

Der Apostel Paulus spricht von Jesus als dem letzten Adam. Er sagt: "Der erste Mensch ist von der Erde und irdisch", und weiter: "der zweite Mensch [Adam] ist der Herr vom Himmel" (1. Kor. 15, 47). Was bedeutet das?

Zunächst eine Parallele. Beide, Adam und Jesus, wurden erschaffen, aus dem Nichts sozusagen, nicht wie wir alle, die von anderen Menschen abstammen. Die Einzelheiten über die Erschaffung von Adam sind uns durch Offenbarung bekannt. Wir wissen nichts Genaueres über die Erschaffung von Jesus, nur daß uns gesagt wird, daß er keinen menschlichen Vater hatte. Als evangelikale Christen glauben wir für gewöhnlich, daß Jesus keine genetische Verwandtschaft mit Joseph hatte. Er wurde nicht durch Samen, sondern durch den Heiligen Geist gezeugt. Darüberhinaus jedoch kann es möglich sein, daß er auch ohne eine menschliche Eizelle gezeugt wurde. Vielleicht denken wir kaum an diese Möglichkeit. Wenn das jedoch so war, hatte Jesus auch keine genetische Verwandtschaft mit Maria. Es könnte gut sein, daß Maria im wesentlichen dazu ausersehen war, das entstehende Kind auszutragen, indem sie Gebärmutter, Plazenta, Hormone und Stoffwechselversorgung für Jesus vor seiner Geburt, genau wie die Milch, mit der sie ihn nach der Geburt aufzog, zur Verfügung stellte. Könnte es sein, daß Jesus genausowenig von anderen Menschen, die vor ihm gelebt hatten, abstammte wie Adam? Wenn ja, dann würde das einiges Licht auf die Tatsache werfen, daß Jesus der zweite Adam genannt wird.

Damit hätten wir einen weiteren Anhaltspunkt für eine Parallele zwischen Jesus und Adam: Keiner von beiden ist durch die Ursünde verunreinigt worden. In der Theologie spricht man davon, daß die Ursünde durch Vererbung von Generation zu Generation weiterwirkt. Auch wenn es zugegebenermaßen nicht von großer Bedeutung ist, daß Jesus möglicherweise weder mit Joseph noch mit Maria blutsverwandt war, so würden wir doch dadurch seine Sündlosigkeit besser verstehen können. Meiner Meinung nach ist das zumindest einleuchtender als die Theorie, die von der römisch-katholischen Kirche vertreten wird, daß nämlich Maria in ihrer 'unbefleckten Empfängnis' von ihren Eltern ohne Geschlechtsverkehr gezeugt wurde, und sie von daher keine Ursünde an Jesus weitervererben konnte. Es ist möglich, daß Jesus an dieser Stelle einen Hinweis auf seine nicht-menschliche Herkunft gibt, als er die Pharisäer wissen ließ, daß er keineswegs der Sohn von David sein könne, weil David ihn ja seinen Herrn genannt hatte (siehe Matth. 22, 41 - 46).

Auch wenn es möglicherweise zutrifft, daß weder Jesus noch Adam von vor ihnen lebenden Menschen abstammen, waren sie dennoch nicht gleichartig. Adam war aus dem Staub der Erde geschaffen - er besaß nur eine einzige Natur, eine menschliche. Jesus kam vom Himmel - er hatte eine göttliche und eine menschliche Natur (siehe 1. Kor. 15, 47).

Die Versuchung

Eine viel wichtigere Beobachtung im Hinblick auf die Identität von Jesus als dem zweiten Adam, über die ich in diesem Kapitel spreche, hat mit den beiden Versuchungen zu tun. Ich habe schon darauf hingewiesen, daß sowohl Adam als auch Jesus mit dem Vater einen Bund gemacht hatten, ihm gehorsam zu sein. Als Satan sie versuchte, zielte er darauf ab, sie am Punkt des Gehorsams zu Fall zu bringen. Bei Adam war es die verbotene Frucht. Bei Jesus war es der Gebrauch seiner göttlichen Fähigkeiten.

Ich weiß, daß einige nicht mit mir einverstanden sein werden, wenn ich sage, daß ich tatsächlich glaube, daß die Versuchung für Jesus nichts weniger bedeutete als das Wort aussagt, mit dem wir dieses Ereignis für gewöhnlich bezeichnen: eine echte Versuchung. Mit anderen Worten, Jesus hätte tatsächlich sündigen können. Wenn es ihm nicht möglich gewesen wäre, zu sündigen, dann wäre die ganze Versuchung meiner Meinung nach nicht mehr als ein bloßes Schauspiel gewesen. Worin hätte er sündigen können? Er hätte seinen Bund des Gehorsams, den er mit seinem Vater geschlossen hatte, brechen können, indem er von seinen göttlichen Fähigkeiten Gebrauch gemacht hätte.

Ganz offensichtlich wußte Satan das genau, denn alle drei Versuchungen gingen genau darum, ihn dazu zu verleiten, von seinen göttlichen Fähigkeiten Gebrauch zu machen. Jesus hätte mit Leichtigkeit die Steine in Brot verwandeln können, wenn er von seiner göttlichen Allmacht Gebrauch gemacht hätte. Er hätte jederzeit Engel herbeirufen können, die ihn bei einem Sprung vom Tempel bewahrt hätten, denn schließlich war er ja Gott und somit der Hauptbefehlshaber aller Engel. Er hätte die Reiche der Welt, wenn er gewollt hätte, sogar ohne Satan anzubeten übernehmen können, denn er war der König der Könige, der Herr der Herren. Nichts von alledem hat er jedoch getan, weil jede dieser Handlungen den Bund, seinem Vater als Teil seiner Menschwerdung gehorsam zu sein, gebrochen hätte. Als Jesus erfolgreich diesen Versuchungen widerstanden hatte, hatte der Vernichtungsschlag gegen den Feind ernste Ausmaße angenommen.

Das erinnert mich an etwas, was mir mein Freund Edward Murphy, der Vizepräsident von 'Overseas Crusade', einmal erzählt hat. Murphy, der ursprünglich mehrere Jahre lang an der Biola-Universität unterrichtet hatte, besaß die Gabe der Austreibung von Dämonen. Er war von Gott außerordentlich dazu gebraucht worden, Menschen, die unter dämonischer Belastung litten, zu helfen. Sein Unterricht über geistliche Kampfführung ist das Beste, was ich je gehört habe. Eines Tages befand er sich gerade in einer besonders angeregten Auseinandersetzung mit einem ungewöhnlich intelligenten Dämon, der eine bestimmte Person nicht verlassen wollte. Ed sagte: "Bist du dir im klaren darüber, daß mein Meister deinen Meister besiegt hat?" Der Dämon mußte zugeben, daß das stimmte. Indem er sich ein wenig über den Dämon lustig machte (er sagt, daß er das möglicherweise besser nicht getan hätte), fragte Ed: "Wo hat mein Meister deinen Meister besiegt?" Er erwartete, daß die Antwort lauten würde: auf Golgatha. Zur Überraschung Murphy's antwortete der Dämon jedoch: "Bei der Versuchung in der Wüste." Ich bin zwar nicht sonderlich davon überzeugt, daß Dämonen besonders zuverlässige theologische Erklärungen abgeben, diese jedoch ist zumindest ziemlich faszinierend.

Satan versuchte es ein letztes Mal im Garten Gethsemane. Wieder griff er an derselben Stelle an, dieses Mal zu einem Zeitpunkt, als die Gefährdung besonders groß war. Jesus hätte beinahe alles getan, um die

Kreuzigung zu vermeiden, alles, bis auf eines: sein Bündnis, dem Vater gehorsam zu sein, zu brechen. Wiederum hätte er Legionen von Engeln herbeirufen können, um die römischen Legionen auszulöschen. Wenn er das getan hätte, so hätte der Heilsplan Gottes versagt, das Reich Gottes hätte einen Rückschlag erlitten und Satan wäre weiterhin unangefochtener Machthaber geblieben.

Die Quelle der Vollmacht von Jesus

Es ist unnötig, zu versuchen, Aussagen wie die in Hebräer 4, 15 hinwegzuerklären. Dort steht, daß "Jesus versucht wurde wie wir, jedoch ohne Sünde." Jesus führte ja sein Leben in seiner menschlichen Natur, und so sollte es uns nicht überraschen, daß er das Leben genauso erlebte wie wir, nur daß er nicht sündigte. Er wußte besser als wir, was es hieß, dem Vater zu gehorchen.

Das öffnet uns auch ein besseres Verständnis dafür, wie Jesus Wunder vollbrachte, die Kranken heilte und Dämonen austrieb. Eines wissen wir: Er tat es nicht, indem er von seinen göttlichen Eigenschaften Gebrauch machte. Und ebenso sehen wir, daß der übernatürliche Dienst, den Jesus tat, nicht aus eigener Kraft, sondern in der Kraft des Heiligen Geistes geschah. Wenn er gewollt hätte, hätte er durchaus Wunder vollbringen können. Er war immerhin Gott. Als Folge seiner freiwilligen Verpflichtung zum Gehorsam hat er es jedoch abgelehnt, das zu tun, auch dann, wenn er von seinem Erzfeind direkt dazu herausgefordert wurde.

Der Apostel Petrus wußte das, und er erklärte diesen Sachverhalt in seiner Predigt im Haus des Kornelius. Er erzählte davon, wie Jesus "umhergezogen ist, Gutes getan hat und alle gesund machte, die vom Teufel überwältigt waren." Hatte er das alles aus sich selbst heraus getan? Nein, er konnte das nur tun, weil ihn "Gott mit seinem Heiligen Geist und mit Kraft gesalbt hat" (siehe Apg. 10, 38). Salbung bedeutet, daß ihm etwas von außen her kommend anvertraut wurde. Hätte er jedoch beständig von seinen göttlichen Eigenschaften Gebrauch gemacht, hätte er nichts, was außerhalb von ihm selbst liegt, entgegennehmen können, denn Gott ist alles in allem.

Was hatte Jesus hierzu zu sagen? Ziemlich viel. Zum einen redet er davon, daß "der Sohn nichts aus sich selbst tun kann, sondern nur, was er den Vater tun sieht" (Joh. 5, 19). Jesus war immerwährend vom Vater abhängig.

Haben Sie jemals darüber nachgedacht, wie wohl die Kindheit von Jesus verlaufen ist? Möglicherweise schrie er, wenn er Hunger hatte, genauso wie die anderen Babys, die wir kennen. Er mußte sich auch an das Töpfchen gewöhnen. Es gibt ein Kinderlied, das man zu Weihnachten bei uns singt. Eine Zeile heißt: "Der kleine Herr Jesus, er niemals schrei'n muß". Ich singe diese Zeile zwar mit, aber ich glaube nicht daran. Er mußte Aramäisch lernen, indem er es versuchte und aus seinen Fehlern lernte. Er verstand kein Wort Chinesisch oder Aztekisch, weil er diese Sprachen nie gelernt hatte. Ich kann mir vorstellen, daß ihn seine Eltern von Zeit zu Zeit im Rahmen ihrer Erziehung angeleitet haben. Er ist möglicherweise als Lehrling in der Zimmermannswerkstatt von Joseph nicht ohne Kunstfehler ausgekommen und mußte von Joseph korrigiert werden. Er wußte wahrscheinlich, was Verdauungsschwierigkeiten waren, wenn er etwas Ungenießbares gegessen hatte oder sich an Ferientagen zuviel zugemutet hatte. Die Einwohner seiner Heimatstadt Nazareth hielten ihn so sehr für einen ganz normalen jüdischen Jungen, daß der Gedanke daran, Jesus sei der Messias, ihnen völlig abwegig erschien.

Aber auch wenn er wie andere Jungen in seinem Alter war, so unterschied er sich dennoch von ihnen darin, daß er seinem Vater vollkommen gehorsam war. Das erste Mal, wo uns etwas Bemerkenswertes darüber berichtet wird, ist, als er in Jerusalem zurückblieb, um mit den jüdischen Lehrern zu diskutieren. Erinnern Sie sich, was er den Eltern als Erklärung sagte? "Wisset ihr nicht, daß ich sein muß in dem, was meinem Vater gehört?" (Lukas 2, 49). Maria und Joseph haben das anscheinend nicht verstanden. Aber wir können es heute verstehen, weil wir die Textstelle in Johannes 5, 19 gelesen haben, die uns erklärt, daß der Sohn nur das tut, "was er den Vater tun sieht".

Vielleicht denken wir, daß Jesus ganz automatisch gehorsam war. Das würde nur dann möglich sein, wenn er von seinen göttlichen Fähigkeiten Gebrauch gemacht hätte, aber genau das tat er ja nicht. Weil er zu 100 Prozent wie ein ganz gewöhnlicher Mensch lebte, hatte auch er es nötig, Gehorsam zu lernen. Genau das sagt uns auch Hebräer 5, 8: "So hat er, obwohl er ein Sohn war, doch an dem, was er litt, Gehorsam gelernt." Möglicherweise ist es ihm im Verlauf der Jahre immer leichter geworden, dem Vater gehorsam zu sein.

Als Jesus Dämonen austrieb, geschah das nicht aus seiner eigenen Kraft. Er sagte: "Ich treibe die Dämonen durch Gottes Finger aus" (Lukas 11, 20). Wenn er Gericht sprach, so tat er das mit der Autorität, die ihm von seinem Vater verliehen worden war. Er sagt: "Denn der Vater richtet niemand, sondern alles Gericht hat er dem Sohn übergeben" (Joh. 5, 22). Und weiter: "Ich kann nichts aus mir selber tun. Wie ich höre, so richte ich" (V. 30). Woher kam die Lehre von Jesus? "Was ich rede, das sage ich so, wie mir der Vater gesagt hat" (12, 50). Keiner hatte die Macht, Jesus ohne dessen persönliche Zustimmung das Leben zu nehmen. Er sagte: "Ich habe Macht, es zu lassen, und ich habe Macht, es wiederzunehmen." Spielte er auf seine göttliche Vollmacht an, die in ihm wohnte? Nein, denn er fügte hinzu: "Solches Gebot habe ich von meinem Vater empfangen" (10, 18).

Trotz allem hat Jesus etwas getan, wozu kein anderes menschliches Wesen befugt gewesen wäre: Er hat sich von anderen anbeten lassen. Er konnte das tun, weil er trotz allem dennoch nicht aufgehört hatte, zu 100 Prozent Gott zu sein. Die Weisen kamen, um ihn anzubeten (siehe Matth. 2, 2). Ein Blinder, den Jesus geheilt hatte, betete ihn an (siehe Joh. 9, 38). Ein besessener Mensch betete Jesus sogar an, bevor er von den Dämonen befreit wurde (siehe Mark. 5, 6-7). Weil er immerwährend eine göttliche Natur besaß, mußte er nicht wie Petrus reagieren, als Kornelius niederfiel und ihn anbetete: "Stehe auf, denn ich bin auch nur ein Mensch" (Apg. 10, 26). Ganz anders als Jesus hatte Petrus nur eine einzige Natur, eine menschliche Natur.

Das Ende des Gehorsams

Der Bund des Gehorsams, den Jesus eingegangen war, dauerte nicht ewig. In Philipper 2, 8 können wir lesen: "Er erniedrigte sich selbst und wurde gehorsam bis zum Tod, ja zum Tod am Kreuz." Viele, die nicht erkennen, daß Jesus seiner menschlichen Natur entsprechend empfand, können schwer verstehen, wie er am Kreuz qualvoll rufen konnte: "Mein Gott mein Gott, warum hast Du mich verlassen?" (Matth. 27, 46). Aber wir beginnen es dann zu verstehen, wenn wir annehmen, daß der Vater zu diesem Zeitpunkt Jesus nicht den ganzen Hintergrund dessen offenbarte, weshalb das Kreuz unumgänglich war. Daß Jesus hier diese Frage stellt, entspricht ganz normalem menschlichen Verhalten.

Als Jesus sagte: "In Deine Hände befehle ich meinen Geist" (Lukas 23,

46), war das Ende des Gehorsamsbundes gekommen. Von nun an begann er, wieder seine göttlichen Fähigkeiten zu gebrauchen.

Einen Hinweis darauf, daß sich etwas verändert hatte, finden wir im letzten Gespräch Jesu nach seiner Auferstehung mit seinen Jüngern. Sie fragten ihn: "Herr, wirst Du jetzt das Reich für Israel wieder aufrichten?" (Apg. 1, 6). Die Frage ähnelt stark derjenigen, die uns zu unserem Problem mit dem Text in Markus 13, 32 geführt hatte. Damals, noch vor seinem Tod, kannte Jesus die Antwort nicht, und das gab er auch zu verstehen. Diesmal jedoch, nach seinem Tod, wußte er die Antwort, denn er machte von seinen göttlichen Fähigkeiten wieder Gebrauch. Aus diesem Grunde sagte er auch: "Es gebührt euch nicht, zu wissen Zeit oder Stunde, welche der Vater in seiner Macht bestimmt hat." (Apg. 1, 7).

Die Taten des Vaters vollbringen

Wenn wir einmal verstanden haben, daß Jesus während seines Dienstes auf dieser Welt nicht seine eigenen Taten vollbrachte, sondern das tat, was der Vater bereits vollbracht hatte, eröffnen sich uns unausdenkbare Möglichkeiten auch für unseren Dienst. Ich habe schon am Anfang des Kapitels darauf hingewiesen, daß Jesus seinen Nachfolgern verheißen hatte, dieselben Taten zu tun, die er vollbrachte, und daß sogar größere Taten durchaus nicht ein Ding der Unmöglichkeit wären. Diese Verheißung gilt auch noch heute für uns, weil "Jesus Christus derselbe ist, gestern und heute und derselbe auch in Ewigkeit" (Hebr. 13, 8). Die Kraft, die Werke des Vaters zu tun, empfangen wir durch den Heiligen Geist.

Was mit Jesus geschah, kann auch mit uns geschehen. Im letzten Kapitel habe ich davon gesprochen, wie Jesus in der Synagoge in Nazareth zu Beginn seines Dienstes seine Traktandenliste ankündigte. Er zählte darin einige der Zeichen des Reiches Gottes auf. Dieser Aufzählung ging jedoch eine bedeutsame Bemerkung voraus. Jesus sprach über seine Beziehung zum Heiligen Geist. Er erwähnt drei Dinge: 1) Der Heilige Geist "ist auf mir" - Jesus war mit dem Heiligen Geist erfüllt worden; 2) Der Heilige Geist "hat mich gesalbt" - Jesus war durch den Heiligen Geist bevollmächtigt worden; 3) Der Heilige Geist "hat mich gesandt" - Jesus war vom Heiligen Geist beauftragt worden (siehe Lukas 4, 18). Mit demselben Heiligen Geist können auch wir erfüllt, bevollmächtigt und beauftragt werden, die Werke des Vaters zu vollbringen.

Es hat den Anschein, daß sich jedesmal dann Widerspruch erhebt, wenn jemand davon spricht, daß Menschen dieselben Dinge tun können, wie Jesus sie tat. Skeptiker sagen, daß ihres Wissens keiner, weder in der Pfingstbewegung noch in der charismatischen Bewegung oder außerhalb, so gut und häufig Kranke heilt, Dämonen austreibt oder Wunder tut, wie Jesus es getan hat. Das ist wahr, und es ist auch verständlich. Auch wenn uns der Zugang zu derselben Vollmacht offensteht, wie dies bei Jesus der Fall war, so sind wir dennoch nicht Jesus. Er hatte zwei Vorteile, die wir nicht haben. Er war weder von der Ursünde noch von tatsächlicher Sünde behaftet. Als Ergebnis davon erfreute er sich dreier Privilegien, die kein anderer Mensch besitzt:

1. Jesus pflegte eine völlig offene und ungehinderte Verbindung mit dem Vater. Es gab keine Hindernisse für seine Gebete, und aus diesem Grunde wußte er mit Gewißheit, was der Vater vorhatte.

2. Jesus vertraute vollkommen auf die Kraft des Heiligen Geistes, der durch ihn hindurch das tat, was der Vater tun wollte. Er sagt, daß Gott ihm den Geist ohne Maß gegeben hat (siehe Joh. 3, 34). Er war zu allen Zeiten völlig mit dem Heiligen Geist erfüllt.

3. Jesus schwankte niemals in seinem völligen Gehorsam zum Vater. Er hätte versagen können, aber er tat es nicht.

Diese Qualitäten heben Jesus über jeden anderen Menschen hinaus. Sie können uns aber auch darüber Aufschluß geben, wir wir persönlich in unserem eigenen Dienst größere Vollmacht erleben können. Wir haben es nötig, unser Gebetsleben zu intensivieren, indem wir einfach mehr, intensiver und unter Fasten beten lernen. Wir müssen die Qualität unseres Glaubens dadurch erneuern, daß wir für das Erfülltsein mit dem Heiligen Geist offen sind. Und wir müssen Gott beharrlicher gehorchen. Das hängt damit zusammen, daß wir anfangen, die heiligen und göttlichen Maßstäbe, wie wir sie als biblische Normen erkennen, auf unser Leben anzuwenden und sensibler dafür werden, was der Vater im Sinn hat. Wenn uns das gelingt, werden wir erleben, wie unsere Gebete vermehrt erhört werden, denn "wenn wir etwas bitten nach seinem Willen, so erhört er uns" (1. Joh. 5, 14).

Es wird keinem gelingen, Jesus auf dem Gebiet der Wunder zu

übertrumpfen, genausowenig wie dies auf dem Gebiet der Liebe möglich sein wird. Christliches Wachstum und christliche Reife meint nicht, daß wir alle perfekt sein müssen; und doch können und sollen wir morgen diesem biblischen Ideal näher sein als heute. Es ist möglich, mehr zu lieben und auch mehr für Kranke zu beten.

In einem Gespräch mit einem Freund, der nicht daran glaubte, daß die Gabe der Krankenheilung heute noch existiert, erwähnte ich, daß ich glaube, diese Gabe von Gott geschenkt bekommen zu haben. Das ärgerte ihn, und so entgegnete er: "Na gut, wenn du wirklich die Gabe der Krankenheilung hast, warum sorgst du dann nicht dafür, daß das nächste Krankenhaus arbeitslos wird?" Ich antwortete, daß ich das wirklich tun würde, wenn ich erkennen würde, daß es das ist, was der Vater vorhat. Es wäre eine Dummheit, ohne dieses Wissen so etwas zu tun, denn wenn jemals Menschen durch meine Gebete gesund werden, dann geschieht das nicht aus mir heraus, sondern in Wirklichkeit ist es der Vater, der das bewirkt.

Ich glaube, daß Jesus genau nach demselben Prinzip gelebt hat. Der Ort, an dem Jesus gewirkt hat, den man am ehesten mit einem Krankenhaus vergleichen könnte, war der Teich Bethesda. Als Jesus dorthin ging, hat er nicht alle geheilt, die sich um diesen Teich geschart hatten, sondern nur eine einzige Person. Warum nur eine Person? Woher wußte er, welche er wählen sollte? Ganz offensichtlich hing das damit zusammen, daß der Vater nicht wollte, daß mehr geschieht, und Jesus tat nur, was er den Vater tun sah.

Wie Jesus anderen Menschen Vollmacht anvertraute

Keiner der Verfasser der Evangelien berichtet sorgfältiger als Johannes darüber, wie die Vollmacht von Jesus, die Herrschaft Gottes auszuleben, denjenigen Menschen anvertraut wurde, die nach seinem Tod seine Aufgabe, das Reich Gottes auszubreiten, übernehmen sollten. Nahezu ein Viertel des Johannesevangeliums (Kapitel 13-17) beschäftigt sich damit, wie Jesus ausführlich über dieses Thema spricht. Aus diesem Grunde ist auch ein Großteil der Bibelzitate in diesem Kapitel dem Johannesevangelium entnommen. Ich möchte meine Vorstellungen davon, wie Jesus seine Vollmacht an andere weitergab, präzisieren, indem wir uns gedanklich nochmals die Schwerpunkte und den Verlauf der Geschehnisse in dieser entscheidenden Passage vor Augen halten.

Im 13. Kapitel bereitet Jesus seine Jünger auf den Schock vor, den es für sie bedeuten würde, wenn sie den Auftrag von Jesus weiterzuführen hatten. Sein Hauptanliegen war es, daß die Jünger so gut wie irgend möglich verstehen konnten, welche Art von Dienst nach der Kreuzigung auf sie warten würde. Sie waren nun drei Jahre mit ihm zusammen gewesen, und es würde ihnen nicht leicht fallen, ohne seine körperliche Anwesenheit allein weiterzumachen. Er wäscht ihre Füße und erklärt ihnen, wie sie als zukünftige christliche Leiter in allem zuerst Diener sein sollen. Und dann überrascht er sie mit der beunruhigenden Nachricht, daß er sie verlassen wird, indem er sagt: "Wo ich hingehe, da könnt ihr nicht hinkommen" Joh. 13, 33).

Im 14. Kapitel (die Themen in den einzelnen Kapiteln überschneiden sich ein wenig) lehrt Jesus seine Jünger, daß die Kraftquelle für ihren zukünftigen Dienst der Vater sein wird. Er erklärt ihnen, ihre Beziehung zu ihm bedeute, daß sie ebenso wie er selbst eine Verbindung mit dem Vater dadurch haben würden. Er sagt: "Wenn ihr mich kennen würdet, so würdet ihr auch meinen Vater kennen. Und von nun an kennt ihr ihn und habt ihn gesehen." (Joh. 14, 7). Die Tatsache, daß Jesus sie verlassen wird, würde ihre Beziehung zum Vater nicht beeinträchtigen, ja, sie hätten Grund genug, sich auf die Zeit im Haus des Vaters zu freuen, wo viele Wohnungen sein werden. Er eröffnet ihnen, daß es aus dem Grunde, daß seine eigene Vollmacht und Autorität vom Vater kam, bei ihnen genauso sein wird und daß sie aus diesem Grunde befähigt sein werden, dieselben Dinge wie er zu tun, und sogar größere.

Im 15. Kapitel sehen wir, wie sich Jesus als Vermittler der Vollmacht beschreibt. Er ist der Weinstock. Wenn die Jünger in ihm bleiben, werden sie viel Frucht tragen. Er betont, daß es nötig sein wird, daß sie seine Gebote befolgen und erinnert sie daran, daß nicht sie es waren, die ihn erwählt hatten, sondern daß er sie erwählt hatte. Und dann weist er sie darauf hin, daß sie genauso wie er werden leiden müssen, ist doch der Sklave nicht besser als sein Meister.

Im 16. Kapitel lehrt Jesus sie, daß es der Heilige Geist ist, durch den die Menschen mit der Vollmacht des Vaters betraut werden. Und so sagt Jesus zu ihnen: "Es ist gut für euch, daß ich gehe" (Vers 7), denn nur dann wird der Heilige Geist kommen. Er wird kommen, um ihnen zu helfen und wird die Welt von Sünde, Gerechtigkeit und Gericht überführen. Er wird sie in alle Wahrheit leiten und Jesus verherrlichen.

Er handelt im Namen von Jesus, dem Sohn: "Er wird von dem Meinen nehmen und es euch verkündigen" (Vers 14). In Kapitel 17 schließt Jesus mit Gebet. Er betet für sich selbst, für seine Jünger und für alle Gläubigen.

Die Vollmacht, die Jesus seinen Jüngern anvertraut hatte, ließ bis Pfingsten auf sich warten. Aber als es soweit war, wurde diese anvertraute Vollmacht zum Dauerzustand, um die Grundlage dafür zu legen, daß ein Dienst, wie wir ihn in der Dritten Welle verstehen, getan werden kann: das zu tun, von dem der Vater möchte, daß wir es tun, und zwar in der Kraft des Heiligen Geistes, genauso, wie das bei Jesus der Fall war.

Anmerkungen

1. Ray Stedman, *Acts 1-12: Birth of the Body* (Ventura, CA: Regal Books, Div. of Gospel Light Publications, 1974), S. 106.
2. Michael Harper, *The Healings of Jesus* (Downers Grove, IL: 1986), S. 124.
3. Colin Brown, *That You May Believe*: Miracles and Faith Then and Now (Grand Rapids, MI: Wm. B. Eerdmans Pub. Co., 1985), S. 97. Ein weiterer Vertreter dieser Ansicht ist Thomas A. Smail, *Reflected Glory: The Spirit in Christ and in Christmas* (London: Hodder and Stoughton, 1975). Er sagt dort auf Seite 70: "In protestantischen Kreisen gab es die Tendenz, die unter anderem auf Calvin zurückzuführen ist, die Eigenschaften von Christus auf seine Gottheit und Menschlichkeit aufzuteilen, so daß seine Vollmacht, Zeichen und Wunder zu wirken, als Auswirkung seiner einzigartigen Göttlichkeit angesehen wird. Die Folge davon ist offensichtlich; wenn seine Wunder nicht mit seinem Menschsein in Verbindung standen, wenn ihm göttliche Vollmacht nicht als charismatische Begabung seiner menschlichen Natur verliehen worden ist, dann gibt es auch keine Verbindung zwischen unserem Menschsein und dieser Vollmacht . . . Mit dieser Lehre über Christus können alle Theorien gut leben, die betonen, daß die Gaben des Geistes nur für einen bestimmten Zeitabschnitt wirksam waren."

Sechs

In Vollmacht dienen

Jesus war gekommen, um die Herrschaft Gottes auf der Erde zu errichten. Er berief seine Jünger, bildete sie aus und verhieß ihnen, daß sie in derselben Vollmacht wirken konnten, die seinen irdischen Dienst gekennzeichnet hatte. Kurz bevor er seine Jünger verließ, sagte er zu ihnen: "Ihr aber sollt in der Stadt bleiben, bis ihr ausgerüstet werdet mit Kraft aus der Höhe" (Lukas 24, 49).

Der Missionsbefehl

Die Aufgabe der Jünger, für die sie die Kraft des Heiligen Geistes erhalten sollten, war es, den Segen der Herrschaft Gottes in die ganze Welt zu tragen. Dies war der Kern des Auftrages von Jesus an sie. Der Grund, warum sie mit Vollmacht ausgerüstet werden sollten, war eindeutig: "Ihr werdet die Kraft des Heiligen Geistes empfangen, welcher auf euch kommen wird, und ihr werdet meine Zeugen sein in Jerusalem, in ganz Judäa, in Samarien und bis an das Ende der Erde" (Apg. 1, 8). Die Kraft Gottes kennt nur einen Endzweck: die Evangelisation der Welt.

Der Missionsbefehl im Markusevangelium (Kapitel 16) ist ebenfalls mit der Bevollmächtigung durch den Heiligen Geist verknüpft. Jesus beauftragt seine Jünger: "Gehet hin in alle Welt und verkündigt das Evangelium aller Kreatur" (Markus 16, 15). Dann spricht Jesus über die Zeichen, die denen folgen, die glauben: das Austreiben von Dämonen, Sprechen in neuen Sprachen, das Aufnehmen von Schlangen, das Trinken von Gift, ohne daran Schaden zu nehmen, und das Heilen von Kranken.

Im Matthäusevangelium lautet dieser Auftrag ähnlich. Jesus sagt: "Darum geht hin und macht alle Völker zu Jüngern" (28, 19). Er erklärt ihnen auch den Grund, weshalb sie das tun können: "Mir ist gegeben alle Gewalt" (Vers 18), und: "Siehe, ich bin bei euch allezeit" (Vers 20). Gewalt wozu? Das griechische Wort, das hier verwendet wird, ist *exousia*, dasselbe Wort, das in Matth. 10, 1 mit "Vollmacht" übersetzt wird: "Er gab ihnen Vollmacht über die unsauberen Geister, sie auszutreiben, und zu heilen alle Krankheiten und alle Gebrechen."

Ein Teil des Missionsbefehls lautet: "Lehret sie halten alles, was ich euch befohlen habe" (28, 20). Die Jünger haben es nie vergessen, wie Jesus sie zum ersten Mal allein ausgesandt hatte. Ihre Botschaft bestand aus zwei Teilen: Worte und Taten. Sie sollten predigen: "Das Reich Gottes ist nahe herbeigekommen", und handeln: "Macht Kranke gesund, weckt Tote auf, reinigt Aussätzige, treibt böse Geister aus" (10, 7. 8). Wenn ihnen Vollmacht gegeben worden war und ihnen befohlen wurde, die Kranken zu heilen und Dämonen auszutreiben, war dies auch ein Teil dessen, was sie andere lehren sollten. Genau das haben sie getan. Jesus hat seine Vollmacht an seine Jünger weitergegeben, und diese wiederum taten es ihm gleich und vermittelten diese Vollmacht erneut an andere.

Übernatürlich beglaubigte Evangelisation in der Apostelgeschichte und in den Briefen

Welchen Beweis haben wir dafür, daß die Vollmacht Jesu tatsächlich auf seine Nachfolger übergegangen war? Die Apostelgeschichte berichtet von den folgenden 30 Jahren der Geschichte. Buchstäblich jedes Kapitel, mit Ausnahme des langen Berichts von der Gefangennahme des Paulus, berichtet von den Zeichen und Wundern, die Begleiterscheinungen der Evangelisation im 1. Jahrhundert waren.

Als diese übernatürliche Bevollmächtigung in Apostelgeschichte 2 zum ersten Mal in Erscheinung trat, geschah dies dadurch, daß das Evangelium denjenigen, die in Jerusalem zum Passahfest zusammengekommen waren, in ihrer Muttersprache verkündigt wurde. "Viele Zeichen und Wunder geschahen durch die Apostel" (Vers 43), und "der Herr tat hinzu täglich, die gerettet wurden, zu der Gemeinde" (Vers 47). Petrus und Johannes werden von Gott gebraucht, den Lahmen an der Pforte des Tempels zu heilen (siehe Apg. 3). Bald darauf stieg die Anzahl der gläubigen Männer auf 5.000 an. Petrus und Johannes beteten darum, das Wort Gottes freimütig verkündigen zu können und daß "Zeichen und Wunder geschehen durch den Namen deines heiligen

Knechtes Jesus" (4, 30).

Die Apostel legten "mit großer Kraft" Zeugnis von Jesus ab (Vers 33). Hatten die Menschen Respekt vor dieser Vollmacht? Allerdings. Im Fall von Ananias und Saphira hören wir von einem beeindruckenden Ereignis: Sie starben, weil sie Gott angelogen hatten. Diese offenkundige Vollmacht bewirkte auch, daß die Gemeinde davor gewarnt war, sich gegen Gott zu stellen (siehe 5, 11). Doch die "die Zahl derer, die an den Herrn glaubten, wuchs", weil "viele Zeichen und Wunder im Volk durch die Hände der Apostel" geschahen (5, 12-14).

Dann berichtet die Apostelgeschichte von Stephanus, der "voll Gnade und Kraft Wunder und große Zeichen unter dem Volk" tat (6, 8). Durch das Wirken des Philippus kam es dazu, daß "das Volk sich dem, was Philippus sagte, einmütig zuneigte, wie sie hörten und sahen, was er für Zeichen tat" (8, 6). Während wir bisher nur erfahren, daß diese Vollmacht im wesentlichen im Dienst der Apostel wirksam geworden war, weitet sich nun dieser Kreis und schließt zumindest zwei der sieben hellenistischen Leiter ein, die gerade erst für ihren Dienst eingesegnet worden waren (Apostelgeschichte 6). Es wird uns berichtet, daß Philippus und Stephanus durch übernatürlich beglaubigte Evangelisation wirkten; von daher liegt es durchaus nahe anzunehmen, daß die anderen fünf ihrer Gruppe dasselbe taten, auch wenn uns hierüber keine näheren Angaben vorliegen.

Die Ereignisse scheinen einen dramatischen Höhepunkt zu erreichen, als Petrus Aeneas heilte der 8 Jahre lang gelähmt gewesen war (siehe 9, 33. 34), und er Dorcas von den Toten auferweckt (Verse 36 - 41). Er berichtet Kornelius davon, wie Jesus "umhergezogen ist und Gutes getan hat und alle gesund gemacht hat, die vom Teufel überwältigt waren, denn Gott war mit ihm" (10, 38). Wenig später wird Petrus auf dramatische Weise von einem Engel aus dem Gefängnis befreit (siehe 12, 7).

Saulus, der die Gemeinde verfolgt hatte, wird durch eine dramatische Offenbarung der Kraft Gottes auf dem Weg nach Damaskus zum Apostel Paulus (siehe 9, 1 -19). Durch Paulus wird der Zauberer Elymas mit Blindheit geschlagen, und ein Regierungsbeamter wird errettet (siehe 13, 6 -12). In Ikonien predigen Paulus und Barnabas mit großem Freimut, und Gott "ließ Zeichen und Wunder geschehen durch ihre Hände" (14, 3). In Lystra beten sie für einen verkrüppelten Mann, der danach “sprang und wandelte” (Vers 10). In Philippi treibt Paulus einen Dämon aus einer Magd aus (siehe 16, 18), ein übernatürlich verursachtes Erdbeben befreit ihn und seine Freunde aus dem Gefängnis (siehe Vers 26), und als man Tücher, die den Körper von Paulus berührt hatten, zu den Kranken brachte, geschah es, daß “die Krankheiten von ihnen wichen und die bösen Geister von ihnen ausfuhren” (19, 11. 12). Es gibt noch weitaus mehr Hinweise auf übernatürlich beglaubigte Evangelisation im Zusammenhang mit dem Dienst des Paulus.

Aus diesem Grunde ist es auch verständlich, daß Paulus in seinen Briefen, die er an die von ihm gegründeten Gemeinden schreibt, auf übernatürlich beglaubigte Evangelisation zu sprechen kommt. Er erinnert die Thessalonicher: “Unsre Predigt des Evangeliums kam zu euch nicht allein im Wort, sondern auch in der Kraft und in dem heiligen Geist” (1. Thess. 1, 5). Den Galatern gegenüber bemerkt er, daß Gott ihnen “den Geist darreicht und solche Taten unter euch tut” (Gal. 3, 5). Er macht die Epheser darauf aufmerksam, daß “wir nicht gegen Fleisch und Blut zu kämpfen haben, sondern gegen Mächtige und Gewaltige” (Eph. 6, 12). In seinem Brief an die Philipper läßt er sie an seiner Freude darüber teilhaben, daß sein Freund Epaphroditus von Gott von einer Krankheit geheilt worden war, die ihn fast ums Leben gebracht hatte (siehe 2, 27). Den Korinthern erklärt er, daß das “Reich Gottes nicht in Worten besteht, sondern in Kraft” (1. Kor. 4, 20), und daß sein Dienst unter ihnen in der “Erweisung des Geistes und der Kraft” geschah (1. Kor. 2, 4). Er belehrt die Korinther über Gaben des Geistes wie etwa Krankenheilung, Wundertaten, Prophetie und Unterscheidung der Geister (siehe 1. Kor. 12), und erinnert sie daran, daß durch ihn in ihrer Gegenwart viele Zeichen und Wunder geschehen sind (2. Kor. 12, 12).

Paulus hatte nicht die Gemeinde in Rom gegründet; als er jedoch diesen Gläubigen seinen Brief schreibt, um sie auf seinen Besuch gegen Ende seiner Wirkungszeit vorzubereiten, faßt er seine evangelistische Tätigkeit zusammen, indem er ihnen sagt, daß er immer von den Dingen geredet habe, die Christus durch ihn für die Heiden getan habe “durch Kraft der Zeichen und Wunder und durch die Kraft des Geistes” (Röm. 15, 18. 19). Das hört sich sehr nach übernatürlich beglaubigter Evangelisation an.

Auch andere Briefe sprechen von diesem Thema. Der Schreiber des Hebräerbriefes spricht davon, daß das Wort von der Erlösung nicht allein dastand, sondern "Gott hat dazu Zeugnis gegeben mit Zeichen, Wundern und vielen mächtigen Taten und Austeilung des Heiligen Geistes" (Hebr. 2, 4). Und Jakobus, der uns für seine Unzufriedenheit mit einem tatenlosen Glauben bekannt ist, gibt Anweisungen für Kranke, indem er sie auffordert, die Ältesten rufen zu lassen, die ihn mit Öl salben sollten und für ihn beten würden, "und das Gebet des Glaubens wird dem Kranken helfen" (Jak. 5, 15).

Die Vollmacht Gottes in der Kirchengeschichte

Im Neuen Testament finden wir überall Hinweise auf übernatürlich beglaubigte Evangelisation. Aber was geschah danach?

Am Anfang des 20. Jahrhunderts entwarf der amerikanische Theologe Benjamin B. Warfield (Princeton) ein theologisches Konzept, das drei Generationen hindurch evangelikale Christen prägen sollte, und zwar durch die Veröffentlichung seines Buches: *Miracles: Yesterday and Today, Real and Counterfeit.* Die von ihm gezogene Schlußfolgerung lautet folgendermaßen: "Die Vollmacht, Wunder zu tun, erstreckte sich nicht weiter als bis auf die Jünger, auf die die Apostel diese Vollmacht durch das Auflegen der Hände übertragen hatten." So wie er die Berichte interpretiert, kann er ein Abflachen der Zeichen und Wunder beobachten, solange bis sie "völlig mit dem Tod der letzten Person, der die Apostel die Hände aufgelegt hatten, aufhörten."[1]

Warfield hatte das Buch im Jahre 1918 geschrieben, als viele evangelikale Christen die Pfingstler immer noch als eine irreführende Sekte wie etwa die "Christlichen Wissenschafter" oder die "Mormonen" betrachteten. Und so kam es, daß seine Ansicht, die schlagkräftigen Diskussionsstoff bot, sehr schnell in Mode kam, und selbst heute vertreten noch manche Christen diese Ansicht. Seit 1918, als sein Buch zum ersten Mal veröffentlicht wurde, ist viel im Bereich der historischen Forschung gearbeitet worden, vornehmlich durch eine neue Generation von Theologen aus der Pfingstbewegung, aber auch von anderen.

Das Ergebnis dieser Untersuchungen zeigt uns, daß die Vollmacht, die Jesus seinen Jüngern übertragen hatte, um Kranke zu heilen und Dämonen auszutreiben, tatsächlich im Verlauf der ganzen Geschichte beobachtet werden kann. Es scheint so zu sein, daß zu bestimmten

Zeiten durch Wunder begleitetes christliches Wirken häufiger war als zu anderen Zeiten, aber das kann möglicherweise auch an unserem beschränkten Wissen über diese Zeiten liegen. Die Aufgabe der Geschichtsforscher ist es, in der Vergangenheit zu graben und neue Tatsachen zu entdecken. Je mehr Forschung auf diesem Gebiet getrieben wird, desto mehr Belege haben wir dafür, daß Warfield sich geirrt hat.

Michael Green, der am Regent College (Vancouver) unterrichtet, schreibt in seinem einflußreichen Buch *Evangelisation zur Zeit der ersten Christen*: "Die Christen gingen hinaus in die Welt als Prediger, aber auch als Dämonenaustreiber und Heiler. Dies setzte sich nicht nur in der apostolischen Kirche, sondern auch bis ins zweite und dritte Jahrhundert fort, von der späteren Zeit ganz zu schweigen."[2]

Nicht alle Gelehrten sind sich hier einig. Betrachten wir zum Beispiel den interessanten Unterschied zwischen zwei Untersuchungen, die über die erste Ausbreitung des Christentums unter den Heiden gemacht wurden. Derek Tidball, der rein aus soziologischer Perspektive schreibt, meint, daß die Heiden überwiegend an Moral- und Sexualethik, an familiären Beziehungen, an Beziehungen bei der Arbeit und an der Einstellung der Regierung gegenüber interessiert gewesen seien. Er schreibt den Erfolg des Christentums unter den Heiden dem exklusiven Anspruch des Christentums, der Offenheit für alle Klassen und Rassen, der Verheißung einer besseren zukünftigen Welt und Annehmlichkeiten im Hier und Jetzt, vor allem für diejenigen, die bereits Christen sind, zu.[3] Es ist bemerkenswert, daß er in keiner Weise auf ihre Geisterfurcht und ihr Bemühen um körperliche Heilung eingeht, und auf die Vollmacht, die die christliche Predigt gerade auf diesen Gebieten begleitete.

Ganz anders äußert sich Ramsay MacMullen, auf den ich bereits eingegangen bin. Obwohl er selbst kein Christ ist, kommt er als Geschichtswissenschaftler zum Schluß, daß das, was wir übernatürlich beglaubigte Evangelisation nennen, "das Hauptinstrument in der Bekehrung" der Heiden war, die den Göttern huldigten.[4] Wenn wir die religiöse Grundeinstellung sowohl der Christen als auch der Nichtchristen in der heidnischen Welt der ersten Jahrhunderte untersuchen, waren "das wichtigste, und, soweit wir das sagen können, das einzige, woran die Menschen glaubten, übernatürliche Mächte, von denen man sich Vorteile erhoffte."[5]

Die Evangelisation Europas

Diese Grundhaltung hatte jedoch nicht nach den ersten Jahrhunderten aufgehört. Charles Henry Robinson, der die Geschichte der Bekehrung Europas dokumentierte, ist etwas skeptisch, wenn es um Wunderberichte geht.

Er sagt, daß wir dann, "wenn wir den unwissenschaftlichen Charakter der Zeit, in welcher solche Wunderberichte festgehalten wurden, sowie die Unmöglichkeit, zufriedenstellende Fakten für den kritischen Historiker zusammenzutragen, betrachten, können wir in keinem einzigen Fall annehmen, daß tatsächlich ein Wunder geschehen sei." Und trotzdem kommen Aufzählungen von übernatürlichen Zeichen und Wundern in der Geschichte der Missionierung Europas derart häufig vor, daß "wir es uns nicht leisten können, diese Berichte gesamthaft zu leugnen."[6]

Nach dieser Vorbemerkung von Robinson können wir davon ausgehen, daß er jeden nur irgend zweifelhaften Fall von übernatürlich beglaubigter Evangelisation wegläßt. Und trotzdem berichtet er in seinem Werk einen Fall nach dem anderen, wo dies eben doch geschah. Patrick von Irland hat viele Wunder getan; Germanus aus Auxerre stillte einen Sturm am englischen Kanal; Martin von Tours, der in Frankreich evangelisierte, fällte nicht nur einen heiligen Baum, nein, er stellte sich auch noch ausgerechnet dahin, wohin der Baum fallen würde, und blieb unverletzt; Columbanus zähmte mit göttlicher Vollmacht wilde Tiere; in Süditalien forderten Benedictus und Barbatus Satan direkt heraus, indem sie heilige Haine verwüsteten; in Holland weckte Wulfram einen Jungen vom Tod auf; Bonifazius wagte es, in Germanien die heilige Donarseiche zu fällen; Bernard demonstrierte Macht über ein Feuer, das ihn zu verbrennen drohte; der norwegische König Olaf erlebte, wie Gott ganz spezifisches Gebet um eine Wetteränderung erhörte, nachdem er von einem heidnischen Führer direkt herausgefordert worden war.

Zur Zeit der Reformation hatte man jedoch die echten Wunderberichte mit so vielen falschen Berichten, besonders in der römisch-katholischen Kirche, vermischt, daß die Reformatoren dazu neigten, sich von Zeichen und Wundern überhaupt zu distanzieren. Dennoch haben viele Reformatoren übernatürliches christliches Wirken nicht völlig verworfen, ganz besonders dann, wenn sie selbst in Schwierigkeiten waren. Wir wissen beispielsweise, wie sehr sich Martin Luther damit quälte, als er von Ärzten erfuhr, daß sein Mitarbeiter, Philipp Melanchthon, todkrank war. Luther kniete nieder und betete für seine Gesundung, und auf der Stelle ging es ihm besser.[7] Von John Wesley wird uns berichtet, daß er einmal für sein lahmes Pferd betete und es daraufhin geheilt wurde.[8] Der Schwiegersohn von John Knox, John Welsh, hatte erwiesenermaßen 36 Stunden lang über dem toten Körper eines jungen Grafen, der ihn lange Zeit unterstützt hatte, gekniet und gebetet. Er bat Gott, ihm diesen Mann wieder zurückzugeben, und Gott erhörte sein Gebet.[9]

Viele der heutigen nicht-pfingstlichen Denominationen haben ihre Wurzeln weitaus mehr, als vielen der gegenwärtigen Mitglieder bewußt ist, in Bewegungen, die für das übernatürliche Wirken Gottes bekannt waren. Der Grund dafür liegt darin, daß absichtlich oder unabsichtlich dieser Teil der Vergangenheit nicht hervorgehoben worden war. 1885 zum Beispiel berichtete General William Booth, der Gründer der Heilsarmee, davon, wie "vor kurzem bemerkenswerte Zeichen und Wunder unter uns geschahen", und er schrieb seinen Kameraden vom Auftreten außergewöhnlicher Geistesgaben wie Sprachenrede, Heilungen und Wunder. Er meinte, daß ihm kein biblischer Grund bekannt sei und nichts in seiner Erfahrung dagegen spräche, "das zeigen würde, daß solche Vorkommnisse in der heutigen Zeit nicht genauso ihre Berechtigung haben wie in jeder anderen vorangegangenen Zeit der Kirchengeschichte."[10]

Ein Teil der Erweckung in der Lutherischen Kirche Schwedens, die zum Entstehen der "Evangelischen Bundeskirche" führte, hing mit dem Auftauchen von "Rufern" zusammen, jungen Menschen, die vom Heiligen Geist auf übernatürliche Weise befähigt wurden, zu predigen und zu prophezeien.[11] A.B. Simpson, der im späten 19. Jahrhundert die evangelikale Denomination 'Christian and Missionary Alliance' gegründet hatte, legte großen Wert auf göttliche Heilung, und in vielen der angeschlossenen Gemeinden betete man vollmächtig für Kranke. In ihrer Entstehungszeit betonten auch die Nazarener das Gebet für Kranke, ebenso auch die Quäker, die Mennoniten, die Herrnhuter Brüdergemeine und viele andere.

Verschiedene Autoren, die in letzter Zeit Bücher über den christlichen Dienst der Krankenheilung veröffentlicht haben, machten damit zugleich auch wertvolles historisches Material der Öffentlichkeit zugänglich, worin das Vorkommen von Zeichen und Wundern durch die Geschichte hindurch dokumentiert wird. Wir sind Schriftstellern wie Morton T. Kelsey,[12] J. Sidlow Baxter,[13] John Wimber,[14] Rex Gardener,[15] John Gunstone[16] und anderen Dank schuldig. Sie haben uns daran erinnert, daß Jesus sich nicht verändert hat: Er ist gestern, heute und derselbe auch in Ewigkeit; und auch daran, daß die Vollmacht, die er einst an seine Jünger weitergegeben hat, auch uns heute anvertraut bleibt.

Weltanschauung: Glauben heißt sehen

Wenn Sie evangelikaler Christ sind, dann glauben Sie wahrscheinlich, daß Petrus Dorcas von den Toten auferweckt hat. Glauben Sie aber auch, daß Wulfram aus Holland oder John Welsh aus Schottland Tote auferweckt haben? Oder wie steht es damit, daß Columbanus wilde Tiere zähmte, Germanus einen Sturm stillte oder John Wesley ein Pferd heilte?

Vielleicht wissen wir oft gar nicht (oder wollen es manchmal nicht zugeben), daß unsere Antwort auf solche Fragen außerordentlich stark mit unserer jeweiligen Weltanschauung zusammenhängt. Wenn wir diesen Tatbestand jedoch berücksichtigen, verstehen wir viel eher, wie es geschehen kann, daß ein Wissenschaftler eine geschichtliche Periode untersucht und nicht erkennt, daß Zeichen und Wunder in irgendeiner Weise bedeutsam waren, während ein anderer Wissenschaftler, genauso ernsthaft und intelligent wie er, dieselbe zeitliche Epoche untersucht und feststellt, daß solche Vorkommnisse im Leben und Zeugnis der Christen einen hohen Stellenwert einnahmen. Diese beiden Wissenschaftler haben im wesentlichen zwei verschiedene Weltanschauungen, die für sie Maßstab sind, und sie unterscheiden sich ganz besonders in ihren jeweiligen Erklärungsmustern für das, was sie beobachten. Unsere Weltanschauung beeinflußt jedoch nicht nur unsere Deutung der Geschichte, sondern durchdringt auch jeden Bereich unseres Lebens im Alltag.

Lewis Smedes macht z.B. darauf aufmerksam, daß unsere Einstellungen zu so entscheidenden Dingen wie ethischen Fragen von unserer Weltanschauung abhängt. "Wir sind anderer Meinung", sagt er, "weil wir die Dinge anders sehen." Und weiter: "Wir messen bestimmten gemeinsam beobachteten Ereignissen *nicht* dieselbe Bedeutung zu."[17]

Was ist mit Weltanschauung eigentlich gemeint? Mein Kollege Charles H. Kraft, von vielen als ein führender Experte auf diesem Gebiet anerkannt, definiert Weltanschauung als "die kulturell geformten grundlegenden Überzeugungen (Annahmen, Vorverständnisse, Ansichten usw.) über die Beschaffenheit der Wirklichkeit, an denen sich die Lebensführung der Mitglieder einer Gesellschaft ausrichtet und orientiert."[18] Mit Wirklichkeit meint Kraft die objektive Wirklichkeit, wie nur Gott sie sieht. Unsere Sicht der Wirklichkeit ist immer begrenzt, weil niemand die Wirklichkeit in dem Maße erkennt wie Gott selbst. Wir dürfen daher niemals vergessen, daß Menschen unabhängig davon, wie weit sie von uns entfernt leben, ein unterschiedliches Verständnis von Wirklichkeit haben oder eben unterschiedliche Weltanschauungen vertreten. Mit anderen Worten, wie Smedes gesagt hat, ist es möglich, daß zwei Menschen *dasselbe* sehen, und doch nicht dasselbe *sehen*.

Mir gefällt die Geschichte, die Colin Brown vom König in Siam erzählt. Sie spielt im 17. Jahrhundert. Der König von Siam unterhielt sich sehr angeregt mit dem holländischen Botschafter. Er war von den Berichten über das Leben im weit entfernten Holland fasziniert. Und zwar so lange, bis der Botschafter dem König, der sein ganzes Leben in den Tropen verbracht hatte, erzählte, daß die holländischen Winter dermaßen kalt sind, daß das Wasser so hart wird, daß ein Elefant darauf laufen könnte. Der König antwortete: "Bis jetzt habe ich all' die merkwürdigen Dinge geglaubt, die Sie mir erzählt haben, weil ich Sie als einen besonnenen und ehrlichen Mann schätzte; aber jetzt bin ich sicher, daß Sie lügen."[19] Die Weltanschauung des Königs, oder sein 'Bezugsrahmen', wie es Colin Brown nennt, konnte das, was er soeben von dem Botschafter gehört hatte, nicht verarbeiten. In diesem speziellen Fall war das Bild der Wirklichkeit, das der Botschafter hatte, der objektiven Wirklichkeit näher als das Weltbild des Königs. In anderen Fällen kann die Vorstellung der Wirklichkeit, wie sie der König vertrat, näher an der Wahrheit gelegen haben.

Es ist außerordentlich wichtig, über unsere Weltanschauung nachzudenken, wenn es darum geht, die Notwendigkeit oder den Wert des christlichen Dienstes der Krankenheilung zu beurteilen. Wenn ein Mensch nicht glaubt, daß Gott heute noch Menschen heilt, dann wird es ihm unmöglich sein, göttliche Heilung wahrzunehmen, unabhängig davon, wieviel Beweismaterial ihm vorgelegt wird. Es ist eine undankbare Aufgabe, einen Skeptiker zu überzeugen. Jesus selbst hätte niemals ein Wunder vollbracht, um einige Skeptiker zu überzeugen, weil er wußte, daß das nicht viel nützen würde. Weil sie nicht daran glaubten, wären sie auch unfähig zu sehen, was Jesus tat. Es ist wirklich etwas Wahres daran: Glauben heißt sehen.

Rex Gardner beschäftigt sich aus der Sicht eines Mediziners, der an göttliche Heilung glaubt, mit diesem Thema. Er berichtet von einer Patientin, die am 'Waterhouse-Friedrichsen-Syndrom' litt, das zu einer Lungenentzündung und andauernder Blindheit geführt hatte. Als ihr angeboten wurde, für ihre Heilung zu beten, stimmte sie zu. Sie wurde wieder gesund. Die behandelnden Ärzte konnten jedoch nicht erkennen, daß diese Heilung auf das Eingreifen Gottes zurückzuführen war. Gardner schreibt im Hinblick auf diese Frau, die wieder sehen konnte: "Trotz der Tatsache, daß die vier beratenden Ärzte, die sie bei der Aufnahme untersucht hatten, davon überzeugt sind, daß ihre Diagnose zutraf, wird das von denjenigen bezweifelt, die sich ihr Überleben nicht erklären können."[20] Was ist das Problem dieser Ärzte? Ganz offensichtlich haben sie dieselben Schwierigkeiten wie der siamesische König: Sie können nur das sehen, was sie glauben.

Die ausgeschlossene Mitte

Das Thema der Weltanschauung ist außerordentlich wichtig, wenn es darum geht, als Christ kulturüberschreitend zu wirken. Ich kann mich noch an ein faszinierendes theologisches Examen erinnern, bei der die Fakultät einer amerikanischen theologischen Ausbildungsstätte ein zukünftiges Mitglied des Kollegiums zu einem Prüfungsgespräch bestellt hatte. Der Unterschied zwischen diesem Examen und anderen war, daß in diesem besonderen Fall der Prüfling chinesischen Ursprungs war. Als er gefragt wurde: "Was ist ihr allgemeiner Eindruck vom Glaubensbekenntnis unserer Schule?", antwortete er: "Ich glaube, es ist gut, und ich kann ihm soweit zustimmen. Ich muß jedoch sagen, daß es für eine asiatische Schule nicht ausreichend wäre."

Was vorauszusehen war, geschah. Seine Antwort führte zu einer langen Diskussion. Er meinte, daß das Glaubensbekenntnis nichts über übernatürliche Mächte, sowohl gute als böse, sage, wie etwa über Engel und Dämonen. Satan werde zwar beiläufig erwähnt, aber es werde nichts über seine Persönlichkeit und sein Wirken in der heutigen Welt gesagt. Für den asiatischen Christen würde dieses Glaubensbekenntnis darin versagen, einen wichtigen Punkt biblischer Offenbarung wiederzugeben.

Das betreffende Seminar unterschied sich in keiner Weise von anderen amerikanischen christlichen Instituten. Nur wenige Glaubensbekenntnisse amerikanischer Gemeinden, Denominationen oder parakirchlicher Institutionen enthalten einen Abschnitt über den Einfluß der übernatürlichen Welt im Alltag. Zwar wird häufig erwähnt, daß der Heilige Geist Kraft hat, Seelen zu erretten, jedoch nicht, daß er Kranke heilen kann. Es wird zwar darauf hingewiesen, daß er die Kraft zu einem Gott wohlgefälligen Leben gibt, jedoch nicht, daß er dazu befähigt, Dämonen auszutreiben.

Warum nur?

Wir müssen nochmals auf das Thema der Weltanschauung zurückkommen. Die herkömmliche Weltanschauung im englischsprachigen Amerika ist in zunehmender Weise materialistisch und naturalistisch geprägt. Wie ich schon bemerkt habe, sind unsere christlichen Einrichtungen in einem verblüffenden Maße von einem säkularen Humanismus geprägt worden. Die Mehrheit aller Amerikaner glaubt zwar an die Existenz Gottes, aber er scheint nur einen minimalen Einfluß auf unser tägliches Leben zu haben. Unsere Weltanschauung ist ganz stark von säkularer Wissenschaft beeinflußt. Von unserer Kindheit an ist uns beigebracht worden, daß beinahe alles, was in unserem Alltag geschieht, auf das Gesetz von Ursache und Wirkung zurückzuführen ist, wobei wir uns an wissenschaftlich erwiesenen Gesetzmäßigkeiten orientieren.

In der Dritten Welt ist das anders. Für die meisten Menschen ist die Wirklichkeit von Dämonen und bösen Geistern Teil ihres täglichen Lebens. Ihre Weltanschauung sagt ihnen, daß Schamanen, Hexen, Zauberdoktoren und Medien die Macht haben, übernatürliche Kräfte zu beeinflussen, die für Krankheiten, Armut, Unterdrückung, Mißernten, Hurrikane, Unfruchtbarkeit, Dürre und Geisteskrankheiten verantwortlich sind. Wenn ihnen das Christentum als Wahlmöglichkeit angeboten wird, fragen sie zuallererst danach, ob der Gott der Christen genug Macht hat, die Probleme ihres Lebens zu lösen. Aus der Sicht des Neuen Testamentes ist es sehr wahrscheinlich, daß ihre Sicht der Dinge der Wahrheit durchaus näher kommt als unsere weltanschaulich bedingte Sicht der Wirklichkeit.

Mein Kollege Paul G. Hiebert nennt dieses Phänomen “Das Problem der ausgeschlossenen Mitte”. Er weist darauf hin, daß die Jünger, die Johannes der Täufer zu Jesus gesandt hatte, um ihn zu fragen, ob er wirklich der Messias sei, nicht mit logischen Beweisen zurückkehrten, sondern mit Berichten über seine Vollmacht, die Kranken zu heilen und Dämonen auszutreiben. “Als ich diese Textstelle damals als Misssionar in Indien las,” sagt Hiebert, “fühlte ich mich nicht ganz wohl.” Er gibt heute zu, daß es ihm beigebracht worden war, die Botschaft von Christus mit vernunftmäßigen Argumenten zu verkündigen, nicht mit dem Erweis übernatürlicher Vollmacht. Er fügt hinzu: “Ganz besonders gehörten die Geister, die offenbar ganz selbstverständlich mit dem Wirken von Christus in Berührung kamen, meiner Ansicht nach zu einer anderen, wunderhaften Welt - weit weg vom ganz gewöhnlichen Alltag.”[21]

Hiebert erläutert dann, daß die Weltanschauung der meisten Menschen, die in der nicht-westlichen Welt leben, drei Bereiche kennt. Im obersten Bereich geht es um die religiöse Welt, abhängig von kosmischen Wesen oder Mächten. Der unterste Bereich bezieht sich auf den Alltag: Hochzeit, Kindererziehung, Säen und Ernten, Krankheit und Gesundheit, Wohlstand und ähnliches. Der mittlere Bereich beschreibt die Wege, Mittel und Methoden, wodurch der Alltag normalerweise von übermenschlichen und übernatürlichen Mächten beeinflußt wird.

Unsere westliche Weltanschauung unterscheidet sich davon. Es ist uns möglich, mit einem obersten Bereich kosmischer Religiosität zu leben, in den hinein wir bequemerweise alle übernatürlichen Vorkommnisse verlegen. Unser unterster Bereich wird von Naturgesetzen bestimmt. Ein Zwischenbereich, in welchem die beiden anderen Bereiche miteinander in Verbindung treten, erscheint uns ziemlich unnötig. Es ist sogar so, daß wir jemand, der beginnt, diesen mittleren Bereich allzu ernst zu nehmen und über die Beeinflussung unseres Alltags durch gute und böse Mächte zu sprechen, für ein wenig abergläubisch halten, und wir versuchen, einen solchen Menschen dazu zu bewegen, doch etwas wissenschaftlicher zu sein.

Dieser westliche Vorstellungsrahmen wurde in einem kürzlich erschienenen Artikel in der Zeitschrift *Christianity Today* gut beschrieben. Er hatte den Titel: “Ein Chirurg spricht über göttliche Heilung.” In diesem Artikel sagt der Chirurg, daß sowohl er als auch derjenige, der im Glauben für Kranke betet, im wesentlichen das Anliegen gemeinsam hätten, den Menschen zu helfen. Ihre Methode unterscheide sich jedoch sehr stark. Er unterstreicht: "Ich glaube daran, daß Gott bei Heilungen mitwirkt. Mein eigener Beitrag für das Wohl der Patienten entspringt jahrelangem Studium und der Anwendung strenger wissenschaftlicher Prinzipien auf die Gesetzmäßigkeiten des menschlichen Körpers." Er ist durch die Tatsache beunruhigt, daß manche Christen "den Anschein erwecken, eine vollkommen neue Form der medizinischen Hilfe zu vertreten, die sofortige Heilung unter Umgehung der normalen wissenschaftlichen Vorgehensweise verheißt."[22] Hiebert würde sagen, daß er in für westliche Menschen typischer Weise eine Weltanschauung vertritt, der der mittlere Bereich abhanden gekommen ist.

Eine der Auswirkungen von missionarischer Arbeit, die ohne Berücksichtigung der weltanschaulichen Zwischenschicht getan wird, ist, daß westliche Missionare oft als Vermittler einer Säkularisierung, einer Überbetonung des Diesseits empfunden werden. Unsere Loyalität der Wissenschaft gegenüber wird von vielen so empfunden, als würden wir Gott aus wichtigen Gebieten des täglichen Lebens ausschließen, wie etwa der Landwirtschaft, der Medizin, der Kinderzeugung und der gesellschaftlichen Beziehungen. Hiebert weist darauf hin, daß "ein solches Vorgehen das Wirken Gottes im Leben der Menschen ausschließlich auf Dinge beschränkt, die mit der Errettung zu tun haben." Selbstverständlich ist die Errettung einer Seele wichtig, aber genauso wichtig ist es, an die "Macht des Gebets zu glauben und an die fürsorgliche Anteilnahme Gottes an allen Gebieten des menschlichen Lebens." Hiebert ist der Meinung, daß eine säkular geprägte Weltanschauung nur sehr schwer mit der "biblischen Weltanschauung in Übereinstimmung zu bringen ist, wo die übernatürlichen Dimensionen dieser Welt so deutlich betont werden."[23]

Der Zusammenprall der Mächte

Wenn wir über westliche und nicht-westliche Weltanschauungen sprechen, würden wir es uns zu einfach machen, wenn wir annehmen, daß beispielsweise in den USA kein Mensch eine nicht-westliche Weltanschauung habe. Das war zu keiner Zeit so, und ganz besonders heute finden wir viele Menschen mit nicht-westlicher Weltanschauung in Amerika. Die amerikanischen Indianer waren beispielsweise von jeher ein Teil der amerikanischen Bevölkerung, und ihre Weltanschauung unterscheidet sich sehr stark von der des durchschnittlichen weißen Amerikaners. In der Vergangenheit erlebte Amerika viele Einwanderungen aus europäischen Ländern, wo ganz ähnliche Weltanschauungen gültig sind. Das ist jedoch heute anders. Eine große Anzahl von Einwanderern kommt heute aus China, Indien, Mexiko, der arabischen Welt, von den Philippinen, aus Jamaika, Samoa, Korea, Nigeria und vielen anderen Gegenden der Welt, wobei diese Zuwanderer ganz unterschiedliche Weltanschauungen mitbringen. Und darüberhinaus scheint das vergessene Zwischenstück der Weltanschauung der weißen Amerikaner immer wieder neu entdeckt zu werden.

Die Zeitschrift '*Time* magazine' (7. Dez. 1987) widmete eine ganze Ausgabe der New-Age-Bewegung, die ihre Wurzeln in einer nichtwestlichen Weltanschauung hat. Das Anwachsen des Spiritismus, des Hexentums und der Satansanbetung, des Okkultismus, der Horoskope und der Boom der östlichen Religionen ist eine bedeutsame neue Tatsache in unserem Alltag und findet vor unserer Haustür statt.

In Europa, wo eine ganze Generation mitten in eine Welt hineingeboren wurde, in der man sich gegenseitig mit atomaren Waffen bedroht, beginnt der Glaube nachzulassen, daß die Wissenschaftler die Antworten auf die Probleme der Menschheit haben. Ein baptistischer Pastor aus Rumänien sagte: "Der Glaube an den Kommunismus ist nicht unser Problem. Kein Mensch glaubt heutzutage mehr an den Kommunismus. Unsere heutigen Probleme sind Zauberei, östliche Religionen, Mystizismus und der Okkultismus." Ein Mitarbeiter von Campus für Christus aus Deutschland berichtet, wie junge Menschen scharenweise damit beginnen, sich mit der New-Age-Bewegung, der Astrologie, der Parapsychologie und dem Okkultismus zu beschäftigen. Jack MacDonald, Mitarbeiter von TEAM, berichtet, daß "die Zahl der Menschen, die in Frankreich durch Zauberei heilen, größer ist als die Anzahl der Ärzte, und daß es umgerechnet auf 120 Franzosen etwa 1 spiritistisches Medium gibt."[24] Diese neuen geschichtlichen Entwicklungen deuten darauf hin, daß übernatürlich beglaubigte Evangelisation sowohl in westlichen Nationen als auch in der Dritten Welt sehr angemessen ist.

Wenn man Menschen erreichen möchte, die in engem Kontakt zur Geisterwelt stehen, ist ein Evangelisationsstil, der mit einem Zusammenprall der Mächte rechnet, in der Regel eine wirkungsvollere

Kommunikation des Evangeliums, als wenn man dies auf andere Weise versucht. In manchen Gesellschaften sind die entscheidenden Themen Moral und Schuld, in anderen sind es Furcht und Macht. Der Missionswissenschaftler Alan Tippett, einer der ersten Vertreter eines Evangelisationskonzeptes, das einen Zusammenprall der Mächte miteinschließt, meint, das erfahrbare Aufeinanderprallen zweier geistlicher Welten könne für eine Einzelperson, eine Familie oder sogar für einen ganzen Stamm über die Aufnahme oder Ablehnung des Evangeliums entscheidend sein. Tippett macht darauf aufmerksam, daß für viele ein solches Aufeinanderprallen zweier Mächte "das Aneinandergeraten des alten mit dem neuen Gott bedeutet." Es erfordert eine große Portion Mut, bei einem solchen Ereignis dabeizusein, denn "die Menschen haben die übernatürlichen Mächte, auf die sie sich einst verließen, verstossen und provozieren diese Kräfte nun sogar, ihnen Schaden zuzufügen."[25]

Wenn ich von einem Zusammenprall der Mächte spreche, dann meine ich eine sichtbare, praktisch erlebbare Demonstration der Tatsache, daß Jesus Christus mächtiger als die Geister, Mächte und falschen Götter ist, die von den Angehörigen eines bestimmten Volksstammes gefürchtet oder angebetet wurden. In einem gewissen Sinne ist jede Bekehrung ein Aufeinanderprallen zweier Welten, weil ein Mensch aus der Macht der Finsternis befreit worden ist und in das Reich des Lichtes versetzt wurde (Kol. 1, 13). Wir sprechen hier jedoch mehr von einer öffentlichen, sichtbaren Herausforderung, wobei sich Gott und Satan gegenüberstehen.

Ein gutes Beispiel für das, wovon ich spreche, erzählte Timothy Warner, der an der 'Trinity Evangelical Divinity School' unterrichtet. Einige Bewohner eines kleinen muslimischen Fischerdorfes in den Philippinen forderten einen einheimischen Christen direkt zu einer solchen Konfrontation auf. Sie sagten zu ihm: "Wenn du diesen Dämon aus der besessenen Frau austreiben kannst, werden wir glauben und auf der Stelle Jesus Christus nachfolgen." Sie verabredeten einen Termin, der Dämon wurde ausgetrieben, die Frau wurde geheilt, und das gesamte Dorf bekehrte sich zu Christus."[26]

Edward Murphy, von dem ich schon zuvor gesprochen habe, unternimmt im Rahmen seiner Arbeit als Leiter von 'Overseas Crusade' ausgedehnte Reisen, die ihn überallhin führen. In Indien arbeitet er gelegentlich mit einem Evangelisten namens Patro zusammen, der ein feuriger Verfechter der Konfrontationsevangelisation ist. Murphy erzählt, wie Petro und sein Team in der Regel vorgehen. Sie gehen in ein verschlossenes hinduistisches Dorf, rufen den Dorfpriester zu sich und sagen mit lauter Stimme: 'Der Gott Jesus Christus ist der einzige wahre und lebendige Gott - ein Gott, der Macht besitzt. Bringt uns diejenige Person in eurem Dorf, die am schwersten krank ist.' Wenn das geschieht, betet Patro öffentlich für die Heilung dieses Menschen, und wenn die Person gesund wird, öffnen sich die Herzen sehr rasch für das Evangelium. Manchmal werden besessene Menschen zu ihnen gebracht, oft gefesselt oder in einen Käfig gesperrt, die dann von der dämonischen Bindung befreit werden.

Die erste Frage, die Menschen überall auf der Welt, auch im heutigen Amerika, stellen, ist die: Hat euer Gott mehr Macht als unserer? Timothy Warner stellt uns die unbequeme Frage: "Sind wir bereit, im Rahmen einer solchen geistlichen Konfrontation Menschen direkt gegenüberzutreten, die nachweislich über eine ganze Anzahl von Erfahrungen im Umgang mit der Geisterwelt verfügen?"[27]Es ist nicht schwer zu verstehen, daß viele Christen solchen Erfahrungen aus dem Wege gehen, weil damit in ganz eindeutiger Weise Kampfführung verbunden ist. Warner gibt zu, daß er das lange Jahre ebenso getan hatte, jetzt jedoch sein Verhalten geändert hat. Er sagt, daß wir, "wenn wir eine solche geistliche Konfrontation zu vermeiden suchen, die biblischen Verheißungen in unserem Leben leugnen, einen Dienst an Menschen, die verzweifelt die Kraft bräuchten, die ihnen durch den Sieg von Jesus Christus zugänglich wäre, verschenken und Satan die Genugtuung verschaffen, Gott um seinen rechtmäßigen Ruhm betrogen zu sehen."[28]

Eine meiner Studentinnen, Lisa Tunstall, ist gerade dabei, mit ihrem Ehemann John zusammen eine neue Gemeinde in Inglewood, Kalifornien, zu gründen. Eines Tages kam sie zu spät zum Unterricht. Ihr Mann hatte um 01:30 Uhr morgens einen dringenden Telefonanruf von einer Frau in ihrer Gemeinde erhalten. Die Frau war völlig aufgelöst, und er konnte im Hintergrund merkwürdige Stimmen wahrnehmen. Als er bei ihr zuhause ankam, saß die Frau ganz schlaff auf einem Stuhl und starrte ihn an. Eine männliche Stimme, die aus ihrem Mund kam, fragte ihn: "Bist du der Mann Gottes? Ich habe auf dich gewartet. Zeige mir deine Macht!"

John Tunstall ist ein Pastor, der mit den 'Disciples of Christ' zusammenarbeitet, einer Denomination, die übernatürlich beglaubigte Evangelisation nicht betont. Er und seine Frau Lisa jedoch sind ein Teil der Dritten Welle, und so war er sich im klaren, daß er sich mitten in einer geistlichen Konfrontation befand. Er fuhr den Dämon an: "Zeige doch du mir deine Macht!" Auf der Stelle zerplatzte eine Vase, die auf einem Regal gestanden hatte, mit lautem Knall.

Aber John war gefaßt. Er sagte: "Meine Vollmacht liegt im Blut des Herrn Jesus Christus. Im Namen von Jesus befehle ich dir, diese Frau zu verlassen." Der Dämon geriet in Schwierigkeiten. Die Frau glitt auf den Boden, wo sie sich wie eine Schlange zu winden begann. Aber die Kraft von Jesus war stärker, der Dämon mußte die Frau verlassen, und sie wurde vollständig wieder hergestellt. Kein Wunder, daß zu der Gemeinde, die das Ehepaar Tunstall gegründet hat, heute schon beinahe 500 Mitglieder gehören. John und Lisa wissen, was es heißt, in Vollmacht zu dienen.

Anmerkungen

1. Benjamin B. Warfield, *Miracles: Yesterday and Today, Real and Counterfeit* (Grand Rapids, MI: Wm. B. Eerdmans Pub. Co., 1954), S. 23. 24. Die erste Auflage erschien 1918.
2. Michael Green, *Evangelisation zur Zeit der ersten Christen* (Neuhausen: Hänssler-Verlag, 1977), S. 217. 218.
3. Derek Tidball, *The Social Context of the New Testament* (Grand Rapids, MI: Zondervan Publishing House, 1984), S. 74 - 75.
4. Ramsay MacMullen, *Christianizing the Roman Empire* (New Haven, CT: Yale University Press, 1984), S. 27.
5. Ebd., S. 4.
6. Charles Henry Robinson, *The Conversion of Europe*, (London: Longmans, Green and Co., 1917), S. 38. 39.
7. siehe Willem J. Kooiman, *By Faith Alone: The Life of Martin Luther* (London: Lutterworth Press, 1954), S. 192.
8. Siehe Morton T. Kelsey, *Healing and Christianity* (New York: Harper and Row, 1973), S. 235.
9. Siehe Rex Gardner, *Healing Miracles* (London: Darton, Longman and Todd, 1986), S. 82 - 85. Der Bericht ist aus: "The History of Mr. John Welsh", verfaßt von James Kirkton, in *Selected Biographies*, W.K. Tweedie, Hrsg. (Edinburgh: Woodrow Society, 1845), Bd. 1, S. 35ff.
10. William Booth, *The General's Letters 1885* (London: Salvationist Publishing and Supplies, 1886), S. 82.83.
11. Siehe Karl A. Olsson, *By One Spirit* (Chicago: Covenant Press, 1962), S. 60-68.
12. Kelsey, *Healing and Christianity*.
13. J. Sidlow Baxter, *Divine Healing of the Body*, (Grand Rapids, MI: Zondervan Publishing House, 1979).
14. John Wimber und Kevin Springer, *Vollmächtige Evangelisation* (Hochheim, Projektion J, 1986).
15. Gardner, *Healing Miracles*.
16. John Gunstone, *Healing Power* (Ann Arbor, MI: Servant Books, 1987).
17. Lewis B. Smedes, "On Reverence for Life and Discernment of Reality", *The Reformed Journal*, Juli 1987, S. 18.

18. Charles H. Kraft, "Worldview and Bible Translation", *Notes on Anthropology*, Summer Institute of Linguistics, Juni/September 1986, S. 47.
19. Colin Brown, *That You May Believe* (Grand Rapids, MI: Wm. B. Eerdmans, 1985), S. 33.
20. Rex Gardner, "Miracles of Healing in Anglo-Celtic Northumbria as Recorded by the Venerable Bede and His Contemporaries: A Reappraisal in the Light of Twentieth Century Experience", *British Medical Journal*, Vol. 287, 1983, Sonderdruck, S. 6.
21. Paul G. Hiebert, "The Flaw of the Excluded Middle", *Missiology: An International Review*, Vol. X, Nr. 1, Jan. 1982, S. 35.
22. Paul Brand mit Philip Yancey, "A Surgeon's View of Divine Healing", *Christianity Today*, 25. Nov. 1983, S. 15.
23. Paul G. Hiebert, "A Conflict of World Views", *Together*, Juli/Sept. 1984, S. 23.
24. Jack MacDonald, "Stance", *TEAM Horizons*, Nov./Dez. 1982, S. 15.
25. Alan Tippett, *Introduction to Missiology* (Pasadena, CA: William Carey Library, 1987), S. 83.
26. Timothy M. Warner, "Encounter with Demon Power", *Trinity World Forum*, Winter 1981, S. 4.
27. Ebd.
28. Timothy M. Warner, "Power Encounter in Evangelism", *Trinity World Forum*, Winter 1985, S. 2.

Sieben

Glauben an die Werke Jesu

Das Thema, mit dem wir uns im letzten Kapitel beschäftigt haben, ist, wie Gottes Vollmacht anderen Menschen anvertraut wurde. Wenn es wirklich stimmt, daß Jesus seine Vollmacht an seine Jünger weitergegeben hat, und diese sie wiederum der nachfolgenden Generation vermittelt haben, dann sollte diese Vollmacht heute noch zu sehen sein. Ob wir diese von Gott geschenkte Vollmacht heute allerdings sehen oder übersehen, hängt, wie ich schon unterstrichen habe, sehr von unserer Weltanschauung ab.

Glauben heißt sehen. Von den Skeptikern seiner Tage sagte Jesus, daß sie noch nicht einmal dann glauben würden, wenn jemand von den Toten auferstehen würde (siehe Lukas 16, 31). Sie hatten keinen Blick für solche Ereignisse, weil sie sie nicht für möglich hielten.

Ich denke, es ist besser, wenn wir glauben. Wir wollen daran glauben, daß Jesus seine Verheißung einlösen kann: "Die Werke, die ich getan habe, wird er ebenfalls tun" (Joh. 14, 12). Ohne überhaupt daran zu glauben, daß es möglich ist, wird es schwierig, wenn nicht sogar unmöglich sein, wirkungsvoll in Ihrer Gemeinde für Kranke zu beten. Wir wollen also an unserer Weltanschauung arbeiten und unsere Sicht der Wirklichkeit mehr der Wirklichkeit anpassen, wie Gott sie sieht, und wie wir sie in der Bibel beschrieben finden. Ich bin mir darüber im klaren, daß Jesus auch sagte: "Er wird größere Werke als diese tun" (Vers 12). Viele Christen stolpern heute über diese Aussage. Colin Brown beispielsweise ist einer von vielen, die sagen, daß wir keine biblischen Anhaltspunkte dafür haben, daß "diese Textstelle als Verheißung ausgelegt werden könne, größere Wunder als Jesus zu tun." Er meint, Jesus habe damit sagen wollen, daß seine Nachfolgerschaft sich geographisch ausbreiten würde und Überführung von Sünde und Vergebung, Gericht, Errettung und ewiges Leben miterleben würde.[1]

Ich möchte etwas empfehlen. Um eventuelle Meinungsverschiedenheiten zu vermeiden, die uns davon abhalten würden, unserer eigentlichen Aufgabe nachzukommen, wollen wir doch für einige Zeit einmal unsere Auffassung über die "größeren Werke" beiseite legen. Wir wollen uns einmal etwas näher damit befassen, was es zu bedeuten hat, dieselben Taten wie Jesus zu tun oder annähernd Vergleichbares zu tun, so weit es in unserer Macht liegt. Ich habe schon darauf hingewiesen, daß wir darum, weil Jesu eine einzigartige Beziehung zum Vater pflegte, nicht erwarten sollten, seinen Dienst kopieren zu können, weder im Hinblick auf Qualität noch auf Quantität.

Wenn wir schon nicht glauben können, daß wir befähigt sind, größere Dinge als Jesus zu tun, können wir dann wenigstens glauben, daß wir dieselben Dinge tun können? Ich hoffe es. Wenn wir nämlich daran glauben, dann werden wir bei einem Blick in die heutige Welt feststellen, daß genau dieselben Dinge heute geschehen, die schon damals das Volk in Israel begeistert hatten, als Jesus unter ihnen wirkte. Wir werden Menschen finden, die über die Herrlichkeit Gottes außerordentlich erstaunt sind (siehe Lukas 9, 43). Am Anfang fällt es uns vielleicht schwer zu glauben, aber je mehr wir mit eigenen Augen sehen, desto mehr beginnen wir zu glauben, und je mehr wir glauben, umso mehr werden wir sehen.

Zeichen und Wunder heute

Das Wirken des Vaters ist so vielfältig, daß es schwerfällt, Kategorien dafür zu finden. Ich möchte versuchen, sieben Bereiche zu beschreiben, in denen heute Zeichen und Wunder geschehen und die uns helfen sollen, unseren Glauben zu stärken. Einer der ersten Schritte in Richtung auf einen Dienst der Krankenheilung in der eigenen Gemeinde ist es, etwas von dem zu tun, was Gott in wunderbarer Weise an anderen Orten tut. Als Beispiele habe ich das unerlernte Sprechen einer Fremdsprache, Naturwunder, das Plombieren von Zähnen, Beförderung durch den Geist Gottes, das Vermehren von Nahrung, die Erschaffung neuer Organe und das Auferwecken von Toten gewählt.

Ungelernte Sprachen

Diejenigen, die über die Bedeutung der "größeren Werke" unterschiedlicher Meinung sind, weisen häufig darauf hin, daß die Jünger Jesu niemals etwas Größeres taten als Jesus selbst. Das mag stimmen, aber es hängt davon ab, was wir unter *größeren* Werken verstehen. Ich denke, daß es einiges zu bedeuten hat, daß die Jünger, nachdem Jesus sie verlassen hatte, etwas Übernatürliches taten, was Jesus unseres Wissens niemals getan hat. Sie predigten das Evangelium in wenigstens 15 Sprachen, die sie niemals erlernt hatten. Das Ergebnis? Das Volk, das ihnen am ersten Tag von Pfingsten in Jerusalem zuhörte, "war erstaunt und wunderte sich." Sie fragten sich: "Wie hören wir denn ein jeglicher seine Sprache, in der wir aufgewachsen sind?" (Apg. 2, 7. 8).

Das war das erste, aber nicht das letzte Mal, daß so etwas geschah. In dem Buch *The Lives of the Fathers, Martyrs, and Other Saints* von Alban Butler lesen wir, wie der Dominikaner Vincent Ferrer Anfang des 15. Jahrhunderts von Griechen, Germanen, Sarden, Ungarn und anderen einwandfrei verstanden wurde, wenn er zu ihnen predigte, obwohl er niemals eine andere Sprache außer seiner Muttersprache Valenzianisch gelernt hatte und einige Brocken Latein und Hebräisch konnte.[2]

Es ist sicher schwierig, dieses Phänomen nachzuprüfen. In einem anderen Fall ist das jedoch schon eher möglich. Im Jahre 1985 hatte ich das Vorrecht, ein bemerkenswertes Missionsehepaar kennenzulernen, James und Jaime Thomas. Bald nach ihrer Hochzeit vor einigen Jahren gingen sie zusammen mit 'Maranatha Ministries' nach Argentinien. Sowohl James als auch Jaime, die im US-Bundesstaat Kentucky aufgewachsen waren, hatten niemals Spanisch sprechen gelernt. James hatte zwar einmal während seiner Schulzeit einen Spanischkurs belegt, aber er hatte damit soviel Mühe, daß er aus dem Kurs ausstieg, um nicht seinen Notendurchschnitt zu stark zu verschlechtern.

Als sie in der argentinischen Stadt Cordoba ankamen, begannen sie damit, in der Nähe der Universität eine Gemeinde zu gründen, indem sie sich durch Dolmetscher verständigten. Gott segnete ihren Dienst, und eine kleine Gemeinde war entstanden. Eines Tages hatte James Ben Soto, einen puertoricanischen Evangelisten aus der Pfingstbewegung, eingeladen, um in einem Sonntagabendgottesdienst zu predigen. Etwa 150 Menschen waren gekommen. Soto, ein feuriger Prediger, war bereits mitten in seiner evangelistischen Ansprache, die er in Spanisch hielt, als er plötzlich verstummte. Die plötzliche Ruhe überraschte die Anwesenden. Sie dachten, daß mit dem Prediger etwas nicht stimme.

Aber Soto fehlte nichts. Nach einigen Momenten sagte er in Englisch: “James und Jaime, Gott hat mir soeben gesagt, daß er euch gerne die Fähigkeit schenken möchte, in Spanisch zu sprechen.” Er forderte sie auf, zu ihm nach vorne zu kommen, legte ihnen die Hände auf und pries Gott über dem Werk, das er tun wollte. Dann sagte er: “James, jetzt bist du dran,” und setzte sich hin. James war völlig verblüfft und verwirrt. Er hatte nichts Besonderes gefühlt, als Ben Soto für ihn gebetet hatte. Ganz automatisch rief er seinen Übersetzer, zu ihm zu kommen. Doch Soto bestand darauf, daß er es allein versuchen sollte. In Spanisch.

Zögernd griff James nach der Liste mit den Abkündigungen, die er auf Englisch aufgeschrieben hatte. Langsam begann er: “En . . . esta . . . semana . . . vamos . . . a . . . ” und begann plötzlich, flüssig in Spanisch fortzufahren, und zwar mit einem argentinischen Akzent. Von diesem Zeitpunkt an konnte er Spanisch wie ein Einheimischer sprechen und war fähig, grammatikalisch korrekt, mit einwandfreier Rechtschreibung und sogar Aktentsetzung, in Spanisch zu schreiben. Und nicht nur das. Als Gott sie vor kurzem nach Guatemala rief, entdeckte James, daß er seither begonnen hat, mit einem für Guatemala typischen spanischen Akzent zu sprechen. Ich selber spreche fließend Spanisch. Eines Tages hat James mir vorgeführt, wie er auch die Dialekte von Honduras, Venezuela und Mexiko beherrscht. Das wäre etwa so, wie wenn ich je nach Wunsch die voneinander völlig verschiedenen englischen Akzente sprechen könnte, wie man sie in Kalifornien, Kentucky, New England, Australien und Irland kennt.

Bevor Ben Soto in ihre Gemeinde kam, konnte Jaime noch weniger Spanisch als ihr Mann. Sie erzählte mir, daß sie so sehr Angst davor hatte, sich nicht verständigen zu können, wenn jemand auf sie zukam, daß sie nicht einmal die Tür öffnete, wenn jemand sie besuchen wollte. Nach dem Gebet von Soto kamen einige Frauen auf sie zu und begannen, ihr Fragen auf Spanisch zu stellen, und sie stellte fest, daß sie diese Fragen mühelos und flüssig beantworten konnte. Aus irgendeinem Grunde war sie von Gott nicht damit bedacht worden, einen einheimischen Akzent zu sprechen, aber sie kann sich gut verständigen, wenn auch mit einem amerikanischen Einschlag.

Ich stehe mit Stella Bosworth in Briefkontakt. Seit über 30 Jahren ist sie Missionarin in Afrika. Ihre Mutter, Ethel Raath, die eine gebürtige Südafrikanerin war, verstand einige Worte des Zuludialekts, aber das war auch alles. 1935 wurde sie, zusammen mit ihrem Mann, beauftragt, in der Transkei, einem Zulugebiet, für die Regierung zu arbeiten. Als sie dort ankamen, wurden sie von einigen Zuluchristen gebeten, für sie Gottesdienste abzuhalten. Frau Raath hatte den Eindruck, daß Gott wollte, daß sie in Zulu sprechen und beten konnte. Sie entschloß sich, Gott darum zu bitten, ihr die Fähigkeit zu schenken, Zulu zu sprechen. Sie rief die Zuluchristen zusammen, kniete nieder, hielt die in Zulu geschriebene Bibel über ihren Kopf, und die um sie stehenden Christen beteten für sie, daß sie von nun an Zulu sprechen können möge. Von dem Moment an, als sie von ihren Knien aufstand, konnte sie flüssig Zulu sprechen, lesen und schreiben. Sie wurde zum wichtigsten Übersetzer für ihren Mann. Ähnlich wie bei James Thomas hatte Gott sie befähigt, die Zulusprache perfekt auszusprechen, so daß sie von den Einheimischen "die weiße Zulufrau" genannt wird.

Ein weiterer Mann, mit dem ich in Briefkontakt stehe, ist Norman Bonner, der vor seiner Pensionierung als methodistischer Missionar zunächst in Haiti und später ebenfalls unter den Zulus gearbeitet hat. Als er in Haiti als junger Missionar ankam, begann er damit, Französisch zu lernen und verschob absichtlich das Erlernen von Kreolisch, der einheimischen Sprache, auf später. Eines Tages jedoch befand er sich in einer Situation, in der er den Eindruck hatte, er sollte in Kreolisch predigen. Und so bat er Gott ganz spezifisch darum, ihn dazu zu befähigen, diese Sprache zu sprechen. Von diesem Moment an konnte er fließend in Kreolisch predigen und diente als Übersetzer für Evangelisten, die als Gastredner eingeladen wurden. Ein Evangelist sagte zu ihm: "Ich würde 10.000 Dollar dafür hergeben, wenn ich so gut Kreolisch sprechen könnte wie Sie."

Jon und Cher Cadd, die für die 'Mission Aviation Fellowship' in Zimbabwe Pilotendienst tun, berichten, wie ein einheimischer Übersetzer die Fähigkeit erhielt, die Vidoma-Sprache zu sprechen. Bruce Olson beschreibt in seinem Buch "Ich schwörs bei diesem Kreuz - ich töte euch!", wie Evangelisten des einheimischen Motilone-Stammes plötzlich in Yuko sprechen konnten, einer völlig andersartigen, eigenständigen Sprache.[3]

Ich bin nicht darüber informiert, ob in beiden Fällen diese Sprachbegabung bis heute angehalten hat.

Berichte wie diese zeigen uns die Allmacht Gottes, sie sollten uns aber nicht zu vorschnellen Haltungen verleiten. Manchmal wirkt Gott in dieser Weise, aber ich schätze, daß heute und auch in Zukunft etwa 99,9 Prozent aller Missionare genauso eine Fremdsprache lernen müssen, wie meine Frau und ich Spanisch gelernt haben - auf dem altmodischen Weg des Sprachstudiums. Trotzdem dürfen wir für Überraschungen offen sein und sie mit dankbarem Herzen annehmen.

Naturwunder

Jesus hat, soweit wir das wissen, niemals in einer Sprache gesprochen die er nicht gelernt hat. Aber über eines der Dinge, die er tat, sind wir unterrichtet: Er stillte den Sturm. Zu diesem Zeitpunkt gab ihm der Vater Vollmacht über die Natur. Uns wird nichts darüber gesagt, wieviele weitere Male er Stürme gestillt hat. Ich glaube, wir können durchaus annehmen, daß Jesus während seines Lebens viele Stürme erlebt hat, die er ertragen mußte, genau wie alle anderen Menschen, weil es der Vater vorzog, diese Stürme nicht zu stillen. Der Apostel Paulus stillte nicht den Sturm, der zu dem Schiffsunglück führte. Es war sogar so, daß Gott ihm mitgeteilt hatte, daß der Sturm zum Untergang des Schiffes führen würde, daß dabei aber keiner sterben würde (siehe Apg. 27, 9 - 44). Manchmal läßt Gott die Naturereignisse uneingeschränkt zu, manchmal jedoch greift er auf wunderbare Weise ein.

Gibt es das eigentlich heute noch, daß Christen die Vollmacht, die Jesus erhalten hatte, dazu gebrauchen, um über die Natur zu bestimmen? Manchmal geschieht das. Ich möchte ein Beispiel erzählen. Es gibt in Amerika eine evangelistische Organisation, die 'Christian Surfing Association', die es sich zum Ziel gemacht hat, den Surfboard-Sportlern im Süden Kaliforniens ein Zeugnis für Jesus zu sein. Meistens tun sie das, indem sie Surf-Wettbewerbe organisieren. Vor kurzem wollten sie in Stone Steps, in der Nähe von San Diego, einen solchen Wettbewerb organisieren. Seit Monaten jedoch hatte es an diesem Küstenstrich kein geeignetes Wetter gegeben, so daß Surfen nicht möglich war. Als der Wettbewerbstag immer näher kam, waren die Aussichten trübe. Mark Curtis, der Leiter der Organisation, traf sich daher am Vorabend mit seinem Team, und sie baten Gott, ihnen doch ein angemessenes Surfwetter zu schenken. Am nächsten Tag erlebten sie, wie die Wellen so ausgezeichnet zum Surfen waren, daß dieser Tag fast alle Rekorde des Jahres brach. Einer der Lebensretter, mit dem sie über Christus sprachen, sagte zu ihnen: “Ihr müßt tatsächlich gute Verbindungen nach oben haben, denn seit mehr als einem Jahr war dieser Ort nicht zum Surfen zu gebrauchen.”[4]

Im Jahr 1985 war der Vulkan Nevado de Ruiz in Kolumbien ausgebrochen und hatte die Stadt Armero buchstäblich ausgelöscht. Von 25.000 Menschen, die zuvor dort gewohnt hatten, galten nicht weniger als 22.000 als tot oder vermißt. Die ‘Church of God’ (Cleveland, Tennessee) berichtete jedoch, daß keines ihrer dortigen Gemeindehäuser beschädigt wurde und keiner der Christen umgekommen war. In einer Kirche der ‘Assemblies of God’ befanden sich zur Zeit des Ausbruchs nur die Frau des Pastors und ihr Baby, direkt vor der Lava, die gerade die ganze Stadt unter sich begrub. Kurz vor der Kirche jedoch teilte sich der Lavastrom, floß um die Kirche herum und kam dahinter wieder zusammen, gerade so, als ob eine übernatürliche Macht diese zwei Menschen beschützen würde.

In Kalimantan (Indonesien) litten die Bewohner unter einer vier Monate andauernden Dürreperiode. Überall entstanden Buschfeuer, die nicht unter Kontrolle zu bekommen waren. Der Missionar Fred Voightmann berichtet, daß eine christliche Schule sich direkt an dem Ort befand, wohin sich ein solcher Flächenbrand auszubreiten drohte. Die Flammen, die immer näher kamen, schlugen höher als der Schulkomplex selbst. Alle Gebäude waren aus leicht brennbarem Material gebaut, teils aus Holz, teils aus Stroh. Die Lehrer und 47 Kinder, alle im Alter zwischen 10 und 14 Jahren, versammelten sich auf dem Schulhof, stellten sich im Kreis auf, faßten sich an den Händen und baten Gott um Bewahrung. Das Feuer wälzte sich bis auf wenige Meter an die Gebäude heran, übersprang das gesamte Schulareal und verwüstete mehrere Hektar Land auf der anderen Seite.

Als der Evangelist Pat Robinson sich für die amerikanische Präsidentschaft bewarb, wurde er gelegentlich dafür kritisiert, daß er gesagt hatte, er habe durch sein Gebet dazu beigetragen, daß im Jahre 1985 der Hurrikan ‘Gloria’ seine Zentrale in Virginia Beach im US-Bundesstaat Virginia nicht zerstört hatte. Manche lachten ihn deshalb sogar aus. Dieser Bericht erweckte meine besondere Aufmerksamkeit, weil ich vor etwa einem Jahr eine ganz ähnliche Gebetserfahrung gemacht hatte.

Im September 1984 befand ich mich bei einer Zusammenkunft des Lausanner Komitees für Weltevangelisation in Stuttgart/Deutschland, als ich über den englischsprachigen Nachrichtendienst der amerikanischen Rundfunkstation AFN (American Forces Network) davon hörte, daß der Hurrikan 'Diana', der schwerste bislang in der Jahreszeit, sich der amerikanischen Küste im Bundesstaat North Carolina näherte, und daß man davon ausging, daß er sich schnell mit unerhörter Zerstörungskraft auf das Festland zubewegte. Man konnte bereits voraussehen, welches Gebiet der Sturm zerstören würde. Leighton Ford, der Vorsitzende des Lausanner Komitees, wohnte genau in diesem Gebiet. Er und seine Frau Jean, die ihn begleitete, gaben ihrer Besorgnis Ausdruck, alles, was sie besaßen, zu verlieren.

Ich kann mich noch entsinnen, wie wir davon unterrichtet wurden, daß man erwartete, daß 'Diana' etwa um 10.30 vormittags Stuttgarter Zeit die Küste bei Cape Fear im Bundesstaat North Carolina erreichen sollte. Die gesamte Versammlung hatte sich gerade unter dem Vorsitz von Kirsti Mosvold aus Norwegen zusammengefunden. Sie unterbrach die Sitzung, teilte uns die Nachricht über den Sturm mit und schlug vor, uns einige Minuten Zeit zu nehmen, um zu beten. "Peter Wagner", sagte sie, "würden Sie uns im Gebet leiten?"

Ganz langsam stand ich auf. Auf so etwas war ich nicht vorbereitet. In sehr allgemein gehaltenen Worten begann ich mein Gebet. Sehr bald jedoch wurde mir deutlich die Gegenwart des Heiligen Geistes bewußt, und ich verspürte seine besondere Bevollmächtigung. Ich hatte den Eindruck, daß Gott wollte, daß ich den Sturm stillen soll. Wie ein Blitz durchfuhr es mich, welches Risiko ich dabei einging. In diesem Raum waren mehr als 100 der führenden Leiter der evangelikalen Christenheit aus aller Welt zusammen. Nicht weniger als fünf oder sechs Bischöfe befanden sich unter ihnen. Sie hörten mir aufmerksam zu. Was würde passieren, wenn ich beten würde, der Sturm solle aufhören, und es würde nichts geschehen? Möglicherweise war es gar nicht Gott, der mir zu diesem Schritt riet.

Trotzdem wagte ich es. Ich hörte mich mit lauter Stimme und in ungewohnter Autorität beten. Ich erwähnte die Vollmacht, die im Leben von Jesus sichtbar wurde, als er den Sturm auf dem See Genezareth stillte. Ich sprach davon, daß, wenn so etwas Jesus damals möglich war, es auch für uns heute möglich ist. Ich wandte mich direkt an den Hurrikan 'Diana', und im Bewußtsein meiner Stellung in Jesus befahl ich dem Sturm, im Namen Jesu zur Ruhe zu kommen. Ich bat den Herrn, das Gelände von Leighton Ford vor jedem Schaden zu bewahren. Dann setzte ich mich wieder, und die Versammlung nahm ihren Lauf.

Gleich nach dem Mittagessen schaltete ich mein Radio um 13.00 Uhr ein und hörte die Nachrichten des AFN-Senders. Die Schlagzeile lautete, daß der Hurrikan 'Diana' ganz plötzlich kurz vor der Küste angehalten hatte. In einem darauffolgenden Interview mit Robert C. Sheets vom National Hurrikane Center in Miami/Florida hörte ich, wie zur Zeit unseres Gebets der Hurrikan Stärke 3 erreicht hatte, dann jedoch eine plötzliche Veränderung eintrat und der Hurrikan, nun mit der geringen Stärke 1, das Festland erreichte. Das Gelände von Leighton Ford war in keiner Weise beschädigt worden.

Gerne gebe ich zu, daß die dramatischen Veränderungen der Situation im Hinblick auf das Surfwetter, den Vulkan, das Feuer oder den Hurrikan als rätselhafte Launen der Natur erklärt werden könnten. Für jemand, dessen Glaubenshorizont groß genug war, konnte es sich hier durchaus auch um Auswirkungen von vollmächtigem Gebet (nicht nur von mir, sondern zweifellos von vielen anderen mit mir) und um das direkte Eingreifen Gottes handeln. Ich für meinen Fall ziehe es vor, letzteres zu glauben.

Plombierte Zähne

In Kapitel drei habe ich von dem außergewöhnlichen Wachstum der Gemeinden in Argentinien erzählt, wobei übernatürlich beglaubigte Evangelisation eine Schlüsselrolle spielt. Ich habe erwähnt, daß dort Vorkommnisse bekannt wurden, bei denen Zähne auf wunderbare Weise plombiert wurden. Ich muß gestehen, daß ich ziemlich skeptisch war, als man mir das erste Mal davon erzählte. Aus irgend einem merkwürdigen Grund war mir wohler, daran zu denken wie Gott Krebskranke heilt, als mir vorzustellen wie Zähne plombiert werden. Ich hörte Berichte, wie Zähne mit Goldfüllungen, Silberfüllungen und auch weißem Material plombiert wurden. Manche Menschen spuckten ihre alten Füllungen aus, während bei anderen die Zähne einfach von Grund auf erneuert würden. Berichte erreichten mich, wie Brücken aus dem Gebiß gefallen seien und durch neue Zähne ersetzt worden seien, sowie, daß neue Zähne nachwachsen würden, wo zuvor Zähne gezogen worden waren.

Ich wußte nicht, ob Gott so etwas auch an anderen Orten der Welt außer in Argentinien tun würde, bis mir zwei andere Fälle dieses Phänomens bekannt wurden. Als die beiden Menschen, die davon erzählten, zugaben, daß auch sie durchaus skeptisch waren, fühlte ich mich ein wenig erleichtert.

In seinem klassischen Buch *Die Kraft zu heilen* sparte sich Francis MacNutt einen Bericht für den Anhang auf, weil er sich vorstellen konnte, daß er von dem durchschnittlichen Leser zuviel verlangte, und er wollte keinen Leser verlieren, bevor dieser nicht sein Buch bis zum Ende gelesen hatte. Er nennt diesen Bericht "Die Geschichte der drei Indianer" und gibt seinen Lesern damit die Chance, einmal ihre Leichtgläubigkeit zu testen. Um es kurz zu machen: Der Sohn von Lucy Keeble, einer Sioux-Indianerin, beklagte sich über Zahnschmerzen. Er schlug vor, gemeinsam zu einem nahegelegenen Gottesdienst zu gehen, wo für Heilung gebetet werden würde. Er erlebte, wie sieben Zähne neu gefüllt wurden. In einem weiteren Fall berichtet er von einer jungen Sioux-Indianerin namens Nancy. Nancy war weder Christin noch hatte jemals jemand für sie gebetet. Obwohl sie viele Löcher in den Zähnen hatte, hatte sie niemals einen Zahnarzt aufgesucht. Als der Prediger jedoch für sie betete, wurde ihre obere Zahnreihe mit Goldmaterial gefüllt, ihre untere Zahnreihe mit Silbermaterial. Und das alles trug sich nicht in Buenos Aires, sondern in Minneapolis, in den Vereinigten Staaten, zu.[5]

In seinem Buch *Healing Miracles* schreibt der britische Arzt Rex Gardner ein Kapitel, das er "Die merkwürdigen Taten Gottes" nennt. Es geht hierbei hauptsächlich um Berichte von gefüllten Zähnen. In seinen einleitenden Bemerkungen berichtet er, wie einige seiner Freunde, vor denen er großen Respekt hatte, ihm eindringlich dazu rieten, dieses Kapitel wegzulassen. Er ist mit sich selbst unzufrieden, daß er dazu neigte, "verlegen zu reagieren, wenn Gott 'zu weit' ging."[6]

Gardner berichtet die Geschichte, die auch MacNutt erzählt und geht dann auf einige seiner in Chile durchgeführten Forschungen ein. Den Ausschlag dazu gab ein Artikel, den John Pridenore, der soeben Chile besucht hatte, in der Zeitschrift *Crusade* im Jahre 1976 veröffentlichte. Er berichtet darin, daß er nach mehreren Gottesdiensten, bei denen für Heilung gebetet worden war, mit Hilfe seiner Taschenlampe mehreren Personen in den Mund gesehen hatte und dabei feststellen mußte: "Das, was ich hier sehe, ist ein Wunder . . . diese Zähne sind neu gefüllt worden . . . "[7] Gardner ist dem nachgegangen und hat sich längere Zeit ausführlich mit drei Einzelpersonen beschäftigt, die keine "übertrieben leichtgläubigen Zeugen" waren, wie er sich ausdrückte: Bill Maxwell, ein Arzt, seine Frau, die eine ausgebildete Krankenschwester ist, sowie Kath Clark, eine anglikanische Missionarin. Untersuchungen aus erster Hand ergaben bei allen drei Personen, daß Zähne ohne die Zuhilfenahme eines Zahnarztes neu gefüllt worden waren. Sind diese Berichte zuverlässig? Gardner sagt: "Ich habe keinerlei Zweifel daran, daß diese Berichte wahr sind."[8]

Als ich von solchen Dingen wie dem übernatürlichen Plombieren von Zähnen zum ersten Mal hörte, war ich skeptisch. Aber ich muß zugeben, daß sich das geändert hat. Als ich das letzte Mal in Argentinien war, hatte ich, ehrlich gesagt, den geheimen Wunsch, daß auch einige meiner eigenen Zähne ersetzt werden würden. Oberflächlich sind sie zwar in Ordnung, aber bei genauerem Hinsehen sind sie schwer mitgenommen. Und sie sind es immer noch.

Beförderung durch den Geist Gottes

Im Lukasevangelium lesen wir von einer aufgebrachten Menge in Nazareth, die entschlossen war, Jesus von einem Felsen zu stürzen und ihn dadurch umzubringen. Er aber entging dieser Situation, indem er "mitten durch sie hindurchging" (Lukas 4, 30). Es wird uns nichts Näheres darüber gesagt, wie er das gemacht hat, aber es könnte sein, daß Gott die Grenzen der Gesetzmäßigkeit von Raum und Zeit umging und seinen Körper an einen anderen Ort versetzte. Das ist durchaus nicht unmöglich, denn genau das geschah mit Philippus, nachdem er den Kämmerer aus Äthiopien getauft hatte: "Der Geist des Herrn rückte Philippus hinweg, und der Kämmerer sah ihn nicht mehr" (Apg. 8, 39).

Ich muß zugeben, daß ich im Verlauf meiner Nachforschungen auf nicht allzuviele Fälle gestoßen bin, in denen Menschen auf diese Weise reisten. Mir ist ein ziemlich bemerkenswertes Erlebnis eines Ölmagnaten aus dem US-Bundesstaat Oklahoma bekannt. Al Wheeler behauptet, von der Stadt Tulsa nach Uganda transportiert worden zu sein, und wieder zurück. In Uganda hatte er einem alten Zauberdoktor und seiner Familie das Evangelium bezeugt. Dieser Bericht ist von Zeugen bestätigt worden; an seinen Schuhen befand sich schwerer Lehm, den er in einem Labor untersuchen ließ. Eine solche Lehmart kommt nachweislich im großen Umkreis von Tulsa nicht vor, sondern ist typisch für Ostafrika. In den Vereinigten Staaten traf er einige Zeit später den Sohn des Zauberdoktors; sie erkannten sich sofort. Der Afrikaner rief erstaunt, daß er Wheeler in seinem Heimatdorf in Uganda gesehen habe. Ich stehe mit der jetzigen Witwe von Herrn Wheeler, Marilyn, in brieflicher Verbindung. Sie versicherte mir, daß ihr ehemaliger Ehemann ein glaubwürdiger, kaum emotionaler Mensch war, der sich für gewöhnlich in der gehobenen Oberschicht der Geschäftswelt und in Regierungskreisen bewegte. An seiner Glaubwürdigkeit hatte niemals ein Zweifel bestanden.

Ein weitaus bekannteres Beispiel ist ein Ereignis im Leben von David du Plessis, dem früheren 'Mr. Pentecost', nach dem das 'DuPlessis Center for Christian Spirituality' am Fuller Seminary benannt ist. DuPlessis selber sagte, daß dieses Ereignis "so gewaltig und für unsere Vorstellungen völlig fremdartig war", daß er es lange Jahre hindurch vermied, darüber zu sprechen, um nicht falsch verstanden zu werden.[9]

Es war in Südafrika. Er war gerade mit zwei Männern im Gespräch, als Gott ihm mitteilte, er würde im Haus eines Bruders benötigt, der unter dämonischer Anfechtung litt. Er sagte den beiden anderen, daß er zu diesem Haus laufen würde, sie könnten ja nachkommen. Das Haus war etwa 1,5 km weit entfernt. Plötzlich, "in einem Zeitraum von zwei oder drei Sekunden, geschah es." DuPlessis betrat das Haus durch die Tür und hörte, wie sie hinter ihm ins Schloß fiel. "Das ist alles, woran ich mich erinnern kann. Als ich gerade meinen Fuß heben wollte, um zu dem Haus zu laufen, fand ich mich plötzlich an der Eingangstür des Hauses dieses Mannes wieder. Das war der erste Ort, an dem mein Fuß den Boden wieder berührte."[10]

DuPlessis trieb den Dämon aus und kümmerte sich um den Mann. Seine Freunde kamen 20 Minuten später an. Sie waren erstaunt, als sie erfuhren, daß DuPlessis schon seit 20 Minuten an Ort und Stelle war. "In dem Moment begann ich zu begreifen", sagt DuPlessis, "daß ich vom Heiligen Geist befördert worden war."[11]

DuPlessis berichtete noch einen weiteren Fall dieser Art. Ein Mann vom afrikanischen Stamm der Basuto war von Gott auf diese Weise über eine Entfernung von mehr als 22 km von einem Berg auf einen anderen befördert worden. Er wurde dort gebraucht, um ebenfalls einige Dämonen auszutreiben. Danach wurde er wieder auf dieselbe Weise zurückgebracht.[12]

Nahrungsmittelvermehrung

Jesus speiste einmal über 5.000 Menschen mit fünf Broten und zwei Fischen (siehe Matth. 14, 15-21). Ein andermal versorgte er 4.000 Menschen mit sieben Broten und einigen Fischen mit Nahrung (siehe 15, 32-39). Uns sind nicht sehr viele Fälle von Beförderungen durch den Geist Gottes bekannt. Nahrungsvermehrungen auf übernatürliche Art dagegen scheinen recht häufig zu sein.

Rebecca Chao berichtet, daß sie auf ihren Besuchsreisen zu den Hausgemeinden in China häufig davon hört, wie Nahrungsmittel auf übernatürliche Weise vermehrt wurden. Die Einzelheiten sind jeweils unterschiedlich, sagt sie, "aber in jedem einzelnen Fall hat Gott seine Nachfolger nicht hungern lassen."[13] Mein Freund Paul Landrey erlebte eine christliche Versammlung in Indien, in der Bananen vermehrt wurden. Kurt Koch dokumentierte die Vervielfältigung von Fleisch, Reis und Bananen in Indonesien. Er erzählte von einem 15-köpfigen evangelistischen Team, denen 9 Bananen gegeben wurden. Sie nahmen sie mit auf die Reise, und als sie die Bananen unterwegs essen wollten, waren es plötzlich 15 Bananen, für jedes Teammitglied eine.[14]

Die Vermehrung von Nahrungsmitteln kommt nicht nur in unseren Tagen vor. Rex Gardner berichtete von einem Fall im 19. Jahrhundert in Frankreich. Dort war es in einem Waisenhaus geschehen, daß das Mehl vermehrt wurde.[15] Herbert Thurston, S.J., dokumentiert in seinem Buch *The Physical Phenomena of Mysticism* das Vorkommen von Nahrungsmittelvermehrungen. Er kommt zu dem Schluß: "Es wäre eine nie endende Aufgabe, die Namen der Menschen zusammenzutragen, die solche Nahrungsmittelvermehrungen erlebt haben."[16] Die Untersuchungen, die der Heiligsprechung bei vielen 'Heiligen' der römisch-katholischen Kirche vorausgegangen waren, sind oft auf solche Vorkommnisse gestoßen.

In Amerika ist ein Beispiel von Nahrungsmittelvermehrung besonders gut bekannt. Es handelt sich um einen Fall im Rahmen der Arbeit von Richard "Rick" Thomas in El Paso, Texas. Dort kam es ziemlich häufig zur Vermehrung von Nahrungsmitteln, was darüberhinaus von vielen

Menschen miterlebt worden war. Angefangen hatte es an Weihnachten 1972. Während einer Bibelarbeit in einem Jugendzentrum hatte Rick Thomas den Eindruck, der Herr wollte, daß er den Menschen, die bei einer Müllhalde im mexikanischen Juarez wohnten, ein Weihnachtsessen spendieren sollte. Die Gäste sollten die Ärmsten der Armen sein - die Menschen, die bei der Müllhalde als Straßenkehrer arbeiteten. Sie bereiteten 120 *Burritos* zu, eine mexikanische Spezialität mit Hackfleisch und Schinken, sowie Schokoladenmilch und einige Früchte. Das Essen hätte, wenn man es sparsam verteilte, auch für 150 Personen gereicht, aber 300 Menschen kamen. Auf wunderbare Weise reichte jedoch nicht nur das Essen für alle aus, sondern jeder hatte eine Scheibe Schinken abbekommen, die so dick war wie ein Finger. Thomas erinnert sich: "Alle haben sich satt gegessen, und viele haben sogar noch Tüten mit Essen mit nach Hause genommen. Zum Schluß hatten wir noch viel übrig."[17] Soviel, daß sie auf dem Weg nach Hause noch in drei Waisenhäusern Nahrungsmittel abgeben konnten.

In einer langen Untersuchung über den Dienst von Thomas in El Paso, die ein ganzes Buch ergab, weist Rene Laurentin nach, wie es in der Folge mehrmals zu Vermehrungen von Nahrungsmitteln gekommen ist. Im Dezember 1975 erlebten sie eine Vermehrung von Mehl; im Juli 1977 von Weintrauben; im Dezember 1977 dasselbe bei der Verteilung von Avokados und *Tortillas*; im Januar 1978 beim Verteilen von Büchsenmilch, und im Juli 1979 von Weintrauben. Im April 1980 erlebten sie, wie verschiedene Säcke auf übernatürliche Weise mit Kürbissen gefüllt wurden.[18]

In unseren Breitengraden erlebten wir etwas Ähnliches. Ein Mitglied der '120 Fellowship' der Lake Avenue Congregational Church machte die Erfahrung, wie in seinem Beisein Schinken vermehrt wurde. Unsere Gruppe versorgt regelmäßig Obdachlose in verschiedenen Notunterkünften mit Nahrung. Eines Tages bat Celeste Coleman, die in unserem Auftrag diesen Dienst koordiniert, ein anderes Mitglied unserer Gruppe darum, soviel Schinken zu der Familien-Notunterkunft 'Fair Oaks' zu bringen, daß es für 86 Personen reichen würde. Aber irgendwie hatten sich die beiden mißverstanden, und als Celeste das Essen vorbereiten wollte, stellte es sich heraus, daß nur eine einzige große, 4 kg schwere Büchse mit Schinken angekommen war. Sie legte ihre Hände auf die Büchse und bat Gott darum, diesen Schinken an allen, die davon essen würden, zu segnen. Sie kann sich nicht mehr daran erinnern, ob es während des Zerschneidens oder des Verteilens geschah; auf jeden Fall bekamen alle 86 Personen ihre Portion ab, und es blieb sogar noch etwas übrig.

Neue Organe

Ich kennen keinen Fall im Neuen Testament, in dem uns speziell davon berichtet wird, wie neue Organe oder Körperteile geschaffen wurden. Möglicherweise waren die Finger und Zehen von einigen der geheilten Aussätzigen ersetzt worden, aber wir wissen darüber nichts Bestimmtes. Der blindgeborene Mann erhielt möglicherweise neue Augen oder Sehnerven. Jesus stellte das Ohr, das Petrus abgeschlagen hatte, wieder her; wir wissen aber nicht, ob er das bisherige Ohr wieder in Ordnung brachte oder ein neues Ohr schuf (siehe Lukas 22, 50. 51). Wie auch immer, wir wissen heute von einigen Fällen, in denen es zur Erschaffung neuer Organe gekommen ist. Das erste Mal, daß ich von so etwas hörte, war durch meinen Freund Omar Cabrera aus Argentinien. Er berichtete von einem sechs Jahre alten Mädchen. Einer ihrer Lungenflügel mußte chirurgisch entfernt werden, wurde aber später auf Gebet hin ersetzt. In einem anderen Fall wird von einem kleinen Jungen berichtet, der ohne Ohren geboren worden war. In einer der Versammlungen von Cabrera entstanden mit einem lauten Geräusch plötzlich Ohren an seinem Kopf. Ich erinnere mich, wie John Wimber mir telephonisch von einem Ereignis berichtete, das sich auf einer Konferenz zum Thema Zeichen und Wunder in Seattle, USA, zugetragen hatte. Im Beisein mehrerer Ärzte hatten sie erlebt, wie einer Frau ein Zeh nachgewachsen war.

Das alles fand ich faszinierend; es sollte jedoch noch eine größere Rolle in meinem Leben spielen. Im Februar 1987 hatten mich der Sohn und die Schwiegertochter des Rektors unserer Schule für Weltmission, Paul Pierson, gebeten, für ihren Sohn zu beten. Das junge Ehepaar, Steve und Sara Pierson, hatte einige Zeit in Guatemala verbracht, wo sie soziale Hilfe leisteten. In dieser Zeit hatten sie einen Jungen aus Guatemala, Christian, adoptiert. Christian war ohne Ohren geboren worden. Er hatte ein technisch raffiniertes Hörgerät bekommen, das wie die Kopfhörer eines Sony Walkmans aussah. Damit konnte er etwas hören und hatte sprechen gelernt. Als er zu mir in mein Büro kam, befand sich an der Stelle seiner Ohren nur eine winzige Erhebung; es war kein Ohrkanal verhanden, und außerdem war er auf dem linken Auge teilweise blind.

Er sah so dermaßen hoffnungslos aus, daß ich zugeben muß, daß ich keinen sehr großen Glauben hatte, als ich die Hände auf seinen Kopf und später über sein linkes Auge legte mit der Bitte an Gott, ihn im Namen Jesu zu heilen. Anscheinend war nichts geschehen, und so versuchte ich, Chris und seinen Eltern so viel wie möglich Mut zuzusprechen, als sie wieder gingen. Etwa eine halbe Stunde danach gingen sie alle zusammen in das Restaurant 'Marie Callender'. Sara sagte zu Steve: "Siehst Du, was ich sehe?" Er gab zu, daß er es bereits bemerkt hatte, aber nichts sagen wollte. Die Ohren hatten zu wachsen begonnen.

Am nächsten Morgen fuhren sie mit dem Wagen die Straße entlang, als Chris sagte: "Mutti, was bedeutet das, B-ä-c-k-e-r-e-i-?" Sara antwortete ihm: "Du kannst unmöglich das Schild lesen. Du hast deine Kontaktlinsen nicht dabei." Doch Chris hatte es tatsächlich gesehen. Er sagte: "Seit Dr. Wagner für mein Auge gebetet hat, brennt es, und ich kann jetzt besser sehen."

Die Ohren von Chris sind noch nicht perfekt. Aber er besitzt jetzt kleine Ohren auf beiden Seiten, die mit einem Gehörgang verbunden sind. Er braucht noch immer ein Hörgerät, aber der Plan, ihn in eine Sonderschule zu schicken, wurde aufgegeben.

Wir erlebten in dieser Familie noch eine Zugabe, als Steve und Sara ihren Chris vier Monate später noch einmal brachten, um für ihn erneut zu beten. Sara erzählte mir, daß auf beiden Seiten ihrer Verwandtschaft mehrere Frauen unter einer Schwächung des oberen Rückgrates litten, so daß sie vornübergebeugt gehen mußten. Sie machte sich Sorgen, denn dieser Zustand begann, sie am Atmen zu hindern, sie litt unter chronischen Schmerzen, und überdies sieht es nicht sehr gut aus, vornübergebeugt zu gehen. In ihrer Heimatstadt Fresno in Kalifornien hatte Sara einen Schönheitswettbewerb gewonnen. Ob ich auch für sie beten würde, fragte sie mich.

Mit Vergnügen tat ich das. George Eckhart, der Leiter des Gebets- und Heilungsteam in meiner '120 Fellowship'-Gruppe, war bei mir, und so beteten wir als Team. Wir fanden heraus, daß ein Bein zu kurz war; als wir dafür beteten, wuchs es sofort auf normale Länge. Als wir begannen, für ihren Rücken zu beten, konnten wir mit eigenen Augen sehen, wie der Heilige Geist sie berührte. Sie war eine Zeitlang gar nicht ansprechbar und fing an zu zittern, obwohl sie die ganze Zeit stand. George und ich spürten, wie sich ihre Muskeln und Knochen unter unseren Händen auf ihrem Rücken bewegten. Ihr Rückgrat wurde vollkommen gerade. Die Veränderung fiel so stark auf, daß eine Verwandte sie am nächsten Tag fragte, ob sie ein neues Rückenkorsett trage. Sie war fast 2 cm größer geworden. Später schrieb sie: "Durch dieses Erlebnis hat sich mein Aussehen, aber auch mein geistliches Leben außerordentlich verändert."

Aber das ist noch nicht alles. Als der Heilige Geist an Sara wirkte, saß Steve am anderen Ende des Raumes. Auf ganz ungewöhnliche Weise wurde er vom Heiligen Geist ergriffen und fand den Mut zu beten, daß Sara doch schwanger werden würde und ein Kind zur Welt brächte. Seit Jahren schon hatten sie sich ein eigenes Kind gewünscht und waren schon beinahe am Verzweifeln. Und tatsächlich: Während ich diese Zeilen schreibe, macht ihre Schwangerschaft gute Fortschritte. Alles ist normal.

Auferweckung der Toten

Daß Jesus Lazarus nach vier Tagen von den Toten auferweckt hat, betrachten viele Menschen als das dramatischste Wunder, das er je getan hat. Es ist vorherzusehen, daß diejenigen, die bezweifeln, daß es heute noch vorkommt, daß Dinge geschehen, wie sie Jesus getan hat, hier ihre "Trumpfkarte" ausspielen, wie Rex Gardner sich ausdrückt. Das hört sich dann etwa so an: "Wenn es wirklich stimmen sollte, daß diese fabelhaften Verheißungen immer noch gelten, wie ihr sagt, wo sind dann die Fälle zu beobachten, in denen Tote wieder auferstehen?"[19]

Vor nicht langer Zeit hatte ich mich mit einem international bekannten Theologen in einer meiner Meinung nach positiven Weise über Heilungen unterhalten. Das Gespräch kam auf das Thema der Totenauferweckungen. Er ließ keinen Zweifel an seiner Position. Er sagte: "Genau da ziehe ich die Grenze. Heilung, ja. Austreiben von Dämonen, vielleicht. Ich bin bereit, über solche Sachen zu sprechen, nicht aber über das Auferstehen von Toten. Diesen Extremismus ertrage ich nicht."

Ich hätte das zwar nicht so direkt gesagt, aber bis vor kurzem hatte ich selbst bezweifelt, daß es wirklich möglich war, daß nachweislich gestorbene Menschen wieder zu leben beginnen. Ich war der Meinung, daß der Tod ein Zustand sei, an dem nichts mehr zu ändern ist. Bei Berichten, denen zufolge Menschen von den Toten auferweckt worden waren, mußte es sich um Fälle handeln, bei denen die betreffenden Personen nicht wirklich tot waren, sondern sich möglicherweise in einem Koma, einem Zustand eingeschränkter Lebensfunktionen, befunden hatten.

Ein dramatischer Vorfall in meiner eigenen Gemeinde, der Lake Avenue Congregational Church, half mir dabei, dieses Vorurteil einer erneuten Prüfung zu unterziehen. Sara Cadenhead, eine junge Mutter, die sich zu unserer Gemeinde zählte, hielt sich im Garten hinter ihrem Haus auf. Es war kurz vor dem Erntedankfest im Jahre 1982. Plötzlich bemerkte sie, daß ihr 12 Monate alter Sohn, John Eric, verschwunden war; sie hatte ihn schon einige Zeit nicht mehr gesehen. Ihre schlimmsten Befürchtungen trafen zu: Sie fand ihn mit dem Gesicht nach unten im Swimmingpool liegend. Als sie ihn herauszog, stellte sie mit Entsetzen fest, daß er nicht mehr atmete und blau geworden war. Sie rief den Krankenwagen, aber es war zu spät. Der Sanitäter Mark Nelson erklärte ihn für "klinisch tot."[20] In der Zwischenzeit hatte draußen ein Polizeiwagen gehalten. Der Beamte erbot sich, den Körper des Jungen in das Krankenhaus in Huntingdon zu bringen. Sara nahm den Jungen, und sie fuhren zur Notfallstation.

Zufälligerweise waren Richard Johnson und William Sears, die beiden Kinderärzte, die sich mit dem Fall beschäftigten, beide Mitglieder der Lake Avenue Congregational Church. Meine Frau Doris ging der Sache nach. Sie befragte die beiden Kinderärzte und bekam von Sara Cadenhead die Erlaubnis, die medizinischen Befunde einzusehen. Als sie alle Unterlagen zusammen hatte, schrieb sie 1983 einen Artikel für die Septembernummer der Zeitschrift *Christian Life*.

John Eric war offenbar wenigstens 40 Minuten ohne sichtbare Lebenszeichen gewesen, wahrscheinlich sogar länger. Mit medizinischen Mitteln war es zwar möglich gewesen, einige Herzreflexe hervorzurufen, die aber so künstlich waren, daß der Arzt in seinem Bericht schrieb: "Keine weitere Wiederbelebung."

Zum Glück für Sara und John Eric blieb Gott von dieser medizinischen

Anweisung unbeeindruckt. Man hatte in einem örtlichen Fernsehstudio, Trinity Broadcasting Network (TBN) angerufen, und viele Menschen begannen zu beten. Ganz spät am Abend hatte Sara den Eindruck, Gott wollte, daß sie noch einmal ins Krankenhaus gehen sollte. Gehorsam ging sie. Sie nahm das Kind in ihre Arme und begann es mit Franzbranntwein einzureiben. Nach mehreren Stunden fing der kleine Körper wieder an, Lebenszeichen zu zeigen; bald darauf öffnete John Eric seine Augen und nahm einer der Krankenschwestern die Brille von der Nase.

Die Nervenärzte sagten einen 100-prozentigen Gehirnschaden voraus. Sie meinten, daß John Eric wahrscheinlich ein geistiger Krüppel sei. Innerhalb einer Woche jedoch konnte er das Krankenhaus verlassen und war bald in jeder Hinsicht völlig normal. Das Krankenhauspersonal nannte ihn scherzhaft 'kleiner Lazarus'. Die örtliche Zeitung, *Pasadena Star News*, brachte auf der ersten Seite eine Titelgeschichte mit Bildern über den Vorfall, mit der Überschrift: "Wunder."[21] Sara und John Eric waren einige Zeit in der Gruppe dabei, die ich jeden Sonntag unterrichte, und so haben wir die beiden noch etwas näher kennengelernt.

Die Tatsachen sind eindrücklich belegt. Wie diese Tatsachen jedoch im einzelnen Fall interpretiert werden, hängt von der Weltanschauung des Beobachters ab. Glauben heißt sehen. Diejenigen, die fest davon überzeugt sind, daß der Tod eine unabänderliche Tatsache ist, werden der Ansicht sein, daß John Eric nicht auf wunderbare Weise von den Toten auferweckt worden ist. Der Vorfall muß ihrer Meinung nach auf irgendeine andere Weise erklärt werden können.

Die indonesische Erweckung

Über diese Dinge wurde während und nach der bekannten indonesischen Erweckung, die 1965 begann und bis in die frühen siebziger Jahre anhielt, in christlichen Kreisen viel diskutiert. Zahlreiche Berichte über Zeichen und Wunder, wie wir sie vom Neuen Testament her kennen, erreichten uns damals aus Indonesien, einschließlich einiger Berichte über Totenauferweckungen.

Diese Nachrichten waren so aufregend, daß einige christliche Leiter nach Indonesien flogen, um sich ein eigenes Bild machen zu können.

Einer davon war der Missionswissenschaftler George W. Peters, der am Dallas Theological Seminary unterrichtete. Über den Besuch von Peters in Indonesien wissen wir mehr als über den Aufenthalt von anderen im selben Land, weil er seine Erfahrungen in seinem Buch *Indonesian Revival* festgehalten hat. In diesem Buch gibt er seiner starken Überzeugung Ausdruck, daß er an einen souveränen, wunderwirkenden Gott glaubt. Er unterstreicht, daß es in der Macht Gottes liegt, heute genau wie zu den Zeiten des Neuen Testamentes Wunder zu tun, wenn er das möchte.

George Peters besteht ebenfalls darauf, daß wir die Geister prüfen sollten, und so war er entschlossen, die Berichte aus Indonesien zu untersuchen. Er hatte viel gelesen, war weit gereist und hatte sich mit vielen Menschen persönlich unterhalten. Seine Schlußfolgerung: "Ich bezweifle nicht, daß es in der Macht Gottes liegt, Tote aufzuerwecken, aber bezweifle stark, ob so etwas in Timor geschehen ist. Ich bin sogar überzeugt, daß solche Dinge nicht vorgekommen sind." Er beschreibt dann, daß "es unter den Umständen, wie sie das Wort *Tod* gebrauchten und den Zustand *Tod* verstanden, in ihren Augen zu Totenauferweckungen gekommen war." Jedoch: "Meinem Verständnis von Tod zufolge sind solche Wunder nicht geschehen."[22]

Wie versteht man in Indonesien den Tod? Ist die indonesische Vorstellung vom Tod tatsächlich so anders als unsere?

Einer der Führer in der indonesischen Erweckungsbewegung war Mel Tari, der seine Erfahrungen in dem Buch *Wie ein Sturmwind* aufgezeichnet hat. Darin ist von einem Fall berichtet, wo das kleine Team, mit dem Mel Tari unterwegs war, zu einer Beerdigung in das Dorf Amfoang gerufen wurde, um die trauernde Familie zu trösten. Der verstorbene Mann war schon seit 2 Tagen tot und roch stark, weil er nicht einbalsamiert worden war. Die Verwesung war bereits weit fortgeschritten. Tari sagt: "In einem tropischen Land wie dem unseren setzt die Verwesung bereits sechs Stunden nach dem Tod ein, und nach zwei Tagen kann man auch aus dreißig Metern Entfernung den Gestank kaum ertragen."[23] Ich gebe zu, daß in verschiedenen Kulturen verschiedene Vorstellungen vom Tod herrschen; wenn dieser Bericht von Tari jedoch der Wahrheit entspricht, dann hört es sich sehr nach einem Vorfall an, der über die Grenzen der Kultur hinaus seine Gültigkeit besitzt.

Während sie an dem Begräbnis teilnahmen, redete Gott zu Tari und seinem Team. Sie sollten sich um den Leichnam stellen und Lieder singen, bis der Mann wieder von den Toten auferstehen würde. Obschon sie den Gestank fast nicht aushalten konnten, gehorchten sie. Nach dem sechsten Lied begann der Mann, seine Zehen zu bewegen. Nach dem achten Lied erwachte er und lächelte. Dieses Zeugnis bot eine dramatische Möglichkeit zu übernatürlich beglaubigter Evangelisation. Tari berichtet, daß sich mehr als 20.000 Menschen aufgrund dieses Vorfalls in der Gegend bekehrten und Christen wurden.

Wie wir bereits gesagt haben, bedeutet glauben sehen. Manche lassen sich auch in diesem Fall nicht in ihrer Meinung beirren. Andere schon. Kurt Koch reiste ebenfalls nach Indonesien, um Untersuchungen durchzuführen. In seinem Buch schreibt er: "Ich hatte ebenfalls Zweifel an den Berichten, die aus dem Erweckungsgebiet kamen." Nachdem er jedoch diese Dinge aus eigener Anschauung gesehen hatte, meinte er: "Heute habe ich keinen Zweifel mehr daran, weil ich mit den Führern der Erweckung persönlich gesprochen habe."[24] Er dokomentierte einige Fälle, in denen Tote wieder auferweckt worden sind. Ungefähr zur selben Zeit war Don Crawford von Ken Taylor, dem Leiter des Verlages 'Tyndale House', Ken Taylor, nach Indonesien geschickt worden, um über die Erweckung zu berichten. In seinem Buch bestätigt er: "Göttliche Heilungen, Austreibungen von Dämonen und Totenauferweckungen sind ein Teil der religiösen Phänomene, die in Indonesien zu beobachten sind."[25]

Seit ich mich als ein Teil der Dritten Welle betrachte, habe ich es mir auf meinen Reisen in die verschiedensten Gebiete der Welt zur Angewohnheit gemacht, nach Fällen zu fragen, wo Tote auferweckt worden sind. Ich habe einige Berichte aus erster Hand von Augenzeugen zu hören bekommen und darüberhinaus viele andere Berichte aus zweiter Hand. Menschen, die ich respektiere, wie etwa Daisy Osborne aus Tulsa im US-Bundesstaat Oklahoma, Benson Idahosa aus Benin City in Nigeria und Ki Dong Kim aus Seoul, Korea, sind von Gott dazu gebraucht worden, Tote aufzuerwecken. Ein Freund von mir, Paul Yonggi Cho, erzählte vor kurzem in meinem Wohnzimmer einer Gruppe von Missionswissenschaftlern, wie er von Gott dazu gebraucht wurde, seinen eigenen Sohn, Samuel, von den Toten aufzuerwecken.

Ist es immer der Wille Gottes, Tote aufzuerwecken? Natürlich nicht. Mir gefällt es, was einer der indonesischen Leiter, der von Gott gebraucht worden war, 12 Menschen vom Tod aufzuerwecken, antwortete, als er von Lester Sumrall gefragt wurde: "Wie machen Sie das, Tote auferwecken?"

Er sagt: "Wir beten schlicht und einfach: 'Herr, hat diese Person bereits solange gelebt, wie Du es vorgesehen hast?' . . . Wenn der Herr ja sagt, beerdigen wir den Leichnam. Wenn der Herr nein sagt, sagen wir: 'Stop. Tod, höre uns. Wir sprechen mit dir im Namen des verherrlichten Sohnes Gottes, der von den Toten auferstanden ist. Tod, du verläßt jetzt diese Person.' Und die Person beginnt wieder zu leben."[26]

Das bringt uns wieder zurück zu unserem ursprünglichen Thema: Wenn wir die Werke tun, die Jesus tat, können wir, genau wie Jesus, nur das tun, was wir vom Vater her als richtig erkennen. Aus eigener Kraft können wir weder Tote auferwecken noch Nahrungsmittel vervielfältigen, auch keine Zähne füllen oder neue Organe schaffen. Aber der Vater kann das. Wir können jedoch ein Kanal dafür werden, zu tun, was der Vater tut, wenn es in Übereinstimmung mit seinem Willen und in der Kraft des Heiligen Geistes geschieht.

Und genau darum geht es in der Dritten Welle.

Anmerkungen

1. Colin Brown, *That You May Believe* (Grand Rapids, MI: Wm. B. Eerdmans Pub. Co., 1985), S. 198. 199.
2. Alban Butler, *The Lives of the Fathers, Martyrs, and Other Principal Saints* (New York: D.&J. Sadlier & Co., o.J.), Band II, S. 33.
3. Bruce Olson, *Ich schwörs bei diesem Kreuz - ich töte euch!* (Hurlach: YMEM, 1981), S. 156. 157.
4. Eric Bailey, "Christian Surfers Rely on Power of Waves to Spread the Gospel," *Los Angeles Times*, 17. Januar 1987, II: 4.
5. Francis MacNutt, *Healing* (Notre Dame, IN: Ave Maria Press, 1974), S. 327-333. (In der deutschen Ausgabe ist dieser Anhang wegggelassen worden.)
6. Rex Gardner, *Healing Miracles* (London: Darton, Longman and Todd, 1986), S. 175.
7. Ebd., S. 178.
8. Ebd., S. 181.
9. David DuPlessis, *A Man Called Mr. Pentecost* (Plainfield, NJ: Logos International, 1977), S. 82.
10. Ebd., S. 84.
11. Ebd., S. 86.
12. Ebd., S. 86.87.
13. Rebecca Chao, "Can Miracles Ever Become Commonplace?" *China and the Church Today*, 1981, S. 20.
14. Kurt Koch, *Uns Herr wirst Du Frieden schaffen* (Berghausen: Evangelisationsverlag, o.J.), S. 246. 247.
15. Gardner, *Healing Miracles*, S. 13.
16. Herbert Thurston, S.J., *The Physical Phenomena of Mysticism* (Chicago: Henry Regnery Co.,

1952), S. 394. Anmerkung von Rene Laurentin, Miracles in El Paso? (Ann Arbor, MI: Servants Books, 1982), S. 100.

17. Rick Thomas, "Christmas at the Dump", *Charisma*, Dez. 1985, S. 55.

18. Laurentin, *Miracles in El Paso?*, S. 96. 97.

19. Gardner, *Healing Miracles*, S. 137.

20. Brandon Bailey, "Miracle: One can happen - ask Buzzy's Mom" *Pasadena Star News*, Pasadena, CA, 12. Dezember 1982, S. 1.

21. Ebd.

22. George W. Peters, *Indonesia Revival* (Grand Rapids, MI: Zondervan Publishing House, 1973), S. 80. 83.

23. Mel Tari, *Wie ein Sturmwind* (Metzingen, Verlag Ernst Franz), S. 52-54.

24. Kurt Koch, *Uns Herr wirst Du Frieden schaffen* (Berghausen, Evangelisationsverlag, o.J.) S. 241.

25. Don Crawford, *Miracles in Indonesia* (Wheaton, IL: Tyndale House, 1972), S. 84.

26. Lester Sumrall, *Faith to Change the World* (Tulsa, OK: Harrison House, 1984), S. 69.

Acht

Dämonen im In- und Ausland

Ich bin mir völlig darüber im klaren, welches Risiko es birgt, wenn ich in diesem Buch ein ganzes Kapitel über Dämonen schreibe. Ich habe über dieses Thema früher noch nicht sehr viel geschrieben, und die wenigen Male, wo ich es doch getan habe, brachten mir eine Menge Ärger ein, ganz besonders mit meinen Kollegen am Fuller Seminary. Sie hatten meine Artikel am Schwarzen Brett aufgehängt, wo sie zum Thema leidenschaftlicher Diskussionen wurden. Der Präsident des Seminars lud mich zusammen mit dem Rektor in sein Büro vor, wo ich meinen Standpunkt zu erklären hatte. Ich muß ehrlich sagen, daß mir bis zu diesem Zeitpunkt nicht klar war, wie gereizt manche christlichen Leiter auf dieses Thema reagieren können. Heute weiß ich es besser.

Ein noch größeres Risiko besteht allerdings darin, selbst zum Ziel dämonischer Angriffe zu werden. Während ich dies schreibe, beten Menschen in besonderer Weise für mich; diejenigen, die regelmäßig für mich beten, verbringen gerade jetzt besonders viel Zeit im Gebet für mich. Andere wiederum haben uns vor den Gefahren gewarnt. Francis MacNutt beispielsweise sagte, daß er sich überlegt habe, ein Kapitel über Befreiung von Dämonen in seinem Buch wegzulassen, weil es zu Kontroversen führen könnte.[1] Michael Green sagt zu seinem bekannten Buch *I Believe in Satans Downfall*, daß "es keine einfache oder unterhaltsame Sache war, dieses Buch zu schreiben."[2] Er erwähnt auch C. S. Lewis, dem es offenbar beim Verfassen seines klassischen Buches *Dienstanweisungen an einen Unterteufel* ganz ähnlich ergangen war. Wenn diese Männer anfällig waren, bin ich es noch viel mehr.

Vorbereitet sein

Jeder, der damit beginnt, für Kranke zu beten, muß realistisch genug sein, sich darauf gefaßt zu machen, früher oder später mit Dämonen konfrontiert zu werden. Ein Grund dafür liegt darin, daß zu den vier

Hauptgebieten, in welchen Heilung stattfindet, im allgemeinen geistliche, körperliche, emotionale Heilung und natürlich Heilung von dämonischen Einflüssen zu zählen sind. Ein anderer Grund ist, daß auch dann, wenn jemand sich nicht direkt um dämonisch Angefochtene kümmert, sondern andere Werke des Vaters tut, er dabei oft auf satanischen Widerstand stößt.

Obschon es ein Risiko ist, ein Kapitel über Dämonen zu schreiben, habe ich den Eindruck, es wäre ein größeres Risiko, Menschen ein Buch über die Dritte Welle zu präsentieren und sie zu ermuntern, für Kranke zu beten und sie dabei im Unklaren über mögliche Angriffe des Feindes zu lassen, der "umhergeht wie ein brüllender Löwe und sucht, wen er verschlingen kann" (1. Petr. 5, 8). Petrus sagt, daß wir, um Gefahr zu vermeiden, "nüchtern und wachsam" sein müssen (Vers 8). Einer der Wege, die uns empfohlen werden, mit dem Feind umzugehen, ist, "ihm zu widerstehen" (Vers 9). Die Bibel redet nirgends davon, der beste Weg, mit dem Teufel umzugehen, sei es, ihn einfach zu ignorieren.

Ich habe nicht die Absicht, das Thema Dämonen und geistliche Kampfführung erschöpfend zu behandeln. Ein Kapitel wäre dafür zu wenig, da müßte man schon ein ganzes Buch schreiben. Zudem gibt es mehrere gute Bücher zu diesem Thema, wie zum Beispiel *I Believe in Satans Downfall* von Michael Green, *The Adversary* von Mark Bubeck sowie *Overkomming the Adversary*, ebenfalls von Bubeck, *Spiritual Warfare* von Michael Harper, *Demon Possession and the Christian* von C. Fred Dickason und andere. Ich empfehle, sich ernsthaft mit Literatur zu diesem Thema zu befassen, aber auch, von Menschen, die einen Befreiungsdienst versehen, persönlich zu lernen.

Es ist zwar gut, wenn auf diesem Gebiet erfahrene Menschen bei einem Dienst an dämonisch belasteten Personen herangezogen werden, jedoch ist es für uns alle ratsam, zu allen Zeiten auf so etwas vorbereitet zu sein. Viele Christen befanden sich plötzlich in Situationen, wo sie direkt mit Dämonen konfrontiert wurden, ob sie das wollten oder nicht. Ich erinnere mich daran, wie Paul Pierson, der Rektor der Schule für Weltmission am Fuller Seminary, von seiner Erfahrung als presbyterianischer Missionar im Dschungel von Westbrasilien erzählte. Er befand sich plötzlich an einem einsamen Ort einem besessenen Mädchen gegenüber. Was tat er? Er war zwar unerfahren auf diesem Gebiet, trat aber dennoch dem Dämon im Namen von Jesus entgegen und befahl ihm, zu verschwinden. Und das geschah auch. Er war vorbereitet.

Ich bin so froh, daß auch Doris, meine Frau, vorbereitet war, als eines Tages in meinem Büro etwas Derartiges geschah. Eine Frau war schon mehrfach dagewesen, um mit sich beten zu lassen. Auch diesmal war sie gekommen, um für sich beten zu lassen. Sie hatte starke Schmerzen am Knöchel. In manchen Fällen bitte ich um die Erlaubnis, den Betreffenden mit Öl zu salben. Das tat ich auch bei ihr. In dem Moment, als das Öl ihre Stirn berührte, begannen sich Dämonen zu manifestieren, die laut zu schreien anfingen. Ich wußte zwar sofort, was hier vor sich ging, aber ich war zu schlecht vorbereitet, um damit richtig umzugehen. Alles, was mir einfiel, war, den Dämonen mit sehr lauter Stimme zu befehlen, ruhig zu sein.

Doris in Aktion

In diesem Moment kam Doris, die in meinem Vorzimmer als meine Sekretärin arbeitet, mit besorgtem Gesicht herein und übernahm sofort die Führung in dieser Situation. Sie hatte gerade eben einen Kurs in der Vineyard Christian Fellowship in Anaheim bei Carol Wimber und Gloria Thomson besucht, in dem sie sich mit dem Umgang mit dämonisch belasteten Menschen beschäftigt hatte. Ich war von ihrer entschlossenen Aktivität, ihrem sicheren Auftreten, ihrer völligen Selbstbeherrschung und der außergewöhnlichen Autorität, mit der sie sprach, völlig verblüfft. Bald darauf begann ich zu begreifen, daß die Art und Weise, wie sie Dinge tat und Worte aussprach und sich verhielt, wie ich es noch nicht erlebt hatte, mit der Bevollmächtigung durch den Heiligen Geist zusammenhing. Die ganze Sache dauerte über eine Stunde. Ich merkte bald, daß ich damit nicht viel zu tun haben sollte, und so stand ich ein wenig abseits, machte Notizen und hielt der Frau ab und zu den Papierkorb an den Mund, wenn es nötig wurde.

Das erste, was Doris herausfand, war, daß 10 Dämonen sich in der Frau befanden. Sobald sie den Namen eines Dämonen erfahren hatte, dauerte es nicht lange, bis dieser Dämon ausfuhr. In einem solchen Moment bewegte sich der Mund der Frau, es trat Schaum vor den Mund, und Doris brachte es jeweils fertig, der Kreatur ihren Namen zu entlocken. Es war ganz einfach, festzustellen, wann die Frau sprach, und wann Dämonen aus ihr sprachen. Jedes dieser Wesen würgte sie beim

Ausfahren, und sie mußte heftig würgen, als ob sie sich erbrechen müßte und spuckte dann etwas Schleim aus.

Der erste Dämon war ein Dämon der Lust. Der zweite war ein Dämon der Angst. Der dritte war ein Geist des Todes, der uns sagte, er habe Zugang zu der Frau bekommen, als sie im Alter von 15 Jahren erlebte, wie ihre Mutter starb. Der Dämon erklärte Doris, er sei stark und würde nicht weichen können, weil er nicht wüßte, wohin. Die Frau erzählte uns, daß sie vor langer Zeit von einem siebenfüßigen Monster zu Tode erschreckt worden war. Aber auch er verschwand. Der vierte nannte sich 'Häßlichkeit'; er hatte der Frau weisgemacht, ihre Zähne würden so häßlich aussehen, daß sie es vermied, in einen Spiegel zu sehen (ihre Zähne sahen ganz normal aus.) Der fünfte war ein Dämon der satanisch nachgemachten Sprachenrede. Vor drei Monaten hatte sie ihrer Meinung nach die Gabe der Sprachenrede empfangen; jedesmal jedoch, wenn sie anfing, in Sprachen zu sprechen, stieg in ihr etwas vom Magen her auf bis zu ihrer Kehle und würgte sie. In dem Moment, wo dieser Geist die Frau verließ, begann sie spontan, ein Loblied für Jesus in englischer Sprache zu singen. Der sechste war ein Geist des Grolls, der zu ihr Zugang fand, als sieim Alter von 12 Jahren einen Familienkrach miterlebte.

Der siebte Dämon bereitete Doris die größte Mühe von allen; es handelte sich um einen Geist des Zorns. Sie sagte zu diesem Wesen: "Du bist wohl der Anführer?" Und so war es auch. Es faszinierte mich, zu beobachten, wie genau Doris wußte, wann die Wesen sie anlogen, was sie auch häufig versuchten. Manche versuchten, sie in eine hitzige Diskussion zu verwickeln, aber sie erwies sich jedesmal als überlegen. Der Geist des Zorns schüttelte gewaltsam den Kopf der Frau, dann ihren Nacken, dann einen Arm, dann einen Fuß, dann ihren ganzen Unterleib, dann ihren Oberkörper, dann ihre Augen und schließlich ihre Zunge, bevor das Wesen zögernd aus ihr herauskam. Durch alle diese Umstände lag der Lärmpegel weitaus höher, als man das für gewöhnlich in der Nähe des Büros eines Theologieprofessors erwartet. Die Sekretärin im Vorzimmer jedoch wußte genau, was vor sich ging und konnte alle beruhigen. Ein Geist der Müdigkeit verließ sodann die Frau, nachdem das Wesen seine Macht gezeigt hatte, indem die Frau fast auf der Stelle eingeschlafen wäre. Diesem Wesen folgte ein Geist der Ablehnung und als letzter ein Geist der Behinderung; dieses Wesen wollte es partout nicht zulassen, daß sie ihre Arme heben konnte, bevor es aus ihr ausfuhr. Als der Dämon verschwunden war, konnte sie ihre Arme wieder ganz normal bewegen.

Doris sprach seelsorgerlich mit der Frau, betete mit ihr, und sie ging freudestrahlend ihres Weges. Als es soweit war, hatten wir den Schmerz im Knöchel, weshalb sie eigentlich gekommen war, völlig vergessen. Ich nehme an, er war geheilt worden.

Geistliche Kampfführung

Einer der Gründe, warum ich diesen Vorfall so ausführlich erzählt habe, ist, daß ich keinen Zweifel daran lassen möchte, ob ich an die Existenz von Dämonen glaube oder nicht. Ich bin von der Existenz von Dämonen vollkommen überzeugt, und ich glaube, daß wir uns in einem Kriegszustand befinden, auch wenn viele Christen dies leugnen oder gar ignorieren, was genauso schlimm ist. Ich denke da an die prophetischen Worte von John Wimber: "Wir tragen unser Christentum in erster Linie zur Schau, um uns gegenseitig Bewunderung abzuverlangen. Es ist soweit gekommen, daß manche meinen, Christsein mache in erster Linie Spaß und sei ja Mode. Wenn jemand uns daran zu erinnern beginnt, daß wir uns in einer geistlichen Auseinandersetzung befinden, paßt uns das gar nicht - unser albernes Hochgefühl ist uns gründlich versaut worden." Dem kann ich voll zustimmen. Ohne Zweifel ist das auch der Grund, weshalb manche so scharf darauf reagieren, wenn Artikel oder Kapitel wie diese über Dämonen geschrieben werden. Aber um es erneut mit den Worten von Wimber zu sagen: "Es ist eine Tatsache, daß wir uns mitten in einem Krieg zwischen Gott und Satan befinden, der seit den Tagen von Adam und Eva tobt, ob wir das hören wollen oder nicht."[3]

Eigentlich sollte es genügen, auch nur einen Blick auf das zu tun, was auf der ganzen Welt geschieht, um jeden und alle davon zu überzeugen, daß wir uns in einer geistlichen Auseinandersetzung befinden. Natürlich werden viele diesen Blick tun, jedoch nichts davon erkennen können, denn wie ich schon mehrere Male gesagt habe, bedeutet glauben sehen. Und so ist der erste Schritt, die wahre Wirklichkeit der geistlichen Auseinandersetzungen zu erfassen, der, daß man beginnt, an die tatsächliche Existenz von Dämonen zu glauben.

Vor nicht langer Zeit hatte mein Kollege, Newton Malony, Fachmann für klinische Psychologie, seine Zweifel, ob Dämonen wirklich existieren. Als führender Professor für Psychologie an der in das Fuller Seminary integrierten School of Psychology war er jedoch schon immer sehr daran interessiert gewesen, die Verbindung der Psychologie mit christlicher Lehre, Praxis und christlichen Werten zu suchen. Er ist ein sorgfältiger Wissenschaftler, der alles verfügbare Tatsachenmaterial sehr genau untersucht, bevor er Schlußfolgerungen zieht, besonders dann, wenn diese Schlüsse einen Paradigmenwechsel bedeuten würden. Während er die Diskussion über Zeichen und Wunder am Fuller Seminary in der Mitte der 80er Jahre aufmerksam verfolgte und sich zeitweise aktiv daran beteiligte, begann sich seine Auffassung über Dämonen zu verändern.

Malony würde sich nicht als ein Teil der Dritten Welle bezeichnen. In seinen Vorlesungen jedoch betont er seinen Studenten gegenüber, daß Dämonen tatsächlich existieren und daß man sich im gegebenen Fall mit ihnen auseinanderzusetzen habe. In einem Vortrag, den er vor kurzem an der Amerikanischen Akademie der Religion gehalten hat, führt er vier Kategorien auf, mit deren Hilfe Geisteskrankheiten verstanden werden können: durch Krankheit hervorgerufen (das medizinische Modell), Selbsttäuschung (das psychologische Modell), Verführung (das juristische Modell) und Dämonisierung (das religiöse Modell). Er betonte, daß keine dieser Kategorien von Menschen, die mit psychisch Erkrankten arbeiten, außer acht gelassen werden sollte. Er ist sich darüber im klaren, daß viele die bloße Möglichkeit einer dämonischen Belastung nicht in Betracht ziehen; seiner Meinung nach "kann der dämonische Bereich jedoch nicht so einfach übergangen werden."[4]

Malony bringt bestimmte Symptome wie veränderte Bewußtseinszustände, das Auftreten mehrerer Persönlichkeiten in einem Menschen, das Sprechen in einer dem jeweils anderen Geschlecht zugehörigen Stimmlage, das gotteslästerliche Reden über religiöse Dinge, übermenschliche Kräfte und ranzigen Körpergeruch und anderes mit dämonischer Belastung in Zusammenhang. Er empfielt christlichen Therapeuten, ihr Zögern abzulegen, wenn es darum geht, den dämonischen Bereich anzuerkennen und "zu überprüfen, inwiefern es haltbar ist, daß dämonische Besessenheit eine mögliche Erklärungen für Geisteskrankheiten sein könnte."[5] Malony unterrichtet zusammen mit Prof. Samuel Southard den Kurs *Dämonologie und Geisteskrankheit.*

Manche benutzen den Ausdruck *dämonische Besessenheit*, andere wiederum schrecken davor zurück, weil sie den Eindruck haben, das würde die Sachlage übertreiben. Das biblische Wort *daimonizomenos* wird manchmal als "von Dämonen besessen" übersetzt; auf diese Weise ist das Wort auch im Lexikon für neutestamentliche Theologie von Colin Brown erklärt.[6] Die meisten mir bekannten Menschen, die regelmäßig in einem Befreiungsdienst engagiert sind, ziehen es vor, die Übertragung des griechischen Ausdrucks, *dämonisiert*, zu benutzen. John Wimber sagt beispielsweise: "Ich glaube nicht, daß ein Geist einen Menschen absolut besitzen darf, solange er noch auf der Erde lebt; selbst wenn Geister in hohem Maße Einfluß haben können, ist der Mensch doch immer noch bis zu einem gewissen Punkt in der Lage, aus seinem freien Willen heraus zu handeln, so daß er Befreiung und Errettung erleben kann."[7] Ich bin überzeugt, daß es am besten ist, wenn wir eher von *Dämonisierung* als von *Besessenheit* sprechen, solange wir uns darüber im klaren sind, daß es hierbei verschiedene Stufen und Grade geben kann. Auf diese Weise beschreiben wir den Sachverhalt am genauesten und bleiben gleichzeitig seelsorgerlich einfühlsam.

Ein Zeichen der Herrschaft Gottes

In Kapitel 4 habe ich versucht zu erklären, wie das biblische Verständnis vom Reich Gottes uns einen Rahmen bietet, innerhalb dessen wir einen heutigen Dienst im Sinne der Dritten Welle verstehen und einordnen können. Das Austreiben von Dämonen ist eines der Zeichen der Gegenwart der Herrschaft Gottes in unserer heutigen Welt. Jesus sagte: "Wenn ich die Dämonen durch den Finger Gottes austreibe, so ist das Reich Gottes zu euch gekommen" (Lukas 11, 20). Als Jesus zum ersten Mal die 12 Apostel aussandte, "gab er ihnen Macht über die unsauberen Geister, sie auszutreiben" (Matth. 10, 1). Später sandte er 70 Jünger aus. Als diese zu ihm zurückkehrten, sagten sie: "Herr, selbst die Teufel sind uns untertan in deinem Namen" (Lukas 10, 17). Am Ende des Markusevangeliums heißt es: "Diese Zeichen werden denen folgen, die glauben: In meinem Namen werden sie Teufel austreiben" (Markus 16, 17).

Wenn wir einen Dienst im Reich Gottes tun wollen, ist es ein großer Vorteil, wenn wir erkannt haben, daß es heute noch dämonische Aktivität gibt, und zwar nicht nur im Hinblick auf einige geisteskranke

Menschen, sondern in vielen weiteren Bereichen unseres Alltags. Die Herrschaft Gottes ist aufgerichtet worden, um das Reich Satans zu zerstören; manche der Folgen dieser Auseinandersetzung sind gar nicht sehr ästhetisch. Wie ich schon gesagt habe, erleben in großen Teilen der Welt viele Menschen tagein und tagaus direkte Begegnungen mit bösen Geistern. Viele von uns haben eine Weltanschauung, in der das Mittelstück fehlt; diese Menschen, von denen ich spreche, sind sich dagegen dieser Dimension in ihrer Weltanschauung völlig bewußt. Ihrer Auffassung nach ist das größte Geschenk, das Jesus ihnen machen könnte, das, daß er ihnen Macht über böse Geister geben würde. Vergebung ihrer Sünden ist ihnen zwar auch wichtig, steht aber auf der Liste ihrer Anliegen eher ein wenig weiter unten.

Der Fall Brasilien

Nehmen wir einmal das Beispiel Brasiliens. Der Spiritismus, dem es im Wesentlichen darum geht, Menschen in direkten Kontakt mit der Geisterwelt zu bringen, gehört in Brasilien zum Alltag. Berichte sprechen davon, daß etwa 70 Prozent der Brasilianer die mehr als 300.000 spiritistischen Zentren aufsuchen.[8] Bei Fußballspielen nehmen die gegnerischen Teams Spiritisten unter Vertrag, die das jeweils andere Team verfluchen. Geistheiler operieren ohne Betäubungsmittel und ohne daß Schmerzen auftreten oder Blut fließt. Menschenmengen von bis zu 250.000 Personen treffen sich beim jährlichen Fest für die Göttin des Meeres am Strand von Praia Grande. Einige der Regierungsbeamten befragen regelmäßig spiritistische Medien, bevor sie wichtige Entscheidungen treffen.

Das Wachstum des brasilianischen Spiritismus könnte einem Angst machen. Die 70 Prozent, die sich heute mit Spiritismus befassen, stehen nur 8 Prozent vor 40 Jahren gegenüber. Der römische Katholizismus hat große Rückschläge erlitten. Forschungen haben gezeigt, daß nur 2,5 Prozent der Brasilianer sich an Priester oder Pastoren wenden, wenn sie Hilfe brauchen, weil sie der Überzeugung sind, daß diese keine Kraft haben, mit den Auswirkungen magischer Flüche wirkungsvoll umzugehen.[9] Nur die Pfingstbewegung übertrifft dieses Wachstum des Spiritismus, hauptsächlich deshalb, weil die Pfingstler im allgemeinen etwas von geistlicher Kampfführung verstehen und nicht davor zurückschrecken. C. Wesley King, ein Missionar der freien Methodisten, meint: “In gewisser Weise stehen sich die Pfingstbewegung und der Spiritismus in einem geistlichen Kampf um die Seele dieser Nation gegenüber.”[10]

Es ist traurig, in einem Bericht von Valdemar Kroker zu hören, daß die Mehrheit der evangelikalen Gruppen in Brasilien “bemüht ist, den Kontakt mit dem Spiritismus wo irgend möglich zu vermeiden.” Ich muß Kroker zustimmen, wenn er sagt: “Eine solche Haltung, die vor der Wirklichkeit davonläuft, ist heute nicht mehr haltbar.”[11] Auf diese Weise werden wir die Welt nie mit dem Evangelium erreichen. Einer der Leiter der brasilianischen Pfingstbewegung, W. Robert McAlister, sagt: “Wenn ein Missionar keine Dämonen austreiben kann, dann kann er auch zuhause bleiben.”[12]

Und Amerika?

Manche Amerikaner sind vielleicht froh, daß Brasilien so weit weg ist. Wenn das so ist, dann täten sie gut daran, ihr eigenes Land ein wenig näher zu betrachten. Eine Marktforschungsstudie, die vor kurzem durchgeführt worden ist, hat ergeben, daß in nur einem Jahr etwa 8 Millionen Amerikaner okkulte Bücher, Zeitschriften, Amulette, Woodoo-Anhänger und andere Gegenstände käuflich erworben haben. Ein *Handbuch über Übernatürliche Kräfte* wurde 529.521 mal verkauft, und das Buch *Die Magische Kraft der Zauberei* 121.365 mal. Einem Bericht von Jim Ammermann, einem Geistlichen der ‘Chaplancy of Full Gospel Churches’ zufolge zieht die amerikanische Air Force in Betracht, Satanisten in ihren geistlichen Dienst aufzunehmen.

Der Massenmörder Charles Manson trat bei seiner letzten Anhörung mit einem auf die Stirn gemalten satanischen Hakenkreuz auf. Richard Ramirez, der nachts Raubüberfälle verübt hatte, hatte bei seiner ersten Gerichtsverhandlung in seine Handfläche das satanische Pentagramm gezeichnet, zeigte es vor und rief: “Heil Satan”. Ein Teil der Heavy Metall-Rockmusik enthält offenkundige satanische Lyrik; auf anderen Schallplatten mit Rockmusik wurde eine subtilere Form dieser Propaganda gefunden: “Backward masking”, rückwärts auf die Platten aufgenommene und der Musik unterlegte Botschaften. Polizisten besuchen Kurse, wie sie rituellen sexuellen Kindesmißbrauch und Menschenopfer aufspüren und diesem Treiben entgegentreten können.

Viele werden schnell sagen: “Keiner meiner Freunde und Verwandten hat mit so etwas zu tun.” Das mag ja wahr sein, aber ich denke, Michael Harper spricht sehr weise, wenn er sagt: “Ich bin überzeugt, daß viele Menschen Gefangene dieser bösen Mächte sind, und daß diese Wesen unser Leben körperlich, emotional und geistlich weitaus mehr beeinflußen als die meisten Menschen zugeben möchten.”[13] Es geht nun wirklich nicht darum, “hinter jedem Busch einen Dämon zu sehen”, wie sich manche ausdrücken. Aber wir wollen eines mit Bestimmtheit festhalten: Wenn hinter meinem Busch ein Dämon sitzt, dann möchte ich ihn loswerden. Und ich bin überzeugt, daß Sie das ebenfalls möchten.

Dämonen und Christen

Wenn jemand wie Michael Harper über den überall zu beobachtenden Einfluß von Dämonen in der heutigen Welt spricht, schließt er dann dabei die christliche Welt aus? Die meisten Christen, einschließlich mir selbst, wünschten, es wäre wahr, daß Dämonen Christen nicht beeinflussen können. Manche haben diesen Wunsch regelrecht zu einer dogmatischen Position ausgebaut. Eine der größten Überraschungen, die ich erlebt habe, seitdem ich meinen Dienst im Sinne der Dritten Welle verstehe, war es, einer lehrmäßigen Position zu begegnen, die auf keinen Fall verstehen wollte, daß Christen im Hinblick auf dämonische Beeinflussung keine Ausnahme bilden.

Ich wäre weniger überrascht gewesen, solche Spekulationen aus meinen eigenen evangelikalen Kreisen zu hören, wo das Verständnis und die Praxis der geistlichen Kampfführung eher minimal ist. Doch die eigentliche Überraschung bestand darin, daß eine große Anzahl von Pfingstlern an diesem Punkt mit traditionellen Evangelikalen derselben Meinung waren. Es kam sogar so weit, daß die größte pfingstliche Denomination, die ‘Assemblies of God’, eine offizielle, 15 Seiten lange Stellungnahme veröffentlichte zu dem Thema: “Können wiedergeborene Gläubige von Dämonen besessen sein?” Ihre Antwort war nein. Nach mehreren biblischen und geschichtlichen Ausführungen schließt diese Stellungnahme mit dem Satz: “Es ist ein geschickter Trick des Teufels, ernsthafte Menschen dazu zu verleiten, manche Christen als dämonisch besessen zu bezeichnen.” Die Stellungnahme leugnet nicht die Wirklichkeit von Dämonen und die Tatsache, daß manche Menschen wirklich dämonisiert sind, aber sie behauptet, daß die bloße Tatsache, daß ein Mensch dämonisiert ist, eindeutig zeigt, daß er oder sie kein wahrer Christ sein kann." In der Stellungnahme heißt es: "Nur wenn wir vom Weinstock abgeschnitten sind und als tote Reben weggeworfen wurden, können Satan oder seine Dämonen ein Recht über uns haben."[14]

Wenn ich den Eindruck hätte, hier handele es sich um eine eher zweitrangige Angelegenheit, etwa auf derselben Ebene wie die Frage, ob in einer Gemeinde die Menschen durch Besprengen getauft werden, ob beim Abendmahl echter Wein gereicht wird oder ob Jesus vor oder nach der Großen Trübsal wiederkommt, dann würde ich an dieser Stelle gar nicht darüber sprechen. Aber es handelt sich meiner Meinung nach um eine Angelegenheit von höchster Wichtigkeit, wenn es um den christlichen Dienst geht. Als Jesus die Schwerpunkte seines Dienstes im Sinne des Reiches Gottes in der Synagoge in Nazareth aufzählte, lautete eines seiner Themen: "Die Gefangenen zu befreien" (Lukas 4, 18). Wenn es Christen gibt, die zu diesen Gefangenen zählen, sollten sie befreit werden. Ich glaube, daß einige das wirklich nötig haben.

Ärger am Fuller Seminary

Der Ärger, den ich am Fuller Seminary bekam, und über den ich schon am Anfang dieses Kapitels gesprochen habe, drehte sich um diese Frage. Viele meiner Kollegen, so habe ich schnell herausgefunden, waren mit den 'Assemblies of God' einer Meinung. Eines habe ich in der ganzen Auseinandersetzung gelernt: Ich mußte über dieses Thema noch einige 'Hausaufgaben' nachholen. Und das habe ich getan. Unter dem Strich ist dabei herausgekommen, daß ich immer noch überzeugt bin, daß wiedergeborene Christen dämonisiert sein können. Könnte ich Unrecht haben? Ja. Ich werde der erste sein, der zugibt, daß ich mich nicht ganz wohl bei dem Gedanken fühle, meine Position gegen die der 'Assemblies of God' durchzuhalten. Viele meiner Freunde, vor denen ich Hochachtung habe, denken an diesem Punkt anders als ich, und es könnte ja durchaus sein, daß sie recht haben. Doch wir wollen die Sache etwas näher betrachten.

Wie wir schon zuvor gesehen haben, wurde der Teufel geschlagen, als Jesus ans Kreuz ging. Nun wohnt der Heilige Geist, und nicht der Teufel, in jedem von uns, der glaubt. Paulus schreibt: "Wißt ihr nicht, daß euer Leib ein Tempel des Heiligen Geistes ist und ihr nicht euch selber gehört?" (1. Kor. 6, 19). Als Auswirkung davon können wir mit großer Überzeugung aussprechen: "Der, der in uns ist, ist größer als der, der in der Welt ist" (1. Johannes 4, 4). Alle diese Aussagen zusammengenommen geben ein gutes Argument dafür ab, daß es für Satan und seine Dämonen unmöglich sein sollte, Christen zu beeinträchtigen.

Für gewöhnlich vertreten diejenigen, die auf diese Weise argumentieren, diese Haltung bis ins Extrem. Sie erkennen zum Beispiel die aktive Rolle Satans an, der jeden Christen zur Sünde versucht. Manche Versuchungen kommen von der Welt, manche kommen aus dem Fleisch, aber manche kommen auch von Satan. Vertreter dieser Auffassung sind sich auch dessen bewußt, daß Petrus an Christen geschrieben hat, die er dazu ermutigt, dem Teufel zu widerstehen, der wie ein brüllender Löwe ist. Sie sind täglich bemüht, den Schild des Glaubens hochzuhalten, "mit dem ihr alle feurigen Pfeile des Bösen auslöschen könnt" (Eph. 6, 16). Sie wissen, daß der Teufel zwar am Kreuz besiegt worden ist, aber noch nicht vollkommen von der Bühne verschwunden ist. Er befindet sich noch nicht im Feuersee. Und in der Zwischenzeit stellt er einen ernstzunehmenden Feind dar. Manche, die 'Assemblies of God' eingeschlossen, sagen, Christen könnten zwar nicht von Dämonen *besessen* sein, sie könnten jedoch von Dämonen *umsessen* oder *bedrängt* werden. Es könnte nach allem Gesagten sogar sein, daß wir uns möglicherweise in unseren Auffassungen gar nicht so stark unterscheiden, wie wir meinen.

In meinen Forschungen bin ich auf mehrere Dinge gestoßen. Einmal habe ich entdeckt, daß fast alle, die selbst in einem aktiven Befreiungsdienst engagiert sind, unterstreichen, daß Christen dämonisiert sein können. Zum andern habe ich erfahren, daß mehrere christliche Leiter ihre Meinung zu diesem Punkt in den letzten Jahren geändert haben. Diese Gesinnungsänderung geschah jedoch nur in eine einzige Richtung: Leiter, die früher bestritten haben, daß Christen von Dämonen beeinträchtigt werden können, glauben heute das Gegenteil.

Der in Amerika sehr bekannte Pastor und Schriftsteller Charles Swindoll sagt zu der Frage, ob Christen dämonisiert sein können: "Einige Jahre lang habe ich das bezweifelt, aber heute bin ich davon überzeugt, daß das vorkommen kann." Swindoll sagt weiter über seinen seelsorgerlichen Dienst an Christen: "In einigen wenigen Fällen habe ich bei dem schmerzhaften Prozeß mitgeholfen, sie von Dämonen zu befreien."[15] Der Evangelist James Robison, Mitglied der 'Southern Baptists', spricht von einer Zeit, in der er der Ansicht war, daß Christen keinen Befreiungsdienst nötig hätten, bis *er selbst* von einem Dämon befreit wurde, dessen Präsenz ihm wie eine Klaue auf seinem Kopf vorgekommen war.[16] Edward Murphy, der die Organisation 'Overseas Crusade' leitet, dachte, daß Christen automatisch vor Dämonisierung bewahrt seien. Davon war er solange überzeugt, bis ihn seine Erfahrungen als Missionar in Südamerika und sein seelsorgerlicher Dienst an christlichen Studenten an der Biola-Universität in Los Angeles dazu zwangen, seine Position zu überdenken.[17]

Der Standpunkt von Fred Dickason

Ich könnte noch andere zitieren, wie etwa Paul Yonggi Cho, Michael Harper, Kurt Koch, Francis MacNutt, Jack Hayford, John Wimber, David DuPlessis, Charles Kraft, Derek Prince und eine beliebige Anzahl weiterer christlicher Persönlichkeiten, die aus eigener Erfahrung wissen, daß Christen dämonisiert sein können. Der gewichtigste Fall jedoch, den ich kenne, der die Tatsache unterstreicht, daß Christen dämonisiert sein können, kommt weder von einer pfingstlichen noch von einer charismatischen Persönlichkeit, sondern von einem traditionell evangelikalen Christen, C. Fred Dickason. Dickason ist Vorsitzender der theologischen Abteilung des 'Moody Bible Institutes' in Amerika. Sein Buch *Demon Possession and the Christian* enthält auf 350 Seiten eine sorgfältige und detaillierte Argumentation.

Dickason untersucht zunächst den biblischen Befund. Sehr sorgfältig prüft er die biblischen Texte, die jahrelang dazu gebraucht wurden, zu belegen, daß Christen nicht dämonisiert sein können. Dasselbe tut er dann mit den biblischen Texten, die für die gegenteilige Auffassung herangezogen worden waren. Seine Schlußfolgerung: Keine der beiden Seiten gewinnt. Es ist nach der Auffassung von Dickason eine Tatsache, daß wir keine eindeutige, biblisch schlüssige Position für oder gegen die Möglichkeit der Dämonisierung von Christen finden können.

Weiterhin unterzieht er die theologischen Argumente, die vorgebracht werden, einer Untersuchung und kommt zu demselben Schluß. Er sagt: "Aus unserer Untersuchung und der Analyse der Argumente für und wider die Möglichkeit der Dämonisierung von Christen können wir mit erheblicher Sicherheit behaupten, daß wohl keine der beiden Positionen korrekt ist."[18]

In einem weiteren Schritt wendet sich Dickason den Ergebnissen medizinischer Untersuchungen in Krankenhäusern zu. Der von ihm gezogene Vergleich ist sehr aufschlußreich. Er schlägt vor, daß wir uns, bevor wir über die Frage nachdenken, ob Christen dämonisiert sein können, der Frage zuwenden: Können Christen Krebs bekommen?

Was sagt die Bibel darüber? Nun, die Bibel sagt uns, daß Krankheit eine Tatsache ist, daß sie als Folge von Sünde über die Menschheit kam, und daß Christen und Nichtchristen gleichermaßen krank werden können. Es gibt jedoch keinen Abschnitt in der Bibel, der sich mit der Frage beschäftigt, ob Christen Krebs bekommen können.

In diesem Fall ist es gerechtfertigt, sich der menschlichen Erfahrung zuzuwenden und medizinische Befunde zu betrachten. Das bedeutet nicht, daß wir die menschliche Erfahrung auf eine Ebene mit biblischer Offenbarung stellen wollten oder sogar noch höher. Wenn uns die Bibel über ein bestimmtes Gebiet eindeutig etwas zu sagen hat, dann deuten wir menschliche Erfahrungen im Licht der biblischen Offenbarung. Wenn die Bibel jedoch ein bestimmtes Thema offen läßt, so ist es gerechtfertigt, daß wir Schlußfolgerungen und Erkenntnisse aus der menschlichen Erfahrung ziehen, solange unsere Ergebnisse nicht der Bibel widersprechen.

Der medizinische Befund sagt uns, daß viele Menschen, die behaupten, wiedergeborene Christen zu sein, die gute Gemeindemitglieder sind und die auch von anderen für Christen gehalten werden, tatsächlich Krebs bekommen. Was heißt das für uns? Wenn wir uns bereits im voraus darauf festgelegt hätten, daß Christen keinen Krebs bekommen können, so könnte ganz offensichtlich niemand, der Krebs bekommt, ein Christ sein, unabhängig davon, was die betreffende Person selbst darüber denkt. Eine solche Argumentation ist ganz offensichtlich lächerlich. Es ist nicht stichhaltig, nur deshalb, weil die Bibel nicht ausdrücklich sagt, daß Christen Krebs bekommen können, die Wirklichkeit zu leugnen.

Fred Dickason weist jedoch darauf hin, daß auf ganz ähnliche Weise argumentiert worden ist, um zu belegen, daß Christen nicht dämonisiert werden können. Es ist wahr, daß die Bibel nicht direkt davon spricht, daß das möglich ist (obschon einige Textstellen stark in diese Richtung deuten). Medizinische Untersuchungen haben jedoch ergeben, daß

Menschen, bei denen nach allgemeiner Ansicht die Anzeichen eines wahren Christen zu beobachten waren, dämonisiert waren, und solche Fälle sind auch heute noch zu beobachten.

Ganz zu Anfang verweist Dickason auf seinen eigenen Dienst. Er sagt: "In den Jahren von 1974 bis 1987 sind mir mindestens 400 Fälle von wirklichen Christen persönlich bekannt geworden, die dämonisiert waren." Er gibt zwar zu, daß er nicht unfehlbar ist, jedoch versichert er: "Ich kenne die Merkmale eines Christen und auch die Merkmale einer dämonisierten Person."[19] In zahlreichen Fällen sind seine Diagnosen von Pastoren, Psychologen und Psychiatern bestätigt worden. Er dokumentiert zahlreiche konkrete Beispiele, die sein ausgezeichnetes Buch noch wertvoller machen.

Bevor ich fortfahre, möchte ich sagen, daß ich mir darüber im klaren bin, daß einige sagen werden: "Nun, Wagner hat keinen biblischen Beweis dafür erbracht, daß Christen dämonisiert sein können." Das ist einerseits wahr, andererseits aber auch nicht. Auch wenn es keine Textstelle in der Bibel gibt, die sich direkt mit dieser Thematik beschäftigt, so sind einige indirekte wichtige Hinweise nicht zu übersehen. Wenn Paulus im 6. Kapitel des Epheserbriefes davon schreibt, daß wir nicht mit Fleisch und Blut zu kämpfen haben, sondern gegen Fürsten und Gewaltige, mit den Herren der Welt, die in der Finsternis dieser Welt herrschen, mit den bösen Geistern unter den Himmeln, so müssen wir im Auge behalten, daß er das an Christen schreibt. Er spricht davon, daß wir die ganze Waffenrüstung Gottes anlegen müssen (siehe Eph. 6, 13), und daß der Böse feurige Pfeile auf uns schießt (siehe Eph. 6, 16). Mit anderen Worten: Dämonen sind eine Realität, und Christen haben es nötig, besondere Vorkehrungen zu treffen, um sich zu schützen. Wenn sie das nicht tun, können sie Verletzungen davontragen. Ich kann mir schlecht vorstellen, wie man diesen Text auf andere Weise verstehen will.

Ganz ähnlich ruft Petrus seine Mitchristen dazu auf, nüchtern und wachsam zu sein, "denn der Teufel geht umher wie ein brüllender Löwe und sucht, wen er verschlingen kann" (1. Petr. 5, 8). Ich habe darauf zwar schon einmal hingewiesen, habe aber den Eindruck, ich sollte das zum wiederholten Mal tun. Theologisch gesprochen ist der Teufel nicht allgegenwärtig - das ist nur Gott selbst. Der Teufel tut seine Boshaftigkeiten nicht alleine, sondern delegiert dieses Werk an eine Vielzahl von Dämonen. Aus diesem Grunde wäre es eine naheliegende

Schlußfolgerung, anzunehmen, daß Petrus, wenn er Christen dazu aufruft, dem Teufel zu widerstehen (siehe 1. Petr. 5, 9), uns damit sagt, wir sollten Dämonen widerstehen. Warum würde die Bibel das so betonen, wenn Christen nicht von Dämonen Schaden erleiden könnten?

Ich spreche nicht über dieses Thema, um Christen Angst einzujagen - ich spreche darüber, um sie aufmerksam zu machen. Martin Luther spricht in seinem Lied "Ein' feste Burg ist unser Gott" von Satan: "Ein Wörtlein kann ihn fällen." Dieses Wort ist Jesus. Die Vollmacht von Jesus, vermittelt durch den Heiligen Geist, ist mehr, als irgend ein Dämon verkraften kann.

Dämonen mit besonderem Auftrag

Das Wissen um die Möglichkeit, daß Christen dämonisiert sein können und daß Gott uns die Vollmacht und Autorität gegeben hat, sie von dieser Unterdrückung zu befreien, wird uns sehr dabei helfen, wenn wir Erkenntnisse der Dritten Welle in unserer eigenen Gemeinde anwenden möchten. Wie steht es jedoch um unseren nach außen gerichteten Dienst? Wie ist es damit, wenn wir Verlorene mit dem Evangelium erreichen wollen? Wie ist es, wenn wir in unserem Dienst die ganze Welt im Auge behalten und unerreichte Volksgruppen im Auftrag von Jesus Christus erreichen möchten? Kann uns die Dritte Welle hier weiterhelfen?

Ich glaube, sie kann uns in vielerlei Hinsicht weiterhelfen. Alles, was ich zur übernatürlich beglaubigten Evangelisation gesagt habe, kommt hier zum Tragen. Wir haben gesehen, daß Zeichen und Wunder dazu beitragen, daß weltweit viele Menschen Christen werden. In vielen Teilen der Welt ist die Machtkonfrontation ein Schlüsselelement in der Verbreitung des Evangeliums. Es gibt jedoch eine Unterkategorie der Konfrontation zweier Machtbereiche. Wenn wir diese Kategorie berücksichtigen, sehe ich große Chancen für eine Beschleunigung der Evangelisation der Welt. Christliche Leiter scheinen aber nicht allzuviel darüber zu wissen. Ich spreche davon, die Macht von Dämonen zu brechen, die über ein bestimmtes Gebiet eine festumrissene Machtposition innehaben.

In 2. Korinther 4, 4 lesen wir davon, daß Satan erfolgreich den Verstand der Ungläubigen verblendet hat, so daß sie das Evangelium nicht erfassen können. Dies bezieht sich zweifellos auf Einzelpersonen; kann es jedoch sein, daß es sich auf ganze Gebiete bezieht? Könnten hier Länder gemeint sein? Nationen? Städte? Kulturell verwandte Gruppen? Stämme? Soziale Schichten? In dem Gleichnis vom Sämann spricht Jesus von dem Samen des Wortes, der auf die Straße fällt und keine Frucht trägt, weil "Satan alsbald kommt und das Wort, das in ihr Herz gesät war, wegnimmt" (Markus 4, 15). Die Forschung der Gemeindewachstumsbewegung kennt seit langem das Phänomen der für das Evangelium verschlossenen Volksgruppen. Könnte es sein, daß wenigstens ein Teil dieses Widerstandes auf das direkte Wirken dämonischer Wesen zurückzuführen ist?

Der größte Kampf von Sumrall

Um dies zu illustrieren, möchte ich auf ein dramatisches Ereignis aufmerksam machen, das vor einigen Jahren im Dienst von Lester Sumrall in den Philippinen vorgekommen ist. Er berichtet, daß er einen ausgedehnten missionarischen Einsatz in den Philippinen unternahm, weil er den Eindruck hatte, Gott habe direkt zu ihm gesprochen und ihm gesagt, er solle gehen, es würden große Dinge geschehen. Nach fünfmonatiger Predigttätigkeit waren jedoch nur 5 Menschen zum Glauben gekommen. Offensichtlich war etwas nicht in Ordnung.

Eines Abends hörte Sumrall im Radio einen Bericht über eine Frau namens Clarita Villanueva, die als Häftling im Bilibid-Gefängnis einsaß. Irgendein unsichtbares Wesen hatte sie offenbar gebissen und tiefe Merkmale von durch Zähne verursachten Wunden auf ihrem Nacken, ihren Armen und Beinen hinterlassen. Häufig verhielt sie sich wie ein Tier, biß um sich, kratzte sich und schlug nach den Ärzten. Die Medien brachten Berichte über ihren Fall. Während der Radiosendung hatte Sumrall den Eindruck, daß Gott ihn dazu beauftragte, ins Gefängnis zu gehen und aus ihr Dämonen auszutreiben. Er betete die ganze Nacht hindurch und ging am nächsten Tag zum Leiter des Gefängnisses, um sich die Besuchserlaubnis zu holen. Der Gefängnischef sagte, daß sie eine Hexe wäre und daß sich niemand in ihrer Nähe aufhalten dürfe. Nachdem Sumrall jedoch ein Dokument zu seiner Entlastung unterzeichnet hatte, wurde ihm die Erlaubnis gegeben, zu ihrer Zelle zu gehen.

In dem Moment, als er sie zu Gesicht bekam, sprach ihn einer der

Dämonen in Englisch an (obwohl die Frau selbst nicht Englisch beherrschte): "Ich kann dich nicht leiden!" Das Wesen verfluchte Sumrall, Gott und das Blut Christi. Sumrall sagt: "Ich begann den größten Kampf meines Lebens"; durch die Vollmacht des Heiligen Geistes jedoch trieb er die Dämonen aus und führte diese Frau zu Christus. Sumrall berichtete, daß "150.000 Menschen infolge dieses großen Wunders errettet worden sind", und: "Von diesem Tag an gab es in den Philippinen Erweckung."[20]

Ich bin mir nicht sicher, ob wir mit letzter Sicherheit sagen können, ob damals die Macht eines oder mehrerer in einem bestimmten geographischen Gebiet wirksamen Dämonen gebrochen worden war. In den vergangenen Jahren ist jedoch das Maß, in dem die Gemeinden in den Philippinen wachsen, stark angestiegen. Ich habe diesen Fall berichtet, weil ich davon überzeugt bin, daß es sich hierbei um einen Dienst handelt, den wir weitaus ernster nehmen sollten, als viele von uns dies in der Vergangenheit taten. Wenn es tatsächlich so wäre, daß bei der Befreiung von Clarita Villanueva einige kosmische Veränderungen stattgefunden hätten, könnte ich mir vorstellen, daß es ein sehr fruchtbares Gebiet für weitere Forschungen auf dem Gebiet der Evangelisation und des Gemeindewachstums bieten würde.

Dämonen über Argentinien

Aus meinem persönlichen Freundeskreis ist derjenige, der am meisten Erfahrung im Umgang mit örtlich begrenzt wirksamen Dämonen hat, der Argentinier Omar Cabrera, Pastor der Gemeinde 'Vision de la Futura'. Zu den einzigartigen Merkmalen seiner Gemeinde gehört es, daß sie dezentralisiert organisiert ist und sich zur gleichen Zeit in über 40 Städten in Zentralargentinien trifft. Omar und seine Frau Marfa legen pro Monat über 10.000 km zurück, meistens im Auto, und leiten diese Gemeinde, die etwa 145.000 Mitglieder hat. Wie macht er es, wenn er einen neuen Ort für seine Gemeinde erschließt?

In aller Regel macht er es so, daß er sich, nachdem ein Ort für die Gründung eines neuen Teils der Gemeinde ausgesucht wurde, in einem Hotel einmietet, sich allein auf ein Zimmer zurückzieht, um zu beten und zu fasten. Üblicherweise nutzt er die ersten zwei oder drei Tage, um dem Heiligen Geist Gelegenheit zu geben, ihn zu reinigen, sowie dazu, sich selbst zu verleugnen und mit Jesus eins zu werden. Er hat den Eindruck, dabei "die Welt zu verlassen" und sich in einer anderen Ebene der Realität aufzuhalten, in der geistlicher Kampf stattfindet. Manchmal sind die Angriffe des Feindes erbittert. Er hat sogar einige Dämonen in körperlicher Form zu sehen bekommen. Sein Ziel ist es, ihre Namen zu erfahren und ihre Macht über diese Stadt zu brechen. In der Regel dauert dies fünf bis acht Tage, manchmal jedoch auch länger. Einmal verbrachte er 45 Tage in einer solchen Auseinandersetzung. Wenn er jedoch damit fertig ist, geschieht es häufig, daß in seinen Veranstaltungen Menschen gerettet und geheilt werden, sogar bevor er überhaupt angefangen hat, zu predigen und für sie zu beten.

Im 3. Kapitel habe ich bereits von dem erstaunlichen Wachstum der Gemeinden im heutigen Argentinien gesprochen und von der übernatürlich beglaubigten Evangelisation, die damit im Zusammenhang steht. Ich habe stundenlang mit Freunden wie Omar Cabrera und Edgardo Silvoso gesprochen und ihnen zugehört, um herauszufinden, was wohl hinter dem außergewöhnlichen Wirken Gottes in dieser Nation seit dem Falklandkrieg im Jahre 1982 liegt. Eine Hypothese hängt direkt mit der Art von kosmischen Auseinandersetzungen zusammen, über die ich gerade spreche.

In den Tagen, als Juan Peron das Land regierte, war sein hauptsächlicher Berater ein Hexer, Jose Lopez Rega, der ein Hoherpriester des spiritistischen Macumba-Kultes war. Silvoso berichtet, daß Lopez Rega die *eigentliche* Macht der Regierung in den Händen hatte und die Medien, die Geschäftswelt und das Militär infiltrierte. Eine Woge von dämonischer Aktivität überrollte das Land. Im Staatsfernsehen legten Menschen Zeugnis davon ab, wie Macumba ihnen geholfen habe. Unglücklicherweise waren die evangelikalen Gemeinden schlecht vorbereitet, um mit so einem Zustand umzugehen. Mit Silvosos Worten: "Wir hatten die rechte Lehre, aber uns mangelte die Vollmacht, die dämonischen Mächte zu besiegen." Die Gemeinden waren schon seit Jahrzehnten kaum gewachsen.

Gerüchten zufolge hat Lopez Rega, als er die Regierung verließ, das ganze Land Argentinien verflucht, infolgedessen es zu den unmenschlichen Grausamkeiten in der Militärregierung von 1976 bis 1981 gekommen war. So etwas wie Menschenrechte waren nicht bekannt. Tausende von Menschen verschwanden einfach, und man weiß nicht, ob sie vergewaltigt, gefoltert, brutal ermordet und in geheime Massengräber geworfen wurden oder im Fluß ertränkt worden sind. Im Jahre 1982 wurde es anders. Wir wissen nicht genau, was in diesem Jahr im Kosmos vor sich ging. Aber in einer Weise, wie ich sie sonst nicht kenne, fordern heute die hervorstechendsten christlichen Leiter in Argentinien, wie Omar Cabrera, Carlos Annacondia, Hector Gimenez und andere, Satan direkt heraus und verfluchen ihn und seine dämonischen Mächte sowohl im privaten Gebet wie auch auf der öffentlichen Plattform. Anscheinend befindet sich die gesamte Nation mitten in einem Kräftemessen ersten Ranges.

Dämonen in anderen Ländern

Als ich Omar Cabrera vor mehreren Jahren kennenlernte, habe ich mich gefragt, ob wohl sein Vorgehen, die Macht geographisch begrenzt wirksamer Dämonen zu brechen, einzigartig war, oder ob noch andere Menschen sich damit auskennen. Von dieser Zeit an bin ich in meinen Nachforschungen auf mehrere Berichte aus den verschiedensten Teilen der Welt gestoßen, die die Wirklichkeit dessen, worüber wir gerade sprechen, zu bestätigen scheinen. Timothy Warner, Professor an der 'Trinity Evangelical Divinity School', geht davon aus, daß Missionare in Pioniersituationen in besonderer Weise darauf vorbereitet sein müssen, die Macht von Dämonen zu brechen, die in diesen Gebieten herrschen. Er berichtet von Fällen, in denen Missionare bei Indianern in Canada und in Papua Neuguinea auf diese Weise vorgegangen waren.[21]

Paul Yonggi Cho erzählte von einem Gespräch mit einem presbyterianischen amerikanischen Militärgeistlichen, der einen trockenen, fruchtlosen Dienst unter dem Militär in Deutschland erlebt hatte. In Korea jedoch "öffnete sich der Himmel, und der Geist Gottes wurde über ihn ausgegossen." Cho sagt, daß in Deutschland "die Mächte des Himmels nicht gebrochen worden sind, weil die Gemeinden nicht beten." In Korea ist "die geistliche Atmosphäre" anders, weil die Macht kosmischer Kräfte gebrochen worden ist. In Korea, so Cho weiter, "gibt es nicht so viel Verunreinigung, weil wir eine betende Gemeinde sind." Er spricht von Gebetsversammlungen am frühen Morgen und solchen, die die ganze Nacht hindurch dauern, wie auch von Gebetsbergen, alles Kennzeichen, die fest mit dem koreanischen Gemeindealltag verknüpft sind.[22]

Jack M. Chisholm, Pastor der Presbyterianischen Gemeinde in Glendale, Kalifornien, machte eine Studienfahrt nach Korea. Neben vielen anderen Lektionen über das Wachstum und die Erneuerung der Gemeinden war er nun überzeugt, daß wir fähig sein sollten, “Befestigungen und alle befestigten Burgen zu zerstören, um Menschen zu befreien.” Er ist überzeugt, daß die neue Welle der Kraft des Heiligen Geistes, die viele von uns erleben, “das Rückgrat dämonischer Strukturen brechen wird, unter denen Nationen und Völker gefangen gehalten werden.”[23]

Bill Jackson berichtet in der Zeitschrift *World Christian* von einem Missionarsehepaar in Thailand. Die beiden hatten jahrelang keine geistliche Frucht ihrer Arbeit erlebt, bis sie sich dazu entschlossen, an einem Tag in der Woche in die umliegenden Wälder zu gehen und die dort wirksamen Dämonen in geistliche Kampfführung zu verwickeln. Eine Welle von Bekehrungen folgte. Jackson ist überzeugt, daß Tausende von unerreichten Volksgruppen sich momentan direkt unter dem Daumen Satans befinden: “Das Evangelium wird unter diesen Volksgruppen solange keine Fortschritte machen, bis wir die Dämonen binden, die diese Völker gebunden halten, ob diese täuschenden Mächte nun eine islamische, hinduistische oder irgendeine andere Form angenommen haben.”[24]

In den vergangenen Jahren sind die Gemeinden in Brasilien relativ schnell gewachsen, im Nachbarland Uruguay jedoch relativ langsam. Ralph Mahoney, der mit der missionarischen Organisation World MAP zusammenarbeitet, erzählte von einer merkwürdigen Begebenheit. Ein Missionar, mit dem er gesprochen hatte, verteilte in einer kleinen Stadt an der Grenze zwischen Uruguay und Brasilien Traktate. Die Hauptstraße in dieser Kleinstadt ist auch gleichzeitig die Grenze der beiden Länder. Er fand heraus, daß auf der uruguayischen Seite der Straße keiner die Traktate annehmen wollte, während die Menschen auf der brasilianischen Seite der Straße diese gerne entgegennahmen. Einzelne Personen, die auf der uruguayischen Seite die Traktate nicht annehmen wollten, hatten ihre Einstellung auf der brasilianischen Seite plötzlich geändert und nahmen sie entgegegen. Die Erklärung des Missionars war, “sie seien dadurch, daß sie die Straße überquerten, aus der allgegenwärtigen Finsternis über Uruguay in ein Land gekommen, in dem die Macht dieser Finsternis teilweise zurückgedrängt worden war.”[25]

Was sind ihre Namen?

Mark I. Bubeck betrachtet Satan als den obersten General der Mächte der Finsternis, der sozusagen die Spitze der Pyramide einer hierarchischen Struktur von bösen Geistern bildet. Die nach ihm mächtigsten Wesen sind *Herren* und *Fürsten*. Bubeck hat den Eindruck, daß diese Wesen ungemeine Macht haben und über eine gewisse Unabhängigkeit verfügen im Hinblick auf das, was sie tun. Unter ihnen befinden sich die *Mächte*, "möglicherweise in größerer Zahl und etwas weniger unabhängig und machtvoll als die Prinzen." Danach kommen die *Herrscher der Finsternis*, die etwa im Rang untergeordneter Offiziere stehen. Zum Schluß der Hierarchie kommen die *bösen Geister* oder *Dämonen*.[26]

Wie die Zuteilung von geographischen Gebieten innerhalb dieser Hierarchie vonstatten geht, ist noch nicht ganz klar. Vielleicht wird uns weitere Forschung hier mehr Klarheit bringen. Mein Kollege Charles Kraft hat mit der Psychologin Rita Cabezas de Krumm aus Costa Rica zusammengearbeitet, die eine zeitlang in einem ausgedehnten Befreiungsdienst engagiert war. Berichte, die Kraft von ihr erhalten hatte, geben so detailliert Aufschluß über die Identität hochkalibriger Dämonen, wie ich es nie zuvor gesehen habe.

In einem zwei Stunden dauernden Kampf mit einem Dämon mit Namen Asmodeo bezeichnete sich das Wesen als einen der sechs Prinzen, die direkt unter Satan dienen, den sie als ihren König betrachten. Jeder dieser sechs, so sagte es weiter, ist mit einer bestimmten unheilvollen Aufgabe betreut; Asmodeo selbst soll dafür sorgen, daß Menschen in Laster, Drogen, Homosexualität, Ehebruch, Ehezerrüttung und Freßsucht verstrickt werden. An verschiedenen Orten können die sechs Prinzen zwar unterschiedliche Namen annehmen, die anderen waren jedoch als Damian, Beelzebub, Nosferasteus, Arios und Menguelesh bezeichnet worden. Da Dämonen Lügner sind, sind wir nicht sicher, inwieweit man solchen Informationen glauben darf. Aber ich glaube, die ganze Angelegenheit ist es wert, daß weitere Untersuchungen darüber gemacht werden, so wie Rita Cabezas dies selbst tut.

Paul Lehmann, ein Missionar, der mit der 'Christian and Missionary Alliance' nach Zaire gegangen ist, hat kürzlich eine Liste mit den Namen von Dämonen veröffentlicht, die er aus Tata Pembele, einem Zauberdoktor, ausgetrieben hatte. Unter ihnen befanden sich Dämonen mit solchen klangvollen Namen wie Der Wächter der Ahnen, Geist der Reisenden, Ernährer der Toten, Retter vor Zauberei, Stimme der Toten, Verbreiter von Krankheit, Lähmender Geist, Ertränker in Wasser, Heiler und vielen anderen Bezeichnungen. In der Macht dieser Wesen hatte der Zauberdoktor einen großen Einfluß ausgeübt.[27]

Hexen in der Gegend von Los Angeles rufen die Isis, Astarte, Hecate, Demeter, Kali und Innana an. Andere beten zu Cerridwen, Mutter der Erde, und Cerrunnos, Vater der Wälder. Paul Kauffman hat einen der wichtigsten Dämonen in Thailand als Narai identifiziert. Die Indianer der Anden verehren die Macht von Pachamama, Inti und Viracocha. Einige Mexikaner denken, daß der aztekische Kriegsgott Huitzilopochtli noch immer regiere.

Die Namen von zwei geographisch begrenzt wirksamen Dämonen werden uns offenbar in Daniel 10 genannt. Daniel spricht von einem Engel Gottes, der kam, um ihm zu helfen, jedoch aufgehalten wurde, weil der "Fürst des Königreiches Persien" ihn in eine geistliche Auseinandersetzung verwickelt hatte (Vers 13; siehe auch Vers 20), und der später einen ähnlichen Kampf mit dem "Fürsten von Griechenland" erwartete (Vers 20). Paulus bezeichnet diese Wesen als Herren und Mächte, als "die bösen Geister unter dem Himmel" (Eph. 6, 12).

Der Geist von Merigildo

Edgardo Silvoso sprach kürzlich bei einer Gebetstagung, die in der Lake Avenue Congregational Church in Pasadena, Kalifornien, abgehalten wurde. Eins seiner Themen war geistliche Kampfführung. Er berichtete uns, wie er im Jahre 1985 zusammen mit einigen Freunden eine Landkarte zur Hand nahm, um den Ort, an dem sich das Ausbildungszentrum für Leiter in der Organisation 'Harvest Evangelism' befand, einen Kreis mit einem Radius von 160 km zog und dabei herausfand, daß es innerhalb dieses Kreises 109 Städte ohne eine evangelikale Gemeinde gab. Sie fanden ebenfalls heraus, daß in einer Stadt mit dem Namen Arroyo Seco ein Hexer namens Merigildo lange Zeit großen Einfluß ausgeübt hatte. Er hatte 12 Jünger ausgebildet und seine Macht vor seinem Tod auf eine Frischwasserquelle übertragen. Als dies herausgekommen war, versammelten sich die christlichen Leiter der ganzen Gegend, pfingstliche und nicht-pfingstliche, um sich zur geistlichen Kampfführung zu vereinigen. Silvoso berichtete, daß das die vollmächtigste Gebetsversammlung gewesen sei, die er jemals erlebt hatte. Im Namen von Jesus beanspruchten sie den Herrschaftsanspruch über dieses Gebiet.

Sechs von ihnen gingen zum Hauptquartier von Merigildo in Arroyo Seco, unter ihnen Silvoso. Sie ließen öffentlich bekanntmachen, daß er durch die Macht des Blutes von Jesus geschlagen war, stellten ihre Wagen so auf, daß sie auf das Hauptgebäude zeigten und brachen im Gebet die satanische Macht im Namen von Jesus.

Die Folgen? In weniger als 3 Jahren, nachdem die Macht von Merigildo gebrochen worden war, gab es in 82 der 109 Städte eine evangelikale Gemeinde, und viele weitere wurden rasch gegründet.

Es gibt noch viel zu lernen, wie wir dem Teufel widerstehen können. Wir haben viele Fragen und nicht genug Antworten. Aber eine Antwort haben wir: Jesus baut seine Gemeinde, und die Kraft des Heiligen Geistes ist mehr als ausreichend, so daß “die Pforten der Hölle sie nicht überwältigen werden” (Matth. 16, 18).

Anmerkungen

1. Francis MacNutt, *Die Kraft zu heilen* (Graz Wien Köln, Verlag Styria; Metzingen, Verlag Ernst Franz, 1986[5]), S. 136.
2. Michael Green, *I Believe in Satans Downfall* (Grand Rapids, MI: Wm. B. Eerdmans Pub. Co., 1981), S. 10.
3. John Wimber, "The Reality of Spiritual Warfare", *First Fruits*, November 1984, S. 3.
4. H. Newton Malony, "Diseased, Deluded, Depraved, Demonized: Options in diagnosis for religious mental health professionals", Vortrag, gehalten bei der Jahresversammlung der 'American Academy of Religion' in Anaheim, Kalifornien, im November 1985, S. 135.
5. Ebd.
6. Colin Brown, Hrsg., *The New International Dictionary of New Testament Theology* (Grand Rapids, MI: Zondervan Publishing House, 1975), Bd. 1, S. 453.
7. John Wimber und Kevin Springer, *Heilung in der Kraft des Geistes* (Hochheim, Projektion J, 1987), S. 111.
8. Valdemar Kroker, "Spiritism in Brazil", *Mission Focus*, März 1987, S. 1.
9. Ebd., S. 5.
10. John Maust, "The Land Where Spirits Thrive," *Christianity Today*, 13. Dezember 1985, S. 50.
11. Kroker, "Spiritism in Brazil", S. 1.
12. Maust, "The Land", S. 50.
13. Michael Harper, *Spiritual Warfare* (Downers Grove, IL: Inter-Varsity Press, 1986), S. 33.
14. General Presbytery of the Assemblies of God, "Can Born Again Believers Be Demon Possessed?" Springfield, MO, Mai 1972, S. 15.
15. Charles R. Swindoll, *Demonism*, (Portland, OR: Multnomah Press, 1981), S. 18.19.
16. James Robison, "Set Free From Thoughts That Destroy", *People of Destiny*, März/April 1986, S. 12 - 15.
17. Edward Murphy, "What is the Devil doing to Believers?" *Christian Life*, Feb. 1983, S. 52 - 55.
18. C. Fred Dickason, *Demon Possession and the Christian* (Chicago: Moody Press, 1987), S. 147.

19. Ebd., S. 175.
20. Lester Sumrall, "Deliverance: Setting the Captives Free," *World Harvest*, Juli/August 1986, S. 7.
21. Timothy M. Warner, "Power Encounter with the Demonic", *Evangelism on the Cutting Edge*, Robert E. Coleman (Hrsg.) (Old Tappan, NJ: Fleming H. Revell Co., 1986), S. 98. 99.
22. Paul Yonggi Cho und C. Peter Wagner, (Hrsg.), *Church Growth Manual No. 1*, Seoul: Church Growth International, 1986, S. 41.
23. Jack M. Chisholm, "Go To Korea and Learn From Them", *The Forerunner*, Juni 1984, S. 23.
24. Bill Jackson, "Waging War", *World Christian*, Jan./Feb. 1985, S. 11.
25. Ralph Mahoney, "The Covering of Darkness", *World MAP Digest*, März/April 1983, S. 3.
26. Mark I. Bubeck, *The Adversary* (Chicago: Moody Press, 1975), S. 72. 73.
27. Paul Lehmann, "Invading Satan's Territory", *The Alliance Witness*, 18. März 1987, S. 19.

Neun

Anwendung in Ihrer Gemeinde

Der entscheidende Faktor in der Dritten Welle ist, daß man nicht redet, sondern handelt. Glaube ist zwar notwendig, jedoch ist ein Glaube ohne Werke tot. Den größten Teil dieses Buches habe ich bislang darauf verwandt, zu versuchen, Glauben zu wecken. Wir haben gesehen, daß die Dritte Welle eine Realität ist, daß übernatürlich beglaubigte Evangelisation unsere heutige Welt entscheidend verändert, daß Zeichen und Wunder mit zu einer Lebensführung gehören, die der Herrschaft Gottes entspricht, daß Jesus seine Vollmacht an seine Nachfolger delegierte - uns eingeschlossen -, und daß es zu unserem Dienstes für Gott gehört, sich in geistlicher Kampfführung zu engagieren.

Die Frage lautet nun: Kann das alles in Ihrer Gemeinde geschehen, durch Ihr Leben und Ihren Dienst? Ich glaube, die Antwort darauf ist: Ja!

Wie ich bereits gesagt habe, stelle ich mir in meinen Träumen vor, daß am Ende dieses Jahrhunderts das öffentliche, engagierte Gebet für Kranke in allen Gemeinden genauso zum Alltag gehört wie die Sonntagsschule im heutigen Amerika. Ich glaube, daß das so sein wird, denn wenn ich mich nicht täusche, ist das einer der Schwerpunkte der Dinge, die der Vater heute tut. Hunderttausende von charismatischen und Pfingstgemeinden haben seit Jahrzehnten in ihren Kirchen für Kranke gebetet. Viele Gemeinden der Dritten Welle fangen ebenfalls an, sich daran zu beteiligen. Aber bei der überwiegenden Mehrzahl der Gemeinden, wenigstens in den Vereinigten Staaten, gehört das Gebet für Kranke noch nicht zur Agenda der christlichen Aktivitäten. Dieses Kapitel ist hauptsächlich für solche Gemeinden geschrieben.

Der Satz "Wie Sie in Ihrer Gemeinde für Kranke beten können und trotzdem gesund bleiben" wirkt verblüffend. Viele lächeln, wenn sie ihn zum ersten Mal hören, weil damit in gewisser Weise eher versteckt ein besonderer Problemkreis angesprochen wird, den manche Heilungsdienste bisher mit sich brachten: Sie haben dazu beigetragen, daß Spaltungen entstanden sind. Wer weiß nicht von Geschichten zu berichten, ob aus erster oder aus zweiter Hand, wie das Gebet für Kranke in örtlichen Gemeinden zu Spaltungen geführt hat und zu Aufruhr in Jahresversammlungen von Kirchen, wie dadurch parakirchliche Organisationen verstört wurden und langanhaltende persönliche Differenzen zwischen christlichen Brüdern und Schwestern auf allen Ebenen entstanden sind? Das Endergebnis ist, daß viele Gemeinden sich entschlossen haben, mit göttlicher Heilung, diesem Unruheherd, nichts zu tun zu haben. Ihr negatives Bild wird sich solange nicht verändern, bis sie in irgendeiner Form den Eindruck haben, daß das Gebet für Kranke durchaus praktiziert werden kann und dadurch tatsächlich Gutes - und nicht Schlechtes - in der Gemeinde entstehen kann.

Und damit sind wir erneut bei einem der Hauptanliegen der Dritten Welle: Es geht darum, diese negativen Voreinstellungen zu verändern.

Warum überhaupt für Kranke beten?

Es gibt einen Slogan von Robert Schuller, der regelrecht zum geistigen Inventar der christlichen Leiter in Amerika geworden ist: "Das Geheimnis des Erfolges ist es, eine Not ausfindig zu machen - und sie zu beheben." Dieser Satz erregt deshalb soviel Aufsehen, weil er einfach wahr ist.

Die meisten Menschen wünschen sich in allererster Linie gute Gesundheit. Schon allein unser gesunder Menschenverstand zeigt uns das. Ein Blick auf das Jahreseinkommen der Gesundheitsbranche würde uns weiter überzeugen. Wenn wir eine Liste der Berufe der reichen Oberschicht aufstellen, zählen wir die Ärzte, Psychologen und Zahnärzte automatisch dazu. Eine wissenschaftliche Untersuchung, die kürzlich von dem Meinungsforschungsinstitut Gallup und dessen internationalen Partnern durchgeführt worden ist, unterstreicht dies erneut. Die Umfrage hat ergeben, daß in sechs Staaten in der Welt Gesundheit den wichtigsten Platz in der sozialen Bedürfnisskala einnimmt; die Familie folgt knapp auf Platz Nummer zwei.[1]

Für die Gemeinden ist das nichts Neues. Denken Sie einmal nach.

Werfen Sie doch einmal einen Blick auf die Liste der Gebetsanliegen, die im Verlauf einer beliebigen Woche öffentlich bekannt gegeben werden. Ob diese Anliegen in einer Gebetsversammlung am Mittwochabend mündlich weitergegeben werden, auf einer speziellen Liste für Gebetsanliegen gedruckt stehen, im Beiblatt für den sonntäglichen Gottesdienst vorkommen oder direkt von der Kanzel ausgesprochen werden: 70 bis 90 Prozent dieser Anliegen haben mit Gesundheit zu tun. Das Gebet für die Kranken ist schon längst ein fester Bestandteil im Alltag aller Gemeinden, die ich kenne. Was ist dann das eigentliche Problem? Das Problem ist, daß nicht allzu viele Menschen als direkte Folge von Gebeten als geheilt bezeichnet werden können. Die Vollmacht, in der in den verschiedenen Gemeinden für Kranke gebetet wird, läßt viel zu wünschen übrig. Ich glaube jedoch, daß wir in der nächsten Zeit an diesem Punkt spürbare Fortschritte erleben werden.

Es haben gar nicht so viele Menschen etwas gegen göttliche Heilung, wie wir vielleicht denken. Es ist ja auch eine Tatsache, daß der Glaube an übernatürliche Heilung in den Kulturen der Dritten Welt weitverbreitet ist. Aber auch in einer technologisch hoch entwickelten Nation wie den Vereinigten Staaten gibt es viele Menschen, die für das übernatürliche Eingreifen Gottes offen sind. Eine Untersuchung des amerikanischen Meinungsforschungsinstitutes Gallup, die in Orange County, einem Bezirk des US-Bundesstaates Kalifornien, durchgeführt wurde, hat ergeben, daß nicht weniger als 47 Prozent der Bevölkerung übernatürliche Glaubensheilungen für möglich halten. Und dabei ist Orange County noch nicht einmal ein besonders christlicher Bezirk: Nur 27 Prozent der Bevölkerung halten sich für wiedergeboren (US-Durchschnitt: 40 Prozent), und die Zahlen der Kirchenmitgliedschaften und der Gottesdienstbesucher sind eher am unteren Ende, verglichen mit anderen Bezirken in Amerika.[2]

Was hat das zu bedeuten? Es bedeutet beispielsweise, daß die meisten Menschen in Amerika sehr um ihre Gesundheit besorgt sind und beinahe die Hälfte es für möglich hält, daß Gott sie heilen kann. Die Aufgabe der christlichen Gemeinden ist es doch nun aber, Menschen in Kontakt mit Gott und seiner Kraft zu bringen. Wenn die Gemeinden also so sehr um andere Menschen und deren Nöte besorgt sind, wie sie es vorgeben, was würde sie daran hindern können, zusätzlich zu ihrem bisherigen Engagement für Kranke zu beten? Die Heilung von Kranken ist nicht das allerwichtigste, was Gott für die Menschen tun kann; das

Wichtigste ist es, die Verlorenen zu finden und mitzuerleben, wie sie für ewig errettet werden. Und dennoch, wenn die Menschen sehen würden, daß die christlichen Gemeinden genug Liebe für sie aufbrächten und sich um ihre wirklichen Nöte kümmern würden, würden sich auch mehr Herzen dafür auftun, über die tieferen und ewigen Dinge des Evangeliums wie etwa Errettung nachzudenken.

Nichts zu verlieren

Es gibt nur wenige Dinge im Leben, die man tun kann, wobei man auf jeden Fall Gewinnchancen hat. Das Gebet für Kranke ist so ein Fall. Ich meine damit nicht, daß ein Irrtum oder Versagen ausgeschlossen ist; meiner eigenen Erfahrung nach kommt so etwas jedoch außerordentlich selten vor. Letztes Jahr habe ich zum Beispiel für etwa 200 Menschen persönlich gebetet. Soweit ich mich erinnern kann, war das für jeden Einzelnen eine positive Erfahrung. Nicht jeder ist gesund geworden, aber alle hatten den Eindruck, daß ihnen geholfen wurde. Darauf werde ich im nächsten Kapitel noch ausführlicher eingehen. Mir gefällt es, was Charles Kraft immer sagt: "Es geht nicht so sehr um Heilung, sondern darum, ob Menschen geholfen wurde."

Ich möchte das gerne illustrieren. Vor nicht allzu langer Zeit hielt ich einen zweiwöchigen Intensivkurs über Gemeindewachstum. Am Anfang der Vorlesung beteten wir zusammen, wie wir das immer tun. Einer meiner Studenten war Dave, der als Berater einer christlichen Gemeinde arbeitete. Er nannte sein Gebetsanliegen: Seit drei Jahren litt er an schlimmen Allergien und mußte täglich eine Spritze bekommen, damit sich die Allergie nicht weiter ausbreitete. Er bat uns, für ihn zu beten. Ein weiterer Student war Pastor Che Ahn von der Abundant Life Community Church in Pasadena, Kalifornien. Er meldete sich zu Wort und berichtete, wie er selbst auf wunderbare Weise von Allergien geheilt worden war. Während er noch sprach, hatte ich den Eindruck, daß Gott wollte, daß Ahn zu Dave gehen sollte, ihm die Hände auflegen und dabei für Gottes besondere Weisung offen sein sollte. Als Ahn auf ihn zuging, machte ihn der Geist Gottes darauf aufmerksam, daß der Grund für das Leiden des Mannes ein böser Fluch war, der gegen ihn ausgesprochen worden war. Ahn brach die Kraft dieses Fluches im Namen Jesu.

Am Mittwoch meldete sich Dave während der Gebetszeit zu Wort und sagte: “Seit drei Tagen sind die Symtome der Allergie verschwunden. Aber was mir noch wichtiger ist als das: Durch diese Erfahrung weiß ich mich mit Gott viel enger verbunden als je zuvor. Selbst wenn die Symptome wieder auftauchen sollten, wird sich an meiner neugefundenen vertieften Beziehung mit Gott nichts ändern.” Später berichtete er, daß er nun gar keine Medikamente mehr zu nehmen brauchte, und die Symptome noch immer nicht aufgetaucht seien. Er fügte hinzu: “Nur diejenigen, die selbst an Allergien gelitten haben, können die Tragweite dessen, was ich hier sage, erfassen.”

In diesem Fall haben wir gleich zweimal einen Sieg erlebt. Aber nehmen wir einmal an, daß die Symptome wieder zurückgekommen sind, was ja durchaus möglich ist. Wir könnten immer noch auf einen Sieg zurückschauen, denn die Fürsorge der ganzen Klasse, die Liebe, die zum Ausdruck kam, der Wunsch, Dave zu helfen und das Wirken des Heiligen Geistes an seinem inneren Menschen haben bei Dave zu einer lebensverändernden Erfahrung geführt.

Wer kann für Kranke beten?

Wie ich schon im zweiten Kapitel unterstrichen habe, ist eines der Hauptmerkmale der Dritten Welle die Tatsache, daß man durch das Engagement in einem bestimmten Dienst Teil dieser Bewegung wird, und nicht so sehr durch eine dramatische geistliche Erfahrung, die üblicherweise Erfüllung mit dem Heiligen Geist genannt wird. Ich habe auch bereits darauf hingewiesen, daß dieser Dienst damit zusammenhängt, sich im Kontext des ganzen Leibes Christi einzusetzen. Die Betonung liegt nicht so sehr auf dem Einsatz des Einzelnen. Viele Menschen beanstanden energisch die Art und Weise, wie manche amerikanischen Heilungsprediger im Fernsehen auftreten. In diesen Fällen liegt die Betonung zu häufig auf dem einzelnen Menschen - dem Prediger - und nicht auf der ganzen christlichen Gemeinde. Ich möchte damit nicht sagen, daß Gott nicht auf beide Weisen handeln will oder kann. Was ich hier jedoch tun möchte ist, schlicht und einfach das Wesen der Dritten Welle, so wie ich es verstehe, zu beschreiben.

Um gleich zum Entscheidenden zu kommen: Ich bin überzeugt, daß jeder Christ aktiv daran beteiligt sein sollte, die Hände auf kranke Menschen zu legen und für ihre Genesung zu beten. Ich glaube nicht, daß ein solcher Dienst nur den Theologen, den Ältesten, anderen

Gemeindeleitern oder nur denen mit der Gabe der Heilung vorbehalten ist. Ich stimme Pastor Robert Wise zu, der sagt: "Der Dienst der Heilung ist für die ganze Gemeinde bestimmt, nicht nur für eine besondere Elite oder eine Gruppe von besonders einzigartigen Christen. Jeder, der sich so sehr um andere sorgt, daß er auch für sie beten würde, wird seinen Platz in diesem Dienst der Heilung finden können."[3]

In meiner Gruppe '120 Fellowship', die sich jeden Sonntag zur Schulung trifft, haben wir einige Mitglieder, die anerkannterweise die Gabe der Heilung haben; wir ermutigen jedoch alle dazu, für Kranke zu beten, ob sie nun eine besondere Gabe hierfür haben oder nicht. Gott veranlaßt Einzelne, zu unserer Gruppe zu kommen, weil sie durch Mundpropaganda gehört haben, daß wir für die Kranken beten und uns um die kümmern, die spezielle Nöte haben. Eine dieser Personen war Pamela Reddy. Ihre Ärzte hatten ihr gesagt, daß ihre erkrankte rechte Niere herausoperiert werden müsse. Sie erholte sich gerade von Gelbsucht und war in dem Hospital, wo sie arbeitete, mit Tuberkulosepatienten in Berührung gekommen. Darüberhinaus konnte sie wegen einer Verletzung an ihrer Schulter und ihrem Nacken ihren linken Arm (sie ist Linkshänderin) nicht richtig oder gar ohne Schmerzen gebrauchen. Die Ärzte hatten ihr mitgeteilt, daß sie ihren Arm nie wieder richtig gebrauchen werden könne und daß sie niemals schmerzfrei sein werde.

Nach der Schulung am Sonntagmorgen ging sie in die Kapelle, wo das Gebetsteam unserer Gemeinschaft jeden Sonntagmorgen eine Stunde lang Gebet anbietet. Dort wurde sie von George und Pam Marhad begrüßt, die regelmäßig für Kranke beten, die aber nicht dafür bekannt sind, eine besondere geistliche Begabung zu haben, für Kranke zu beten. Sie legten ihr die Hände auf und beteten. Die Nierenschmerzen, die Pamela Reddy hatte, verschwanden, und sie konnte ihre Schulter wieder besser bewegen. Während der folgenden Wochen erlebte sie weitere Gebetserhörungen: Sie fand eine neue Wohnung und eine neue Arbeitsstelle. Als sie sich für ihre neue Arbeitsstelle medizinisch untersuchen ließ, ergaben alle Tests einen negativen Befund. Ihre Nieren waren in Ordnung, und man fand keine Nachwirkungen ihrer Gelbsucht oder der Tuberkulose mehr. Ihr Nacken ist wieder gerade geworden, die Knochen in ihrer Schulter rieben sich nicht mehr aneinander, und sie konnte ihren Arm völlig frei und ohne Schmerzen bewegen.[4]

Wenn Gott mit seiner heilenden Macht wirkt, dann braucht er dazu keine Superstars. Gott kann und will durch ganz gewöhnliche und gehorsame Christen wirken, die Verständnis für die Herrschaft Gottes aufbringen und ihr Leben an dieser Tatsache ausrichten. Eine der dramatischsten Heilungen, die ich in letzter Zeit miterlebt habe, war die Heilung des Missionars Sam Sasser, über den ich in Kapitel 4 berichtet habe. Sam war als Folge einer Korallenvergiftung gelähmt und blind gewesen. Die Person, auf deren Gebet hin Gott gehandelt hatte, war David Ellis, der nie einen Dienst der Krankenheilung ausgeübt hatte oder Mitglied einer Gruppe wie der '120 Fellowship' gewesen war.

Gaben und Aufgaben

Wie können wir das biblisch verstehen? In meinem Buch *Die Gaben des Geistes für den Gemeindeaufbau* habe ich 27 verschiedene Gaben des Geistes erklärt und definiert, von denen ich glaube, daß Gott sie der gesamten christlichen Gemeinde zur Verfügung stellt.

Es handelt sich hierbei um besondere Begabungen zum Dienst, die Gott in seiner Gnade jedem Glied des Leibes Christi gibt. Ich glaube, daß jeder Christ wenigstens eine Gabe - meistens sind es sogar mehrere - von Gott erhalten hat, und daß Gott von ihm erwartet, daß sie zu seiner Ehre eingesetzt werden. Darüberhinaus glaube ich jedoch, daß jeder Christ eine bestimmte Aufgabe zugewiesen bekommen hat, nämlich die, sich in nahezu jedem Bereich des geistlichen Dienstes zu engagieren, ob er nun eine besondere Begabung dazu hat oder nicht. Beispielsweise hat Gott einigen Personen die Gabe des Glaubens gegeben, wir alle jedoch sind dazu aufgefordert, ein Leben im Glauben zu führen. Das ist unsere Aufgabe. Manche haben die Gabe der Evangelisation, jeder Christ jedoch hat die Aufgabe, ein Zeuge zu sein. Diejenigen mit der Gabe der Gastfreundschaft tun diesen besonderen Dienst vielleicht besser und häufiger als andere, jedoch hat jeder Christ die Aufgabe, gastfreundlich zu sein. Dasselbe kann über die Gabe der Lehre, die der Barmherzigkeit, die Gabe des Gebens, die der Unterscheidung der Geister und über andere Gaben gesagt werden. Und natürlich ebenso über die Gabe der Heilung.

Während ich für das Heilen von Menschen eine besondere Begabung erhalten habe, ist dies bei George und Pam Marhad nicht der Fall. Sie haben andere Begabungen, die ich wiederum nicht habe. Weil ich diese Gabe habe, glaube ich, daß Gott mich in einem größeren Maß zur Verantwortung zieht und ich eher Rechenschaft über mein haushälterisches Umgehen mit dieser Gabe ablegen muß als andere. Als ganzer Leib Jesu sollten wir jedoch alle darauf vorbereitet sein, für Kranke zu beten, ob wir das tun, weil wir dazu besonders begabt sind, oder weil es einfach unsere Aufgabe ist. Ich glaube nicht, daß wenn ich für Pamela Reddy gebetet hätte, sie in irgendeiner Weise von Gott schneller oder gründlicher geheilt worden wäre, als er dies durch das Ehepaar Marhad getan hat. Ich glaube sogar, daß Gott es so eingerichtet hatte, daß die Marhads, und nicht ich, für Pamela beten sollten, weil sie noch andere Nöte hatte außer ihren körperlichen Beschwerden, auf die die Marhads viel besser eingehen konnten als ich. Meiner Meinung nach ist das genau die Art und Weise, wie der Leib Christi anderen dienen sollte.

Ich habe nun einmal die Gabe der Heilung, aber ich habe nicht die Gabe des Hirtendienstes und der Seelsorge, der Barmherzigkeit oder des Dienens. Ich habe herausgefunden, daß es das Beste ist, wenn ich ein einziges Mal für die Heilung einer Person bete. Wenn die Krankheit dann geheilt ist, ist es gut. Wenn jedoch mehr nötig ist, wie zum Beispiel das, was Francis MacNutt "einhüllendes Gebet" nennt, oder innere Heilung oder seelsorgerliche Beratung, bin ich weder befähigt noch besonders geneigt, mich in diesen Bereichen zu engagieren. Und so leite ich die betreffende Person weiter an das Gebetsteam unserer Gemeinschaft oder an die Seelsorgegruppe. Dort sind Gemeindemitglieder, die für diese besonderen Bereiche des Dienens speziell begabt sind und die eine gute Arbeit in der Vollmacht tun, die ihnen der Heilige Geist dazu schenkt. Ich bin Gott dankbar dafür, daß er mich nicht dazu berufen hat, alles zu tun, sondern daß er mich zu einem Teil des Leibes gemacht hat, über den er verfügt.

Wenn wir von Gaben des Geistes sprechen, so sollten Sie nicht überrascht sein, wenn Sie herausfinden, daß einige Menschen, die die Gabe der Heilung haben, im Hinblick auf das Gebet für bestimmte Krankheiten anscheinend besonders gebraucht werden. Francis MacNutt hatte beispielsweise wenig Erfolg damit, für taube Menschen zu beten, jedoch durfte er erleben, wie er in auffallender Regelmäßigkeit für Menschen mit Knochenproblemen, verschiedenen Problemen im Unterleib oder in der Brust (außer Krebs) betete und Gott erhört hatte.[5] Mein besonderes Gebiet ist es, wie ich bereits erwähnt habe, für das Ausgleichen unterschiedlich langer Beine zu beten (womit in den meisten Fällen das Ausrichten des Beckens verbunden ist) sowie für Probleme, die mit dem Rückgrat zu tun haben. Andere wiederum beten am wirkunsvollsten für innere Heilung. Das ist nicht ungewöhnlich. Wir erwarten es ja auch, daß manche Menschen mit der Gabe der Evangelisation sich auf persönliche Evangelisation spezialisieren, während wieder andere öffentlich evangelisieren. Manche, die mit der Gabe der Lehre ausgestattet sind, wenden diese Gabe wirkunsvoller bei Erwachsenen an, manche jedoch eher bei Kindern. Und einige sind auch im Dienst an beiden Altersgruppen zu Hause.

Im Idealfall sollte jeder Christ für Kranke beten. Der bei weitem häufigste Grund jedoch, warum manche dabei zögern, ist, daß es für sie ein zu großes Risiko darstellt. Pastor John Gunstone sagt über seine ersten Erfahrungen: "Ich hatte eine große Angst. Was würde mit einer Person geschehen, die krank ist und mit der um Heilung gebetet wurde, die jedoch keine Anzeichen der Besserung spürt?" Er gibt zu, daß er auch heute noch diese Angst in gewisser Weise verspürt, er inzwischen jedoch in regelmäßiger Weise für Kranke betet. Erstens hat er verstanden, daß es Gott ist, der heilt, und nicht er; zweitens: "Ich kann mich nicht an jemanden erinnern, der wirklich verbittert wurde, weil das Gebet um Heilung nicht so beantwortet worden war, wie wir es gehofft hatten."[6] Die Sorgen, die manche von uns haben, daß Gott durch unser Versagen in ein schlechtes Licht gerückt würde, scheinen den Allmächtigen nicht sehr zu beeindrucken. Gott kann ganz gut für sich selbst sorgen. Er möchte nur eines von uns: daß wir gehorsam sind.

Wann und wo beten wir für Kranke?

Wenn wir uns einmal entschlossen haben, für Kranke als Teil unseres Lebens im Reich Gottes zu beten - was ich von uns allen hoffe -, stellt sich uns die Frage, wann und wo wir durch unser Gebet dienen werden. Es ist offensichtlich, daß wir beten werden, wo und wann immer wir dazu Gelegenheit haben. Weil wir jedoch alle Menschen sind und jeder von uns seine natürlichen Grenzen hat, hilft es oftmals, wenn wir unseren Dienst ein wenig systematisieren. Ich finde es sinnvoll, wenn wir einen Gebetsdienst für Kranke auf vier verschiedenen Ebenen betrachten:

1. Wir beten im Kreis der Familie.

Es sollte uns regelrecht zur Gewohnheit werden, in einem Krankheitsfall die Hände auf unseren Ehepartner, unsere Kinder und andere Menschen in unserem Haus zu legen und für sie zu beten. Damit meine ich nicht, daß deswegen jede ärztliche Behandlung zur Nebensache wird. Es ist jedoch so, daß in viel zu vielen christlichen Familien in einem Krankheitsfall nicht nur zuerst an die Hausapotheke, das Sprechstundenzimmer des Arztes und das Krankenhaus gedacht wird, sondern dies auch die einzig mögliche Weise scheint, wie man auf Krankheit reagieren kann. Warum können wir nicht beides tun, beten und zum Arzt gehen? Manchmal will Gott auf direktem Weg heilen, und manchmal möchte er gewisse Mittel wie etwa Injektionen oder Operationen zu unserer Heilung benutzen. Er heilt uns jedoch nur selten dann, wenn wir ihn nicht direkt darum gebeten haben.

Ich habe für gewöhnlich wenig Schwierigkeiten mit der Verdauung. Aber vor wenigen Tagen, gerade als ich anfing, an diesem Buch zu schreiben, bekam ich plötzlich Magenbeschwerden, und am Abend war ich vollends krank. Ich ging früh ins Bett und habe erwartet, daß es mir am nächsten Morgen wieder besser geht, doch ich wachte auf und war immer noch krank. Ich wußte, daß eine Magen- und Darmgrippe im Umlauf war, denn einige meiner Freunde waren in dieser Woche daran erkrankt. Ich hatte mir vorgenommen, den ganzen Tag zu schreiben, und ich brauchte dazu meine ganze Kraft. So rief ich meine Frau, streckte mich auf dem Bett aus und sagte: "Ich brauche ein offizielles Gebet um Heilung." Doris legte mir die Hände auf, betete gegen die Krankheit an, und ich hatte, Gott sei Dank, keine weiteren Schwierigkeiten.

Es gibt Menschen, die sich fragen, warum ich eine solche triviale Angelegenheit erzähle. Es ist sogar so, daß eine ganze Reihe meiner Freunde energisch protestiert haben, wenn ich ihnen solche Erlebnisse erzählte. Manche meinten, daß das Leiden einen erzieherischen Wert habe und ich ein besserer Christ werden und engere Gemeinschaft mit Gott haben würde, wenn ich mich mit dem Magenleiden abfinden würde, anstatt Gott darum zu bitten, mich davon zu befreien. Andere fragen sich, wie ich nur auf die Idee kommen kann, daß Gott sich um meinen Magen kümmern würde, anstatt sich um seine wirklichen Probleme wie etwa die "Apartheid in Südafrika" oder den "Bürgerkrieg in Nicaragua" zu sorgen. Alles, was ich dazu sagen kann, ist, daß ich genau deshalb hier darüber spreche, weil es so trivial ist und ich den Eindruck habe, daß Gott selbst durch die Kleinigkeiten in unserem Familienkreis verherrlicht werden kann, wenn in einer Familie genug Liebe füreinander und genügend Glaube an Gott praktiziert wird und das durch das Gebet für Heilung praktisch wird. Ich kann mir vorstellen, wie ich mich fühlen würde, wenn meine Frau, anstatt mir die Hände aufzulegen, gesagt hätte: "Keine Sorge, Liebling. Es ist nur die Grippe; Du wirst sie überstehen wie alle anderen auch. In der Zwischenzeit lerne die Lektionen, die Gott Dir dadurch beibringen will." Ich kann die Schatten von Hiobs Ratgebern förmlich spüren!

2. Wir beten als Teil unseres Alltags.

Wir alle haben einen unterschiedlichen Lebensstil und unterschiedliche Gewohnheiten. Mein offizieller Stundenplan ist sehr streng, aber ich versuche dennoch, mir Zeit zu nehmen, wenn jemand Gebet für Heilung braucht. Es ist in den meisten Fällen eine Angelegenheit von nur 5 oder 10 Minuten.

Wie ich schon zuvor gesagt habe, benutze ich die ersten 20 oder 30 Minuten meines Unterrichts zum Gebet (meine Unterrichtseinheiten dauern jeweils zwischen zwei und sechs Stunden). Am Anfang habe ich mich gefragt, ob sich wohl meine Studenten beschweren würden. Es gibt zwar manchmal einen oder zwei Studenten, denen das mißfällt, aber einer der positiven Kommentare, die ich am häufigsten über meinen Unterricht zu hören bekomme, ist der, wieviel die Gebetszeit den Studenten bedeutet hat. Ich habe zum Beispiel vor kurzer Zeit einen Kurs über Gemeindewachstum für Pastoren in Australien auf Doktorandenniveau unterrichtet. Gott war gut zu uns, und es geschahen einige bemerkenswerte Dinge während unserer Gebetszeiten. An einem Tag brachte einer der Pastoren seinen Sohn mit, der im Teenagealter war. Er war an seiner Hüfte verletzt, so daß er nicht mehr Cricket spielen konnte. Wir beteten für ihn und legten ihm die Hände auf. Pastor Philipp Woolford schrieb später:

"Ein weiterer segensreicher Aspekt des Unterrichts waren die Zeiten des Gebets. Im Verlauf der Tage begann ich mich jeweils zu fragen, 'was wird der Geist Gottes denn heute tun?' Für mich persönlich war es eine glaubensstärkende Erfahrung, sich in einer Atmosphäre des Glaubens zu befinden, und diese Zeiten verliehen den sechs Unterrichtsstunden mit Sicherheit Integrität und Frische. Vor kurzem sprach ich mit Ross

Weymouth und fragte ihn, wie es denn seinem Sohn gehe. Sein Sohn hatte sehr früh in seiner Kindheit eine Hüfte verletzt und hatte viel darunter zu leiden gehabt. Ross sagte mir, daß die Hüfte und das Bein seit diesem Tag geheilt und gesund geblieben sei. Ehrlich gesagt kann man nicht derselbe bleiben, wenn man ein solches Wunder miterlebt hat."

Ich versuche auch, meine Augen für Gelegenheiten zum Gebet für andere Menschen offenzuhalten, wenn ich unterwegs bin oder mich auf Konferenzen befinde. In solchen Fällen ist es besonders wichtig, zu erkennen, was der Vater tun möchte, um nicht unhöflich oder anmaßend zu erscheinen. Der richtige Zeitpunkt ist entscheidend. Ich erinnere mich, daß während eines Treffens des Lausanner Komitees für Weltevangelisation im amerikanischen Callaway Gardens, Georgia, im Januar 1987, eine schwere Grippe drei der wichtigsten Leiter völlig außer Gefecht setzte, nämlich den ehemaligen Präsidenten, Jack Dain, den Schatzmeister Don Hoke sowie Thomas Wang, den erst kürzlich gewählten internationalen Leiter der Bewegung.

Ich dachte daran, für sie zu beten, erhielt dafür aber aus irgend einem Grund kein grünes Licht von Gott. Mir erschien das sonderbar, denn ich wußte, daß Mitglieder der '120 Fellowship' dafür beteten, daß ich von Gott im Bereich der Heilung gebraucht werden würde, während ich mich auf dieser Konferenz befand. Jack Dain war schon seit zwei Tagen im Bett gewesen, als Gott Thomas Zimmermann, den früheren Generalsekretär der 'Assemblies of God' so führte, ihm die Hände aufzulegen und für ihn zu beten. Sein Fieber fiel fast auf der Stelle von 38,9? Grad Celsius auf Normaltemperatur, und ein wenig später am selben Tag war Jack wieder wohlauf. Als Bischof Dain öffentlich vom Eingreifen Gottes Zeugnis ablegte, verspürte ich, wie etwas Eifersucht in mir aufsteigen wollte. *Warum hatte Gott Thomas gewählt und nicht mich?* Don Hoke war nicht so sehr angeschlagen, und es ging ihm bald wieder gut. Thomas Wang jedoch mußte den ganzen Dienstag, Mittwoch, Donnerstag und Freitag im Bett bleiben und zeigte immer noch keine Anzeichen von Besserung. Das Problem, das sich daraus ergab, war gar nicht so einfach, weil er zu einer sehr wichtigen Reise am darauffolgenden Sonntag nach Europa fliegen sollte.

Ich mußte schon am Freitagmorgen das Hotel verlassen. Während ich allein an der Rezeption war, kam Jeannie, die Frau von Leighton Ford, auf mich zu, und wir begannen uns zu unterhalten. Unter anderem erwähnte sie, daß es Thomas Wang immer schlechter ginge und er seinen für Sonntag geplanten Flug nach Europa absagen müsse. Während sie noch sprach, begann ich zu verstehen, daß Gott mir durch sie ein Signal gab, daß jetzt der richtige Zeitpunkt gekommen war. Und so ging ich, bevor ich abreiste, nochmals auf sein Zimmer. Rachel, seine Frau, öffnete mir die Tür. Das Zimmer war abgedunkelt, und er lag gut zugedeckt im Bett und schlief. Aber ich wußte, was geschehen sollte, und so weckte ich ihn auf. Seine Augen waren ganz verschwommen, und er konnte kaum sprechen. Ich salbte ihn mit Öl und betete ganz spezifisch dafür, daß er am Sonntag nach Europa fliegen könne. Als ich gebetet hatte, setzte er sich in seinem Bett auf, reckte sich und sagte: "Ich weiß nicht, ob ich mir das jetzt nur einbilde, aber ich glaube, mir geht es besser." Ich verließ ihn und fuhr zum Flughafen. Einige Tage später steckte mir ein Freund eine Nachricht zu, die Thomas am Samstag geschrieben hatte: "Danke für Dein Gebet gestern. Alle Symptome sind inzwischen verschwunden. Ich werde morgen nach Europa fliegen. Preist den Herrn. Er wirkt heute noch immer so, wie er es vor 2000 Jahren getan hat."

In meinem Fall war es nötig, meinem Dienst einige Grenzen zu stecken im Hinblick auf das, was ich tun kann und was nicht. Ich mache zum Beispiel keine Hausbesuche oder Besuche im Krankenhaus, um für Kranke zu beten. Ich habe den Eindruck, daß ich dazu weder die Zeit noch die Kraft habe. In einer entsprechenden Notsituation bitte ich Personen aus meinem Gebetsteam oder der Seelsorgegruppe darum, einzuspringen.

3. Wir beten in kleinen Gruppen.

Ein Ort, wo man auf ganz natürliche Weise für Kranke beten kann, sind kleine Gruppen. Das können Gruppen sein, die sich zur biblischen Schulung in Gemeinden treffen, Bibelstudiengruppen, die sich zuhause treffen, Gruppen, die einen gemeinsamen Dienst tun oder jede andere Gelegenheit, wenn Christen sich regelmäßig treffen.

4. Wir beten mit der ganzen Gemeinde.

Es gibt viele verschiedene Möglichkeiten, mit einem Heilungsdienst in einer Gemeinde zu beginnen. Ich möchte jedoch nur drei davon nennen. Um dies zu illustrieren, werde ich jeweils von der Erfahrung dreier Pastoren berichten, die zu meinen Freunden gehören und die alle erfolgreich einen Heilungsdienst im Sinn der Dritten Welle in ihren

Gemeinden begonnen haben, ohne damit ihre Gemeinde krank zu machen.

Der mildeste von allen ist mein eigener Pastor, Paul Cedar. Als er vor einiger Zeit im Verlauf einer Predigtreihe über Jakobus auf das Kapitel 5 stieß, legte ihm Gott in besonderer Weise das Gebet für die Kranken aufs Herz. Zur gleichen Zeit befolgte die Frau eines Gemeindediakons, die ernsthaft erkrankt war, diese Anweisung im 5. Kapitel des Jakobusbriefes, rief die Leiter der Gemeinde zu sich und bat sie, sie mit Öl zu salben und für sie zu beten. Sie wurde auf ganz erstaunliche Weise geheilt. Von diesem Zeitpunkt an organisierte Paul Cedar ein Gebetsteam, das nach jedem der drei Gottesdienste am Sonntag für Kranke betet. Meine Frau gehört auch dazu. Am Schluß jedes Gottesdienstes lädt Pastor Cedar alle diejenigen, die Gebet um Heilung oder auch für andere Anliegen wünschen, dazu ein, den Versammlungsraum nach Abschluß des Gottesdienstes durch eine bestimmte Tür zu verlassen, die zu einem Raum führt, in dem gebetet wird. Dort wartet dann bereits das Gebetsteam und nimmt sich der Anliegen an. Zahlreiche Fälle von Heilungen sind seither bekannt geworden.[7]

Etwas energischer ist kürzlich Lloyd Ogilvie, Pastor der presbyterianischen Gemeinde in Hollywood, Kalifornien, vorgegangen. Am Schluß der Gottesdienste lädt er öffentlich dazu ein, daß Menschen während des Schlußliedes nach vorne zum Altar kommen können, um die Ältesten der Gemeinde mit sich beten zu lassen. Damit hat er das Gebet für Heilung zu einem Bestandteil des Gottesdienstes gemacht. Ogilvie sagt: "Den Heilungsdienst zu einem Bestandteil des Sonntagmorgengottesdienstes zu machen bedeutet, daß die Betonung dieses Diensts der Gemeinde in Fleisch und Blut übergeht."[8]

Robert Wise, Pastor der 'Our Lord's Community' Gemeinde in Oklahoma City (eine Gemeinde, die der Reformierten Kirche Amerikas angehört) geht noch weiter und läßt öffentlich in gewisser Regelmäßigkeit einige Sonntagabendgottesdienste als Heilungsgottesdienste abkündigen. Sie nennen es einen Gottedienst in der 'Gemeinschaft des heilenden Christus' und benutzen eine ziemlich festgefaßte Liturgie als Gottesdienstordnung. Durch Mundpropaganda sind diese Gottesdienste über die Grenzen der Gemeinde hinaus bekannt, und viele Menschen, selbst aus anderen Gemeinden, kommen, um für sich beten zu lassen oder bringen Freunde und Verwandte mit, damit sie geheilt werden.

Für wen sollten wir beten?

Ich bete in aller Regel für jeden, der mich darum bittet, ob es sich nun um Christen oder Nichtchristen handelt, und zwar auch dann, wenn ich bereits eine leise Ahnung habe, daß wahrscheinlich nicht viel geschehen wird. John Wimber erzählt, daß die Menschen, für die es am schwierigsten ist zu beten, diejenigen sind, die mit der Bewegung 'Word of Faith' in Verbindung stehen. Die nächsten in dieser Reihe sind fundamentalistische Pfingstler, dann liberale Charismatiker, dann nicht-pfingstliche Evangelikale, dann Liberale, und als besonders einfach empfindet er das Gebet für Nichtchristen. Ich weiß nicht, inwieweit dieses Spektrum allgemeine Gültigkeit hat. Mir macht es am meisten Sorge, für Menschen zu beten, die extra deshalb nach Pasadena gereist kommen, damit ich für sie beten soll, besonders dann, wenn sie sogar mit dem Flugzeug gekommen sind. Ich habe die unterschwellige Befürchtung, daß sie möglicherweise ihr Geld verschwenden. Gott wirkt jedoch oft trotz meines Mangels an Glauben.

Bei einem Besucher war mir ganz besonders bange. Ruth Silvoso war von San Jose, Kalifornien, hierhergeflogen. Ich kannte Ruth schon seit einiger Zeit, war jedoch viel enger mit ihrem Mann, Edgardo Silvoso, verbunden (ich habe ihn schon mehrfach erwähnt), sowie mit ihrem Bruder, Luis Palau. Ruth war mit einem zu kurzen Bein geboren worden, und das hatte ihr in den letzten 10 Jahren starke Rückenschmerzen verursacht. Später schrieb sie: “Als Dr. Wagner und seine Frau Doris für mich beteten, sahen mein Mann Ed und ich vor unseren Augen ein Heilungswunder. Wir konnten zusehen, wie Gott wirkte: Mein Bein wurde wieder normal. Ich spürte Wärme von meinem Oberschenkel bis zu meinem Zeh. Dasselbe spürte ich auch, als er für meinen Rücken und meinen Nacken betete. Ich hatte immer Spannungen in meinem Nacken sowie Schmerzen im oberen Bereich des Rückgrates und auch Kopfschmerzen. Nun habe ich überhaupt keine Schmerzen mehr. Preist den Herrn!”

Wie beten wir für Kranke?

Es gibt viele verschiedene Wege, für Kranke zu beten. Bis heute sind mir noch keine Ansatzpunkte bekannt, die mehr oder weniger wirkungsvoll zu sein scheinen. Oral Roberts, einer der bekanntesten Glaubensheiler, betont, daß es zu einer spürbaren, fühlbaren Handlung, einem Kontaktpunkt, kommen muß, “etwas Greifbares - etwas, was Sie TUN . . . und wenn Sie es TUN, verleihen Sie damit Ihrem Glauben an Gott Ausdruck.”[9] Omar Cabrera legt anderen nicht die Hände auf, sondern ruft kranke Menschen auf, nach vorne zu kommen und betet dann für sie in der Gruppe. Carlos Annacondia berührt die Menschen, und sie sinken, “vom Geist berührt”, um. Reinhard Bonnke bittet die Zuhörer, ihre Hände auf die Stelle zu legen, die krank ist, und betet dann für alle gemeinsam.

Ich erinnere mich daran, daß ich vor einiger Zeit zusammen mit einem schwarzen südafrikanischen Evangelisten, Elijah Maswanganyi, vier Konferenzen mit Pastoren über Gemeindewachstum abgehalten habe. Tagsüber gab ich Unterricht, und abends predigte er. Am ersten Abend fragte er mich, ob ich mit ihm zusammen für die Kranken beten würde, und ich stimmte bereitwillig zu. Als er zum Gebet einlud, kamen etwa 50 Personen nach vorne. Elijah sagte: “Du fängst auf der linken Seite an, und ich auf der rechten.” Ich begann in der Weise zu beten, wie ich es später beschreiben werde. Die erste Frau, für die ich betete, benötigte besondere Aufmerksamkeit. Als ich für sie gebetet hatte, wollte ich zur nächsten Person gehen, um mit ihr zu beten. Zu meiner Überraschung mußte ich feststellen, daß Elijah in der Zwischenzeit bereits für die restlichen 49 Personen gebetet hatte. Seine Weise, für Menschen zu beten, war anders als meine. Soweit ich jedoch informiert bin, ist der Prozentsatz der Menschen, die nach unseren Gebeten geheilt werden, in etwa gleich.

Was ich damit sagen will, ist ganz einfach: Es existiert keine Geheimformel, ein Ritual oder eine Methode, die bei korrekter Anwendung Heilung produziert. Nur Gott selbst ist es, der zu heilen vermag. Wir können ihm keine Vorschriften machen. Die vier christlichen Leiter, die ich soeben genannt habe, sind alle von Gott in außergewöhnlicher Weise dazu gebraucht worden, ein Kanal für die Heilung von Tausenden von Menschen zu sein, an denen Gott wirken wollte. Ich schlage vor, lieber nicht nach einem "richtigen" oder "falschen" Weg Ausschau zu halten, wie für Kranke gebetet werden kann. Nicht irgendein Schema ist wichtig, sondern der Ansatz, der am besten zu Ihnen und ihrem persönlichen Verständnis von christlichem Dienst paßt.

Wimbers fünf Schritte.

Die Art und Weise, wie viele Gemeinden der Dritten Welle für Kranke beten, hängt eng mit den 5 Schritten zusammen, die John Wimber eingeführt hat. Diese Schritte sind leicht, sie sind schnell erlernbar, sie stellen keine hohen Anforderungen und sind so wirkungsvoll wie jede andere Form, für Kranke zu beten, die ich kennengelernt habe. Ich selbst folge diesen 5 Schritten, das Gebetsteam unserer '120 Fellowship' gebraucht sie, ich lehre sie in meinen Vorlesungen im Fuller Seminary, und ich empfehle sie auch hier. Diese 5 Schritte sind so weit verbreitet, daß man geringfügige Unterschiede beobachten kann, je nach dem, wer sie vertritt und erklärt. Ich werde sie an dieser Stelle so ausführen, wie John Wimber sie in seinem Buch *Heilung in der Kraft des Geistes* beschreibt.[10]

1. Schritt: Das Interview.

Bieten Sie der Person einen Stuhl an und unterhalten Sie sich ein wenig mit ihr, um sie zu beruhigen. Die Fragen in diesem kurzen Gespräch können unterschiedlich sein, es geht aber im Wesentlichen darum, herauszufinden, wofür Sie beten sollen. Fragen Sie, wo es weh tut, wie lange das schon so geht, wann es angefangen hat, was andere dazu gesagt haben, welcher Behandlung sich der Betreffende bereits unterzogen hat und andere, ähnliche Fragen. Versuchen Sie nicht, eine komplette medizinische Vorgeschichte zu erstellen (das kann langweilig und ablenkend wirken), finden Sie jedoch heraus, wo die Beschwerden herkommen. Es ist notwendig, nicht nur auf die kranke Person zu hören, sondern auch auf Gott, weil Gott manchmal während des Gesprächs besondere Informationen mitteilen wird. Es kann einfach sein, daß eine bestimmte Ahnung in Ihnen hochsteigt oder Sie auf ähnliche Weise den Eindruck erhalten, auf etwas Bestimmtes hingewiesen zu werden.

Das ist mir so gegangen, als ich vor nicht allzu langer Zeit für eine Krebspatientin betete. Eine Person aus dem Unterstützerkreis des Fuller Seminars rief meinen Rektor, Paul Pierson, an und bat ihn, doch zu veranlassen, daß ich für eine Bekannte von ihm beten würde. Wir verabredeten ein Treffen im Haus von Pierson, und die erwähnte Bekannte wurde von ihrer Tochter mit dem Wagen dorthin gefahren. Während des Interviews sagte sie, daß sie von dem Krebs geheilt werden möchte, der sich in ihrer Leber, ihrem Darm und anderen

Organen gefunden hatte. Während ich jedoch noch mit ihr sprach, hatte ich den Eindruck, Gott wollte, daß ich für ihre Errettung beten solle. Und so änderte ich die ganze Richtung des Gesprächs an diesem Punkt. Es stellte sich heraus, daß sie zwar zur Kirche ging, jedoch nie eine persönliche Beziehung mit Jesus Christus als ihrem Heiland und Herrn begonnen hatte. Gott hatte sie jedoch vollkommen darauf vorbereitet, gerettet zu werden, und ich hatte das Vorrecht, zuerst sie, und dann auch ihre Tochter zu Christus zu führen. Danach betete ich gegen den Krebs. Ob sie von dem Krebs geheilt wurde, weiß ich noch nicht, eines jedoch weiß ich: Eine weitaus wichtigere Angelegenheit als der Krebs ist in Ordnung gebracht worden. Der Ort, an dem sie ihre Ewigkeit verbringen wird, wird der Himmel sein.

Schritt 2: Die diagnostische Entscheidung.

Versuchen Sie während des Interviews herauszufinden, was der eigentliche Grund für die aufgetretenen Symptome ist. Manchmal haben körperliche Symptome ihre Wurzeln in emotionalen oder geistlichen Problemen. Es kann sein, daß innere Heilung der körperlichen Heilung vorausgehen sollte. Diejenigen, die mit der Gabe des Hirtendienstes oder der Gabe der Unterscheidung der Geister betraut worden sind, machen besonders häufig an diesem Punkt davon Gebrauch. Es ist auch der Zeitpunkt, an dem einige ein Wort der Erkenntnis empfangen, das ihnen dabei hilft, genauer zu verstehen, was vor sich geht.

Meine Erfahrung ist es, daß ich nicht viel Einblick erhalte, wenn es um die Diagnose geht. Normalerweise halte ich mich an die Symptome, die ich während des Interviews beschrieben bekomme. Ich bin mir sicher, daß mehr von denen, die nicht geheilt werden, nachdem ich für sie gebetet habe, geheilt werden würden, wenn ich etwas mehr Erfahrung auf dem Gebiet der Diagnose hätte. Aber diese Erfahrung fehlt mir eben. Dennoch versuche ich, meine geistliche Antenne funktionsbereit zu halten für den Fall, daß Gott mir etwas sagen möchte.

Eines Tages, nach einer meiner Vorlesungen für die Studienstufe des 'Doctor of Ministry' - Programmes bat mich ein Pastor, für ihn zu beten. Während des Interviews fand ich heraus, daß er seit einem Monat an akuten Schmerzen zwischen seinen Schultern und in seinem Nacken gelitten hatte. Das war einer der ungewöhnlichen Momente, in denen Gott mich in besonderer Weise wissen ließ, was die Ursache des

Problems war, und so sagte ich zu ihm: “Ziehen Sie einen Wechsel Ihrer Arbeitsstelle in Betracht?”

Seine Augen weiteten sich, und er schaute mich verwirrt an. “Woher wissen Sie das?”, fragte er.

Es stellte sich heraus, daß er daran dachte, seine gegenwärtige Stelle als Pastor zu verlassen, aber das war bis jetzt noch ein gut gehütetes Geheimnis. Ich fragte ihn, wann er sich denn zu diesem Schritt entschlossen habe, und er antwortete: “Vor einem Monat,” genau wie ich erwartet hatte. Ich sagte ihm, daß ich für seinen Nacken beten würde, daß ich aber nicht glauben würde, daß die Schmerzen ihn verlassen würden, solange er nicht einige der Probleme gelöst hätte, die mit dieser Entscheidung zusammenhingen.

Am nächsten Tag hatte er immer noch Schmerzen. Am Abend führte er ein langes Gespräch mit seinem Zimmerkollegen, der ihm dabei half, einige Probleme aufzuarbeiten. Sein Zimmergenosse legte dann die Hände auf ihn, betete für ihn, und das war das Ende seiner Schmerzen. Am darauffolgenden Tag erzählte er begeistert, daß er zum ersten Mal seit einem Monat keine Schmerzen mehr hatte.

Schritt 3: Die Wahl der Gebetsform.

Wenn Sie einmal entschieden haben, wofür Sie beten wollen, ist es nötig, daß Sie sich entscheiden, in welcher Weise Sie beten wollen. Manchmal ist es nahezu unmöglich zu wissen, wie Gott jemanden heilen möchte. In einer meiner Klassen beteten wir für einen Pastor aus Südafrika, der unter schweren Rückenschmerzen litt. Am nächsten Tag erzählte er, daß er nach der Vorlesung an eine Tankstelle gefahren war und seinen Wagen auftankte. Dabei rutschte er auf dem öligen Boden aus und fiel hart auf den Zementboden. Von diesem Moment an hatte er keinerlei Schmerzen mehr. “Es war eine göttliche chiropraktische Behandlung,” scherzte er.

Die häufigste Form des Gebets ist die *Fürbitte*, wobei Sie Gott einfach darum bitten, das, was nicht in Ordnung ist, zu heilen. Eine weitere Form ist der *Befehl*, womit Sie sich ganz speziell an den Teil des Körpers, die Schmerzen selbst, die Schwellung oder den Tumor wenden und befehlen, zu verschwinden, zu sterben oder sich aufzulösen, was immer notwendig sein mag. Falls Sie den Eindruck haben, daß ein böser Geist im Spiel sein könnte, kann es durchaus richtig sein, im Gebet ein solches Wesen direkt anzusprechen und durch gezieltes Gebieten in die Schranken zu weisen.

An diesem Punkt entscheiden Sie sich auch, ob Sie Öl gebrauchen wollen. Ich habe stets ein Fläschchen mit Öl bei mir in der Tasche. Manchmal salbe ich die betreffende Person mit dem Öl, und manchmal unterlasse ich es, je nach dem, wie ich empfinde, daß Gott mich während dieser Phase der Auswahl der Gebetsform leiten möchte.

Schritt 4: Das eigentliche Gebet.

John Wimber hat uns beigebracht, mit offenen Augen zu beten, und es sieht so aus, als ob das ganz gut funktioniert. Der Hauptgrund dafür ist, daß wir dadurch die Möglichkeit haben, zu sehen, was der Heilige Geist - wenn überhaupt - im körperlichen Bereich tut. Manchmal beginnen Menschen zu zittern, mit den Augenlidern zu flattern oder sind plötzlich von einer speziellen Aura umgeben. Manchmal gibt es auch andere Anzeichen.

Auf einer Konferenz über Leiterschaft, die ich durchführte, kam einer der Teilnehmer nach einem Plenum auf mich zu und bat mich dringend, für ihn zu beten. Er litt an chronischem Asthma, und hatte einen starken Anfall während meines Vortrags erlitten. Zu diesem Zeitpunkt konnte er kaum atmen, und jeder Atemzug verursachte ihm stechende Schmerzen. Als ich beim Schritt Nummer 3 angekommen war, hatte ich den starken Verdacht, daß es sich um einen dämonischen Angriff handelte, und so wählte ich als Gebetsform einen Befehl, den Mann freizugeben. Ich befahl dem Dämon des Asthmas, den Mann sofort zu verlassen. Der Mann hustete laut, eine kleine Wolke von weißem Rauch kam aus seinem Mund, und von da an konnte er wieder frei atmen. Ich hätte nicht gewußt, was vor sich gegangen war, hätte ich während des Gebets meine Augen geschlossen gehalten.

Ich glaube, daß ein Gebet, bei dem Sie selbst aktiv werden, wirkungsvoller ist als ein Gebet, das Sie passiv und unbeteiligt sprechen. Damit meine ich, daß wir nicht nur "zu Gott hin", sondern auch "von Gott her" beten dürfen.

Furchtsamere Personen, die sich auf sicherem Boden bewegen möchten und sich für den Fall eines Versagens absichern wollen, beten eher auf folgende Weise: “Gott, ich weiß nicht, was Du willst, aber wenn es Dein Wille ist, dann bitte heile diese Person.” Der Hintergrund für ein solches Gebet ist durchaus legitim, denn es geht im Wesentlichen darum, daß wir nichts anderes möchten, als daß der Wille Gottes geschieht. Es ist aber häufig so, daß ein solches Gebet nicht nur ein Ausdruck der Unterstellung unter den Willen Gottes ist, was gut ist, sondern auch einen Mangel an Glaube und Unterscheidungsfähigkeit an den Tag legt, und das ist gar nicht gut. Wenn wir darin mehr Erfahrung bekommen, auf die Stimme Gottes zu hören und mit ihm zu sprechen, werden wir in vielen Fällen fähig sein zu wissen, was er will, wenn wir beim Schritt Nummer 3 angekommen sind. Das ermöglicht es uns, mit einem gewissen Grad an Zuversicht zu beten, die wir auf andere Weise nicht hätten. Es scheint so, als ob diese aktive, bewußte Form des Betens wirkungsvoller ist als eine passive Form. Ich glaube, es handelt sich dabei um einen direkteren Angrif auf das Reich Satans. Mit Ausnahme des Gebets im Garten Gethsemane betet Jesus niemals in dieser passiven Weise.

Schritt 5: Nachträgliche Anweisungen.

Fragen Sie die betreffende Person nach dem Gebet, wie sie sich fühlt. Sie würden doch gerne wissen, ob irgend etwas geschehen ist. Versichern Sie den Menschen, für die Sie gebetet haben, daß sie nichts zu spüren brauchen, um Heilung erfahren zu haben, obschon es manchmal vorkommt. Wenn die Symptome verschwunden sind, freuen Sie sich zusammen und preisen Sie Gott. Wenn die Symptome immer noch vorhanden sind, werden Sie in manchen Fällen auf der Stelle noch einmal beten wollen. Manchmal werden Sie die betreffende Person bitten, noch einmal zum weiteren Gebet wiederzukommen. Vielleicht haben Sie den Eindruck, daß Gott in diesem Fall in einem Prozeß, und nicht schlagartig, heilen möchte. Sagen Sie das dann der Person.

Manchmal sehe ich mich geführt, die Person, für die ich gebetet habe, an einen anderen Christen oder eine andere Gruppe zu vermitteln, die dann weiter für sie betet. Wenn das möglich ist, verweise ich sie an das Gebetsteam der '120 Fellowship'. Ich versichere den betreffenden Menschen jedoch in jedem Fall, daß Gott sie liebt und daß Gott bei ihnen ist, ob sie nun krank oder gesund sind.

Wenn derjenige, für den ich bete, sich in medizinischer Behandlung befindet, dann rate ich ihm in jedem Fall, die Ergebnisse von seinem Hausarzt untersuchen zu lassen. Wenn die betreffende Person Medikamente nimmt, so sollte sie nicht aufhören, diese Medikamente zu nehmen, solange das nicht der Arzt, der sie verschrieben hat, anordnet. Oft sage ich der Person, daß ich den Eindruck habe, daß Gott sie durch medizinische Mittel und nicht direkt heilen wird, und ich erinnere dann daran, daß das ja nicht weniger das Werk Gottes ist. Ich pflichte Jack Hayford bei, der sagt: "Wir sollten Menschen sein, die wissen, daß derjenige, der medizinische Hilfe in Anspruch nimmt, damit nicht die Hilfe Gottes ablehnt."[11]

Was auch immer als Folge des Gebets geschehen ist, halten Sie die Person dazu an, ehrlich zu sein. Ich halte es nicht für sehr wertvoll, das Vorhandensein von Symptomen zu leugnen, auch wenn wir diesen Wunschzustand "im Glauben beanspruchen". Ich bin mir darüber im klaren, daß einige meinen, daß es auf einen Mangel an Glauben hinweist, wenn jemand zugibt, daß die Symptome noch da sind, und daß dies eher ein Hindernis auf dem Weg zur Heilung sei. Ich respektiere diejenigen, die diese Meinung vertreten, weil Gott viele von ihnen in bemerkenswerter Weise gebraucht. Ich denke jedoch, daß es der hilfreichste Weg ist, offen und ehrlich zu sagen, wie es wirklich ist. Und andere haben mir gesagt, daß sie diese Offenheit ebenfalls sehr schätzen.

Worte der Erkenntnis

In Verbindung mit dem 2. Schritt, der Diagnose, erwähnte ich, daß Gott zuweilen ein Wort der Erkenntnis schenkt, um in besonderer Weise zu führen. Was sind Worte der Erkenntnis, und wie funktionieren sie?

Meine persönliche Auffassung ist, daß der Ausdruck 'Wort der Erkenntnis' in diesem Zusammenhang fehl am Platz ist. Ich denke, daß sich die Geistesgabe, die in 1. Korinther 12, 8 'Erkenntnis' genannt wird, etwas mit Gelehrtheit zu tun hat, wie ich es ja auch in meinem Buch *Die Gaben des Geistes für den Gemeindeaufbau* erklärt habe. Ich denke, daß das Wort der Erkenntnis, wie es landläufig benutzt wird, eher unter dem weiteren Rahmen der Gabe der Prophetie zu fassen ist. Ich habe mich jedoch unter Zögern denjenigen angeschlossen, die diesen Ausdruck so benutzen, wie er heute im allgemeinen angewandt wird. Einmal denke ich, daß es einfach zu lange dauern würde, zu erklären, was meiner Meinung nach die korrekte Bedeutung dieses Ausdrucks ist, und zum andern handelt es sich an diesem Punkt um eine äußerst unbedeutende Sache.

Worüber wir uns jedoch einig sind, ist, daß das sogenannte Wort der Erkenntnis eine Geistesgabe ist, die mit Offenbarung zu tun hat. Das bedeutet, daß mittels dieser Gabe Gott zu Menschen spricht, wie er das auch durch andere Formen der Prophetie tut. Ich weiß natürlich, daß jetzt einige ihre theologischen roten Karten hochhalten und damit argumentieren, daß Gott sich nach dem Abschluß des biblischen Kanons nicht mehr weiter offenbaren würde. Ich werde an dieser Stelle nicht weiter auf dieses Argument eingehen. Nur eines möchte ich sagen: Ich bin der Meinung, es kann nachgewiesen werden, daß eine solche Auffassung unhaltbar ist. Ich glaube, daß Gott den beständigen Wunsch hat, uns sein Reden zu offenbaren, wenn auch nicht auf der Ebene der biblischen Offenbarung. Darüber hinaus muß jede Offenbarung, vermittelt durch die Geistesgabe des Wortes der Erkenntnis oder andere Formen der Prophetie, im Hinblick auf ihre Gültigkeit in jedem Fall an der Bibel geprüft werden.

Wozu dient diese Gabe?

Worte der Erkenntnis sind sehr wertvoll, wenn es darum geht, für Kranke zu beten, denn sie helfen uns, klarer zu verstehen, was unser Vater im Himmel im Augenblick tun möchte. Wenn wir jedoch darüber Klarheit haben, was er vorhat, dann können wir in weitaus größerem Glauben und Freimut handeln.

Ich möchte ein Beispiel dazu erzählen. Floyd McClung, der Leiter der internationalen Projekte von Jugend mit einer Mission (JMEM), berichtete mir einmal von der ersten missionarischen Erfahrung seiner Frau Sally. Sie war damals 16 Jahre alt und befand sich mit einem Team von acht Teenagern auf den Samoa-Inseln. Der Missionar, der sie anleitete, nahm eine Landkarte hervor und zeigte ihnen einige Dörfer, in denen sie evangelisieren könnten. Mit dem Finger zeigte er dann auf ein besonderes Dorf: "Egal was ihr tut, geht auf keinen Fall in dieses Dorf. Wir haben es bereits versucht. Der dortige Häuptling ist feindselig und hat erklärt, daß sein Dorf für das Evangelium geschlossen sei. Er hat um das Dorf herum einige Rudel wilder Hunde postieren lassen, damit sich kein Fremder dem Dorf nähern kann."

Als die Jugendlichen zusammen beteten, redete Gott zu ihnen durch ein Wort der Erkenntnis und bedeutete ihnen, genau zu diesem speziellen Dorf zu gehen. Sie hatten zwar alle Angst und hegten allerlei schlimme, aber menschlich ziemlich verständliche Befürchtungen, aber sie entschlossen sich, gehorsam zu sein. Also gingen sie zu diesem Dorf. Die Hunde begannen anzugreifen. Als sie jedoch immer näher zu den Missionaren kamen, machten sie plötzlich kehrt und rannten zurück in den Busch, gerade so, als wären Engel oder eine andere übernatürliche Macht hinter ihnen her. Für den Dorfhäuptling war dies eine klare und gültige Demonstration von Übermacht. Nach nur drei Stunden entschloß er sich, Christus nachzufolgen. Von den 500 Dorfbewohnern wurden 300 Personen Christen. In diesem Dorf befindet sich heute die größte Gemeinde der Assemblies of God auf den Samoa-Inseln.

Nicht alle Worte der Erkenntnis haben solche dramatischen Folgen. Weil jedoch Gott sich in direkter Weise an den Ereignissen beteiligt, ist es jedesmal beeindruckend, wenn Menschen Worte der Erkenntnis empfangen. Mein Freund Omar Cabrera übt seinen Dienst der Heilung fast ausschließlich aufgrund von Worten der Erkenntnis aus. In einer Großveranstaltung mit mehreren Tausend Menschen sagt Gott ihm beispielsweise, daß er Menschen heilen möchte, die unter einem Bruch leiden. Und so ruft er diese Menschen nach vorne, betet für sie, und gibt denen, die geheilt wurden, Gelegenheit, dies öffentlich zu bezeugen. Anstelle von Bruchleiden können es auch Krebs, Nierenprobleme, Nikotinsucht, Herzleiden oder jede nur denkbare Krankheit sein.

Einmal mußte sich Omar Cabrera mit einer Gruppe von Hotelbesitzern treffen, um mit ihnen über einige Konferenzräume zu sprechen, die er benutzen wollte. Einer von ihnen mußte eine Gehhilfe benutzen. Die Ärzte hatten Darmkrebs im Endstadium diagnostiziert. Normalerweise ist es nicht Cabreras Gewohnheit, für kranke Menschen zu beten, die er in alltäglichen Situationen trifft. In diesem Fall jedoch sprach Gott durch ein Wort der Erkenntnis zu ihm, daß er diesen Mann heilen wollte. Als die Besprechung vorüber war, sagte er zu ihm: “Ich werde für Sie beten.” Er betete und sagte: “Und nun gehen Sie!” Und zu seiner großen Überraschung fing der Mann an, ohne Gehhilfe zu laufen. Cabrera sagte zu ihm: “Gehen Sie nach Hause. Gott hat Sie geheilt.” Nach zwei Wochen war er in einer der evangelistischen Veranstaltungen von Cabrera. Er lief nach vorne zur Plattform und bezeugte öffentlich, daß er nicht nur geheilt, sondern auch gerettet worden war.

Ich empfehle Ihnen nicht, daß Sie zu einem Menschen sagen: “Gott hat Sie geheilt”, wenn Gott Ihnen das nicht direkt offenbart hat. Mir passiert es selten, daß ich solche Worte der Erkenntnis erhalte, und selbst dann, wenn es doch einmal geschieht, dann drücke ich mich sehr vorsichtig aus und rede, wenn irgend möglich, im Konjunktiv. Ich denke, daß ich diese Gabe nicht habe, und es geschieht wirklich sehr selten, daß ich Worte der Erkenntnis erhalte. Aber ich bleibe meinem Auftrag treu und versuche dafür offen zu sein, wenn Gott direkt zu mir sprechen möchte.

Ich möchte hierzu noch eine Illustration anführen. An einem meiner zweiwöchigen Intensiv-Kurse über Gemeindewachstum nahm Joe Harbison, ein Missionar aus Thailand, teil. In der ersten Woche bat er, daß wir dafür beten sollen, daß Gott ihn in der Frage recht leiten würde, ob er weiterstudieren oder zurück nach Thailand reisen sollte. Nachdem wir als ganze Klasse gebetet hatten, hatte er den Eindruck, daß der Herr ihm gezeigt hatte, er solle für ein Jahr zurück nach Thailand gehen, um danach wieder auf die Schule für Weltmission zu kommen. In der Gebetszeit am letzten Vorlesungstag bat er darum, daß wir für die nötigen Finanzen beten sollten, damit er nach Thailand zurückfliegen konnte. Ich fragte ihn, wieviel Geld er denn brauchte. Er antwortete: "1.000 Dollar." Ich hatte Brad Brinson gebeten, uns im Gebet zu leiten. Während Brad noch für das Anliegen von Joe Harbison betete, sprach der Herr sehr deutlich durch ein Wort der Erkenntnis: "Gib du die ersten 500 Dollar. Den Rest wird jemand bezahlen, der sich ebenfalls im Klassenzimmer befindet." Während Brad noch für die weiteren Anliegen betete, rang ich mit dem Herrn darüber, wie ich das wohl der Klasse sagen konnte, ohne in irgendeiner Weise öffentlich mit besonderer Freigebigkeit anzugeben. Die rechte Hand soll nicht wissen, was die linke tut. Aber Gott redete erneut: "Sag es!" Und so gehorchte ich.

Nach der Gebetszeit sagte ich der Klasse, daß ich den Eindruck hatte, daß Gott mir gesagt habe, ich solle den ersten Teil der 1.000 Dollar beisteuern. Der Rest würde von jemandem in diesem Raum aufgebracht werden. Auf der Stelle meldete sich Dan Lindsey, ein Pastor der Southern Baptists, zu Wort und sagte: "Hier ist die zweite Hälfte. Gott sagte mir während der Gebetszeit, daß, wenn jemand die erste Hälfte aufbringen würde, ich die zweite Hälfte dazugeben sollte." Später sagte mir Dan Lindsey im privaten Gespräch: "So etwas ist mir noch nie passiert, und das entspricht auch den allgemeinen Erwartungen - ich gehöre zu den Southern Baptists."

Wissenschaftliche Untersuchung

Einer der faszinierensten Teile des Buches *Heilung in der Kraft des Geistes* von John Wimber ist ein Bericht im Anhang von Dr. David C. Lewis von der Universität in Nottingham, England, mit dem langen Titel: "Zeichen und Wunder in Sheffield - Eine Sozialanthropologische Analyse von Worten der Erkenntnis, Manifestationen des Geistes und der Wirksamkeit göttlicher Heilung." Im Jahre 1985 untersuchte Lewis eine der Konferenzen von John Wimber. Er ging dabei so vor, daß er die "in der Anthropologie übliche Methode der Beobachtung und des ausführlichen Interviews" benutzte. Der Wissenschaftler erklärt, daß die Worte der Erkenntnis, die öffentlich von denjenigen, die etwas mehr Erfahrung damit hatten, wie beispielsweise John Wimber oder einige seiner Mitarbeiter, ausgesprochen wurden, am besten mit ihrer eigenen Hypothese erklärt werden könnten, daß es sich nämlich dabei um geoffenbarte Worte von Gott handelt. Solche spezifischen Worte wie etwa "ein Mann auf der Empore hat einen Pilz am linken Fuß - der Pilz ist unter dem Fuß, tritt aber zwischen den drei äußeren Zehen nach oben" können genau nachgeprüft werden. Genau das tat Lewis mit vielen solcher Worte der Erkenntnis. Lewis rechnete die Wahrscheinlichkeit aus, daß irgendeines der Worte der Erkenntnis durch Zufall jemanden betreffen würde. Anstatt einer Besucherzahl von 3.000 hätten jedoch 750.000 Menschen für einen solchen Zufallstreffer anwesend sein müssen.[12]

Mehrere Jahre lang war John Perkins, Gründer der 'Voice of Calvary' in Mississippi, heutiger Leiter des Harambee Centers in Pasadena, Kalifornien, ein Mitglied der '120 Fellowship' gewesen, einer Gruppe, die sich regelmäßig am Sonntag zum Bibelstudium trifft. Im November 1983 empfing ein Mitglied unseres Gebetsteams, Cathryn Hoellwarth, ein Wort der Erkenntnis und sagte es vor allen. Gott wollte gerne ein Mitglied unserer Gruppe von einer schmerzhaften Verdauungsstörung heilen. Das Problem, um das es sich hier handelte, stand ihr ganz klar vor Augen. Es meldete sich jedoch niemand. Und so betete Cathryn die Woche hindurch darüber. Am Donnerstag teilte ihr Gott mit, daß es sich um John Perkins handelte. Er war an dem betreffenden Sonntag nicht dagewesen.

Am nächsten Sonntag jedoch war er da. Cathryn ging auf ihn zu und fragte ihn, ob er Magenprobleme hatte. Sie beschrieb ganz detailliert die medizinischen Einzelheiten. Perkins bestätigte ihr, daß ihr Wort zutraf. Er litt seit Monaten daran, und die Krankheit verschlimmerte sich. Der letzte Sonntag, von dem sie sprach, war bisher sein schlimmster Tag gewesen. Und so bat ihn Cathryn, doch nach dem Bibelstudium zum Gebetsraum zu kommen.

Das alles geschah zu der Zeit, als wir uns gerade an Phänomene zu gewöhnen anfingen, die mit der Dritten Welle im Zusammenhang stehen. John Perkins war, wie viele von uns traditionellen Evangelikalen, reichlich wenig auf eine solche Situation vorbereitet, und so zögerte er. Worte der Erkenntnis können einem zu Anfang ganz schön Furcht einjagen. Und so bat er Doris und mich, ob wir nicht mit ihm zum Gebetsraum gehen würden. Wir gingen mit ihm. Es war förmlich spürbar, daß die Kraft Gottes gegenwärtig war, und wir hatten den Eindruck, daß Gott etwas Gewaltiges getan hatte.

Was genau geschehen war, konnten wir nicht mit Sicherheit sagen. Perkins war nämlich gerade zu diesem Zeitpunkt dazu berufen worden, an einer besonderen Komission über Hunger teilzunehmen, die Ronald Reagan ins Leben gerufen hatte. Dazu mußte er für mehrere Wochen in andere Teile von Amerika reisen. Als er jedoch im Januar in unsere Gemeinschaft zurückkehrte, stand er auf und sagte: "Ich möchte etwas sagen. Ich bin kein Mensch, der viel auf Gefühle gibt. Im letzten November hat das Gebetsteam für mich nach dem Bibelstudium gebetet. Seither habe ich mich besser gefühlt als in manchen Jahren zuvor."

Wir wollen uns jedoch nicht der Vorstellung hingeben, daß Worte der Erkenntnis für einen Heilungsdienst unabdingbar sind. Viele von denjenigen, die für Kranke beten, wie etwa ich selbst, erleben es, wie Menschen geheilt werden, ohne daß viele Worte der Erkenntnis auftreten, wenn überhaupt. Aber ich denke, daß es wichtig ist, diesem Mittel, das Gott häufig gebrauchen möchte, genügend Bedeutsamkeit zuzumessen. Ich bin für Menschen in meinem Umfeld dankbar, die diese Gabe haben und die regelmäßig Worte der Erkenntnis erhalten. Auch wenn ich selbst nicht diese Gabe habe, möchte ich dafür offen sein, daß Gott auch mir gelegentlich solche Worte der Erkenntnis schenkt, wenn es ihm gefällt.

Anmerkungen

1. *Emerging Trends*, Princeton Religious Research Center, Juni 1983, S. 4.
2. Cheryl Katz, "Religious Attitudes in Orange County Parallel Nationwide Findings," *Orange County Register*, 25. Dez. 1984, S. A16.
3. Robert L. Wise, "The Healing Ministry: What Is Really Involved?" *Christian Life*, Juni 1984, S. 51.
4. *Body Life* , Informationsblatt der '120 Fellowship', Lake Avenue Congregational Church, Pasadena, CA, Nov. 1987, S. 5.
5. Francis MacNutt, *The Power to Heal* (Notre Dame, IN: Ave Maria Press, 1977), S. 96.
6. John Gunstone, *Healing Power* (Ann Arbour, MI: Servant Books, 1987), S. 9.
7. Paul Cedar, "Ministering to the Sick on Sunday Morning," *Leadership 100*, Sep./Okt. 1982, S. 17.
8. Lloyd John Olgivie, *Why Not?* (Old Tappan, NJ: Fleming H. Revell Co., 1985), S. 39.
9. Oral Roberts, "How to Find Your Point of Contact," *Church Growth*, Seoul, Korea, Dez. 1983, S. 8.
10. Für weitere Einzelheiten über diese fünf Schritte vgl. John Wimber und Kevin Springer, *Heilung in der Kraft des Geistes* (Hochheim; Projektion J, 1987), Kapitel 11 und 12. Eine weitere hilfreiche Zusammenfassung findet sich bei Ken Blue, *Authority to Heal* (Downers Grove, IL: Inter-Varsity Press, 1987), Kapitel 11.
11. Jack Hayford, "Healing for Today," *Charisma*, Sept. 1984, S. 43.
12. Wimber und Springer, *Heilung in der Kraft des Geistes*, a.a.O., S. 235-254.

Zehn

Entscheidende Fragen zum Heilungsdienst

Wenn Sie damit beginnen, in Ihrer Gemeinde für Kranke zu beten, so zeigt die Erfahrung, daß ganz bestimmte Fragestellungen auf Sie zukommen werden. Ich habe in diesem Buch bisher versucht, einen gedanklichen Rahmen dafür zu finden, wie evangelikales Christentum mit dem Thema Heilung umgehen kann. Die Perspektive, aus der wir die Thematik angehen, ist mit Absicht keine rein pfingstliche oder charismatische Betrachtungsweise. Unser Standpunkt ist eindeutig: 1) Gott ist in diesen beiden genannten Bewegungen am Wirken; 2) Wir haben selbst viel von diesen Bewegungen gelernt und profitiert; 3) Unsere Position überschneidet sich in mancher Hinsicht mit ihnen. Ich bin sicher, daß aus diesem Blickwinkel betrachtet sich viele Fragen, die sich uns auf biblischer und theologischer Basis wie auch auf dem Gebiet der Erfahrung üblicherweise stellen, bereits beantwortet haben.

Ich hoffe wirklich, daß sich für diejenigen, die sich bis hierher eingearbeitet und das Material verarbeitet haben, viele Fragen geklärt haben.

Ich habe bereits im 2. Kapitel etwas ausführlicher darüber gesprochen, daß mein eigener Erfahrungshintergrund für das Gebet für Kranke die '120 Fellowship' ist, eine Gruppe, die sich jeden Sonntag in der Lake Avenue Congregational Church zum Bibelstudium trifft. Wir haben über Jahre hinweg innerhalb der gemeindlichen Struktur einer konservativen evangelikalen Gemeinde für Kranke gebetet, glücklicherweise ohne die Gemeinde krank zu machen. In diesen Jahren haben wir eine Menge dazugelernt, und wir sind sogar so weit gekommen, daß wir unsere Perspektive des Dienstes im Hinblick auf Krankenheilung schriftlich festgelegt haben.

George Eckhart, der das Fuller Seminary absolviert hat, war in diesem ganzen Prozeß Leiter des Gebets- und Heilungsteams unserer Gruppe. Er hat die Art und Weise, wie wir in unserer Gruppe über Heilung der

Kranken denken, im Frage- und Antwortstil festgehalten. Diese Darlegungen finden sich im Anhang dieses Buches. Ich bin mir zwar bewußt, daß jede Gemeinde die Art und Weise, wie sie sich in diesem Bereich engagiert, ihren eigenen Bedürfnissen anpassen sollte, aber ich empfehle dennoch sehr, das Material von George Eckhart als Ausgangspunkt zu benutzen, ganz besonders dann, wenn Sie in traditionell evangelikalen Gemeinden oder in der Landeskirche damit beginnen möchten, für Kranke zu beten.

Doch zunächst möchte ich in diesem Kapitel auf sechs besonders entscheidende Fragen zum Thema der Krankenheilung eingehen. Manche davon habe ich schon teilweise berührt. Einige Fragen finden sich auch in dem Material von George Eckhart, andere wiederum nicht. Jede einzelne dieser (und auch anderer) Fragen verdient eigentlich, über ein ganzes Kapitel hinweg besprochen zu werden. Doch ich möchte mich hier nur auf eine kurze Behandlung beschränken. Es geht mir auch nicht darum, Polemik zu betreiben und diejenigen auseinanderzunehmen, mit denen ich nicht übereinstimme. Verschiedene Menschen, die ich sehr schätze, beantworten dieselben Fragen auf unterschiedliche Weise. Ich denke nicht, daß viel dabei herausspringen wird, wenn man nachweist, daß sie unrecht haben, nur damit es so aussieht, als ob ich Recht behalten habe. Das bedeutet nun aber noch lange nicht, daß ich nicht davon überzeugt wäre, daß meine Position richtig ist. Wenn ich den Eindruck hätte, ich befände mich im Unrecht, würde ich meine Auffassung sofort ändern.

Ist die Heilung echt?

Sind die Menschen, für die wir gebetet haben, wirklich deshalb geheilt, weil wir für sie gebetet haben? Können wir nachweisen, daß zwischen Gebet und Heilung ein wirklicher Zusammenhang besteht? Die Antwort auf diese Frage bringt uns erneut dazu, über Weltanschauung zu sprechen. Glauben heißt sehen. Wenn Sie sich bereits dazu entschlossen haben, zu glauben, daß Gott heute nicht mehr Kranke heilt, wird es unmöglich sein, Ihnen beweisen zu wollen, daß jemals ein Mensch durch Gebet geheilt worden ist. Ich möchte dazu ein Beispiel anführen. Es gibt in Amerika eine Gesellschaft mit etwa 1.500 Mitgliedern, die 'International Flat Earth Society', die felsenfest davon überzeugt ist, daß die Erde eine flache Scheibe ist. Die Theorie von einer runden Erdkugel schreiben sie Satan zu. Kein noch so großer Aufwand an wissenschaftlichen Beweisen hat sie vom Gegenteil zu überzeugen vermocht. Aus dem gleichen Grunde wird es nicht möglich sein, jemanden, der sich entschlossen hat, nicht daran zu glauben, daß Gott Menschen heilt, auch durch eine überwältigende Fülle von medizinisch dokumentierten Fällen zu überzeugen.

Rex Gardner beschäftigt sich ausführlich mit diesem Thema. Er ist praktizierender Arzt, der sich in der medizinischen Fachwelt gut auskennt. Als Christ vertritt er die Ansicht, daß Gott in direkter Weise auf Gebet hin Menschen heilt. Als Arzt jedoch hat er sich der medizinischen Betrachtungsweise verpflichtet. Er sagt, daß "es selbst in äußerst gut dokumentierten Fällen, in denen es möglich war, sowohl mit den Ärzten als auch den Patienten zu sprechen, und auch dort, wo medizinische Befunde einsehbar waren, möglicherweise nicht machbar ist, wissenschaftlich gültige Beweise für eine übernatürlich gewirkte Heilung zu erbringen."[1] Das ist traurig, aber wahr. Weil die moderne Medizin auf wissenschaftlichem Rationalismus aufgebaut ist, der per definitionem ein Eingreifen Gottes ausschließt, sollten wir nicht überrascht sein, daß die meisten Ärzte deshalb an keine übernatürlichen Dinge glauben, weil diese nicht in ihrem Blickfeld liegen. Heute wird von Skeptikern viel Lärm darüber gemacht, daß in Lourdes so wenig offiziell bestätigte Wunder geschähen. Einer der angesehensten Fachleute in Lourdes, der Priester Rene Laurentin, ist ebenfalls der Meinung, daß es sich hierbei um eine Frage der Weltanschauung handelt. Er hat herausgefunden, daß sich einige Personen vom medizinischen Personal, die sich in der Kommission in Lourdes befinden, die für die Bestätigung der Wunder zuständig ist, gegen eine offizielle "Bestätigung" ausgesprochen haben, "weil sie noch ein weiteres Testergebnis sehen wollten. Und wenn sie das gesehen hätten, dann hätten sie noch eines sehen wollen, und noch eines, ohne Ende." Die Grundlage ihrer Anschauung ist, daß alles, was in der Natur geschieht, eine natürliche Ursache hat. Aus diesem Grunde "hat der Rationalismus prinzipiell immer ein Hintertürchen offen."[2] Jesus hat schon darauf hingewiesen, daß es ein fruchtloses Unterfangen ist, einem ungläubigen Skeptiker das Wirken Gottes beweisen zu wollen.

Ich habe ganze Karteikästen voll mit Berichten von Ärzten, in denen sie Fälle bestätigen, in denen Gott Menschen geheilt hat. Ich habe versucht, noch mehr von diesem Beweismaterial zu sammeln und sogar um Röntgenaufnahmen zu bitten, in der naiven Annahme, daß ich jedermann - einschließlich einiger Theologen, mit denen ich mich auseinandergesetzt hatte - überzeugen könnte, wenn ich nur genügend Beweismaterial von wirklich dramatischen Fällen vorlegen würde. Ich fand jedoch bald heraus, daß die einzigen, die ich überzeugen konnte, diejenigen waren, die bereits glaubten, daß Gott Kranke heilt, oder diejenigen, die wenigstens im Ansatz dazu bereit waren. Trotzdem soll festgehalten werden, daß es durchaus einige Skeptiker geben kann, die wie der Apostel Thomas dazu bereit sind, Beweise zu prüfen, was zu einer Änderung ihrer Position führen könnte. Andere sind fest entschlossen, ihre Meinung nicht zu ändern. Daran wird nichts und niemand etwas ändern können, genau wie das in den Tagen von Jesus mit den Pharisäern der Fall war. Ich fand bald heraus, daß es genauso aussichtslos war, Menschen, die nicht bereit waren zu glauben, umzustimmen, wie es das auch der Fall war, versuchte man, Mitglieder der 'Flat Earth Society' davon zu überzeugen, daß die Erde rund sei.

Angriffslustige Skeptiker verweisen oft auf das Buch *Healing: A Doctor in Search of a Miracle* von William A. Nolen. Nolen, ein Arzt, untersucht darin mehrere angebliche Heilungen, einschließlich solcher, die durch das Wirken von Kathryn Kuhlman geschehen waren, und kommt darin zu dem Schluß, daß Glaubensheiler keine organischen Krankheiten heilen könnten. Das könnten nur die Ärzte. Ich nenne das jedoch nur, um dieser Aussage die Ergebnisse von Michael Cassidy gegenüberzustellen. In seinem Buch *Bursting the Wineskins* bezeugt Cassidy, der Gründer von African Enterprise, daß der Wendepunkt auf seinem Weg zu dem Glauben, daß Gott tatsächlich Glaubensheiler benutzen kann, um organische Krankheiten zu heilen, ausgerechnet eine Versammlung mit Kathryn Kuhlman war. Er ging zu dieser Veranstaltung als ausgeprägter Skeptiker, wie er sagt, "nur darauf aus, herauszubekommen, wo der Schwindel lag." Er erlebte es mit, wie ein sieben Jahre alter Junge mit verkrüppelten Beinen, der noch nie in seinem Leben hatte laufen können, seinen Verband abnahm, nachdem für ihn gebetet worden war, und auf der Bühne auf und ab sprang. Cassidy war anscheinend offen genug, Dinge im Dienst von Kathryn Kuhlman zu sehen, die Nolen nicht sehen konnte. "Auf diese Weise begann ich zu glauben, daß Gott auch heute noch heilt," sagt Cassidy.[3]

Es kann vorkommen, daß eine wissenschaftlich gehaltene Untersuchung Menschen beinahe überzeugen kann. Zum Beispiel beschreibt ein

Artikel, der der im Verlauf der Arbeit der American Heart Association geschrieben wurde, eine Untersuchung, die vom Herzspezialisten Randolph C. Byrd vom San Francisco General Hospital durchgeführt worden ist. Er teilte etwa 400 Patienten in zwei Gruppen auf, und veranlaßte dann, daß in privaten Gebetsgruppen und Hauskreisen für die eine Gruppe gebtet wurde, nicht aber für die andere. Keiner der Patienten und auch niemand vom medizinischen Personal wußte, wer in welcher Gruppe war. In der Gruppe, für die gebetet wurde, gab es bedeutend weniger Komplikationen, und es gab weniger Todesfälle.[4] Ob sich davon einige Ärzte überzeugen lassen, bleibt abzuwarten, denn es kommt häufig vor, daß sich Ärzte nicht einig sind, ganz zu schweigen davon, daß ihre Meinungen im Blick auf nichtmedizinische Heilmethoden weit auseinandergehen können.

Die eigentliche Frage

Die eigentlich entscheidende Frage ist meiner Meinung nach jedoch nicht, ob ein bestimmter Fall von göttlich gewirkter Heilung wissenschaftlich zweifelsfrei nachgewiesen werden kann. Die Frage ist viel mehr, ob eine Heilung in Umständen Rückhalt und Bestätigung findet, die denjenigen subjektiv zu überzeugen vermögen, der so etwas für möglich hält.

Wenn das jedoch vorkommt, und davon bin ich überzeugt, warum sollten wir dann nicht Zeugnisse von Heilungen in ähnlicher Weise aufgreifen wie wir das mit Zeugnissen von Menschen tun, die über ihre Errettung berichten? Die am weitesten verbreitete Art, Bekehrungen zu belegen, ist, daß darüber Zeugnis abgelegt wird. Zum Beispiel sagt jemand: Vor meiner Errettung war ich ein Trinker; Gott verwandelte jedoch mein Leben durch die Wiedergeburt. Wieviele weitere Beweise benötigen Sie, um mir wirklich zu glauben? Sollte ich die Bescheinigung eines Sozialarbeiters einholen? Sollte ich mich einer psychoanalytischen Untersuchung unterziehen? Sollte ich einen Lügendetektortest machen? Kann ich es wissenschaftlich beweisen, daß ich wiedergeboren bin? Wie kann ich wissen, ob mein Pastor wirklich gerettet ist? Oder meine Frau? Es stimmt, wir erwarten, die Frucht der Buße im Leben zu sehen, aber in medizinischen Fällen erwarten wir, daß wir erkennen können, daß Krankheitssymptome verschwunden sind. Nehmen wir einmal an, eine ansonsten ganz vernünftige Person erzählt mir eines

Tages, daß ihre Zähne sich in schlimmem Zustand befanden. Dann habe jemand für sie gebetet, und Gott habe die Zähne durch direkten Eingriff neu gefüllt. Ich sehe nach, und tatsächlich, die Zähne sind gefüllt. Brauche ich wirklich die Ergebnisse einer zahnärztlichen Untersuchung? Als die Skeptiker den blinden Mann fragten, den Jesus geheilt hatte, antwortete er: "Eines weiß ich: Ich war blind, und jetzt kann ich sehen" (Johannes 9, 25). Das hat schon damals als Antwort genügt, und so ist es heute immer noch.

Ich mache es gegenwärtig so, daß ich die Zeugnisse von ernsthaften Menschen, die bei klarem Verstand sind, wörtlich nehme, solange ich nicht guten Grund habe, ihrem Bericht nicht zu glauben (wie etwa bei dem 'Zeugnis' einer Afrikanerin, die sagte, daß sie sechs Jahre lang schwanger war, und Gott bei der Entbindung auf Gebet hin selbst assistiert habe). Ich möchte zwar nicht leichtgläubig sein, aber es geht mir darum, die Haltung widerzuspiegeln, die der Apostel Paulus vertritt: Liebe "glaubt alles" (1. Kor. 13, 7). Wenn ich die Wahl habe, dann denke ich, daß es besser ist, zu glauben als skeptisch zu bleiben. Ich möchte lieber dem Ideal von Jesus und nicht dem von Thomas folgen. Jesus sagte von Thomas, dem Zweifler: "Thomas, weil du mich gesehen hast, glaubst du." Das Ideal von Jesus jedoch ist: "Selig sind die, die nicht sehen und doch glauben" (Johannes 20, 29).

Verantwortlichkeit

Dennoch glaube ich, daß wir großen Wert auf Verantwortlichkeit legen sollten. Ich bin Wissenschaftler genug, um meine eigene Wirksamkeit zu überprüfen. Ich bete zwar für Kranke, doch bewirkt das auch wirklich etwas? Wieviele Menschen sollten geheilt werden, um einen Heilungsdienst wirklich als wirkungsvoll zu bezeichnen? Jesus hatte wahrscheinlich eine Heilungsquote von 100 Prozent. Bevor ich ein Teil der Dritten Welle wurde, bewegte sich meine Quote mehr bei etwa Null Prozent. Ich sollte vielleicht eher daran interessiert sein, wieviel höher als Null Prozent meine Quote ist, anstatt mich damit abzugeben, herauszufinden, wieviel weniger als 100 Prozent an Erfolg meinem Gebet für Kranke beschieden ist. Unabhängig davon, woran ich mich nun vergleiche, erscheint mir der Aufwand gerechtfertigt, jeder der Personen, für die ich bete, eine Antwortkarte mitzugeben. Sie befindet sich in einem an mich adressierten Briefumschlag, und ich bitte die betreffende Person, sie an mich zurückzusenden, wenn genügend Zeit vergangen ist, um beurteilen zu können, ob etwas geschehen ist oder auch nicht. Auf dieser Karte kann folgendes angekreuzt werden: Keine Besserung, etwas Besserung, viel besser, völlig geheilt. Einige andere Fragen geben die Möglichkeit, noch weitere Hintergrundinformationen zu liefern.

Ich begann im Herbst 1986 damit, diese Karten zu verteilen. In den Jahren 1986 und 1987 habe ich 114 wieder zurückerhalten. Die Verteilung sieht folgendermaßen aus:

keine Besserung	18 %
etwas Besserung	28 %
viel besser	25 %
völlig geheilt	29 %

Ob man sagen kann, daß diese Verteilung ein Erfolg genannt werden kann oder nicht, weiß ich nicht, aber es ist ermutigend. Ich weiß natürlich nicht, wieviel Prozent der verteilten Karten wieder an mich zurückgeschickt worden sind. Aber zu wissen, daß sich 82 Prozent der Menschen, für die ich gebetet habe, nach dem Gebet besser befinden, bewegt mich. Und 29% davon sogar völlig geheilt? Da bin ich wirklich froh, daß ich gebetet habe, und denen, für die ich gebetet habe, geht es genauso. Ich hoffe, daß sich der Prozentsatz von 29% jedes Jahr verbessert, indem ich auf diese Weise weitermache.

Meiner Meinung nach täten Einzelpersonen, Gruppen oder ganze Gemeinden, von denen bekannt ist, daß sie sich im Heilungsdienst engagieren, gut daran, die Ergebnisse ihres Dienstes festzuhalten und sie der Öffentlichkeit zugänglich zu machen. Einer der mir bekannten Heilungsdienste, die meiner Meinung nach am besten aufgebaut sind und in seelsorgerlich verantwortlicher Weise gehandhabt werden, ist der Dienst des 'Small Ministry Teams' innerhalb der Vineyard Christian Fellowship in Anaheim, Kalifornien, die kontinuierliche Gebetsunterstützung anbieten. Einer der Mitarbeiter von John Wimber, Pastor Bill McReynolds, leitet nicht weniger als 325 ausgebildete Laienmitarbeiter an, die sich in 80 verschiedenen Gebetsgruppen organisiert haben. Unter strikter medizinischer Aufsicht vereinbart das Team mit einer Einzelperson, sechsmal eine ganze Stunde lang in therapeutischer Absicht zu beten. Im Jahre 1987 wurden sie in dieser Weise über 600

Menschen zur Hilfe, mit folgendem Ergebnis:

Keine Besserung	18 %
Etwas oder viel besser	57 %
völlig geheilt	25 %

Ich finde es bemerkenswert, daß der Prozentsatz der Vineyardgemeinden und mein eigener nahezu identisch zu sein scheinen. Wie sich solche Ergebnisse im Vergleich zu den Ergebnissen medizinischer oder psychiatrischer Behandlung ausnehmen würden, ist mir nicht bekannt, denn solche Ergebnisse werden kaum der Öffentlichkeit zugänglich gemacht.

Gibt es unechte Heilungen?

Diese Welt ist voll von Schwindlern. Selbst in den Tagen von Jesus gab es Menschen, die geweissagt haben, Dämonen ausgetrieben und Wunder im Namen von Jesus vollbracht haben. Doch Jesus sagt, daß er diese Menschen noch nicht einmal kannte (siehe Matth. 7, 22. 23). Paulus warnt Timotheus vor Lügengeistern und den Lehren von Dämonen (siehe 1. Tim. 4, 1). Im Buch der Offenbarung lesen wir von dem Tier, das große Zeichen tut (siehe Kap. 13, 13 - 14) und von Geistern der Dämonen, die Zeichen tun (siehe 16, 14), sowie dem falschen Propheten, der Zeichen tat (siehe 19, 20). Offensichtlich existiert eine übernatürliche Macht, die nichts mit Gott zu tun hat.

Diese Macht hat sich darauf spezialisiert, die wahren Machttaten Gottes nachzuäffen. Timothy Warner sagt: "Diese falschen Wunder reichen von falschen Früchten und Gaben des Geistes bis zu Heilungen und anderen, weitaus dramatischeren Dingen."[5] Wir sehen solche Nachahmungen im Woodoismus Haitis, im brasilianischen Spiritismus, innerhalb der traditionellen afrikanischen Stammesreligionen, im Okkultismus, wie er auch in Amerika vorkommt, und überall dort, wo Zauberei, Magie und Astrologie betrieben wird. In Thailand heilt der dreijährige "Dr. Noi" Tausende von Menschen durch eine magische Baumrinde. In Indien durchboren Hindus ihren Körper mit Haken und laufen barfuß über glühende Kohlen, ohne Schmerzen zu spüren.

Diese Macht Satans stellt sich manchmal der Macht Gottes entgegen. Das war der Fall, als Mose das Volk Israel aus Ägypten herausgeführt hat. Nur nach einem massiven geistlichen Machtkampf ließ der Paharo das Volk Gottes endlich ziehen. Seine Magier waren in der Lage, falsche Wunder zu tun - jedoch nur bis zu einem bestimmten Grade. Sie machten dabei aber keine gute Figur. Gleich am Anfang schon verloren sie, als der Stab Aarons die Stäbe der Magier verschlang. Sie kopierten zwar die ersten beiden Plagen, nämlich das Wasser des Nils in Blut zu verwandeln und eine Froschplage heraufzubeschwören, doch dann reichte ihre Macht nicht mehr aus, um die anderen acht Plagen nachzumachen. Ganz eindeutig ging Gott aus diesem Kräftemessen als Sieger hervor. Dennoch hatten die Beschwörer bewiesen, daß sie einige Dinge nachmachen konnten, indem sie auf die Macht des Feindes zurückgriffen (siehe Ex. 7, 11. 22; 8, 7).

Aber auch Menschen, die sich fälschlicherweise als Christen bezeichnen, versuchen solche Dinge nachzumachen. Der Sektenführer Jim Jones täuschte Heilungen von Krebs vor, indem er anscheinend Hühnchenleber und andere Organe aus dem Hals der Menschen zum Vorschein brachte, für die er betete. Peter Popoff empfing "Worte der Erkenntnis" in seinen Heilungsgottesdiensten. Später stellte es sich heraus, daß es sich dabei um Informationen handelte, die ihm seine Frau mit Hilfe von hochentwickelter elektronischer Technik übermittelte. Kein Wunder, daß sich Dave Hunt dadurch beunruhigen ließ und seinen Bestseller *Die Verführung der Christenheit* schrieb. Unglücklicherweise ist bei Hunt neben all' den guten Fragen, die er aufwirft, auch die Tendenz zu erkennen, mit seinen Antworten in ein Extrem zu geraten. Er bezeichnet eben nicht nur Leute wie Jim Jones und Peter Popoff als Verführer, sondern auch noch Menschen wie John Wimber, Robert Wise, Richard Foster und Paul Yonggi Cho. Ich stimme dem zu, wenn Richard Lovelace sagt, daß der Leib Christi ein Alarmsystem in Form von Kritikern braucht, das wie das System der weißen Blutkörperchen funktioniert, indem schädliche Bakterien erkannt und angegriffen werden. "Jedoch", so Lovelace weiter, "wird ein überaktives Abwehrsystem notwendige Teile des Körpers in einer Antireaktion abwehren, wie das oft bei Organtransplantationen geschieht, weil diese Teile fälschlicherweise als feindlich eingestuft worden sind."[6]

Wie kann man den entscheidenden Unterschied feststellen?

Wie ist es denn möglich, den Unterschied zwischen wahren und falschen Zeichen zu erkennen? Ich glaube, daß es dazu drei Möglichkeiten gibt.

Einmal können wir dazu den von Gott geheiligten Verstand benutzen. Die Bibel beschreibt reife Christen als Menschen, "die durch Gewohnheit geübte Sinne haben, Gutes und Böses zu unterscheiden" (Hebr. 5, 15). Je mehr wir Jesus Christus kennenlernen, desto mehr wächst in uns ein Empfinden dafür, was nicht von Gott stammt. Nehmen wir zum Beispiel eine Zeitungsannonce, wie sie in dem Blatt *Globe* stand: "Ich bin Andreika, und ich kann den Lauf des Schicksals verändern. Bezahlen Sie mir Geld, und ich werde die Zukunft für sie magisch beeinflussen." Der Preis? 13,50 Dollar. Schon der gesunde christliche Menschenverstand wird uns sagen, daß so etwas einen bösen, und keinen guten Hintergrund hat, auch wenn dann anschließend Gesundheit und Glück versprochen wird.

Zum Zweiten dürfen wir die Gabe der Unterscheidung der Geister gebrauchen. Im 1. Korintherbrief 12, 10, steht die Gabe der "Unterscheidung der Geister" in einem der zentralen biblischen Texte zum Thema der Gaben des Geistes aufgeführt. Mein Verständnis dieser Gabe ist, daß es sich hierbei um die besondere Fähigkeit handelt, die Gott einigen Gliedern am Leib Christi gibt, die sie befähigt, mit Sicherheit zu wissen, ob ein angeblich von Gott gewirktes Verhalten in Wahrheit göttlich, menschlich oder satanisch ist.[7] Obschon ich diese Gabe selbst nicht habe, sind doch viele meiner Freunde damit ausgerüstet. Michael Green sagt beispielsweise: "Ich habe entdeckt, daß, obschon ich nicht danach gesucht habe, ich diese Gabe bekommen habe; sie ist sehr hilfreich in schwierigen seelsorgerlichen Situationen."[8] Einige Mitglieder der '120 Fellowship', der Bibelstudiengruppe, die ich leite, sind ebenfalls mit dieser Gabe ausgerüstet, und wenn es mir um besondere Unterscheidung geht, dann wende ich mich an sie.

Drittens können wir nach der Frucht des Geistes Ausschau halten. Was ist das Endergebnis von Heilungen oder Wundern? Jakobus gibt uns einige gute Hinweise, wie wir erkennen können, was "Weisheit von oben" ist, und was "irdische, menschliche und teuflische" Weisheit ist. Die Weisheit Satans führt zu Früchten wie Neid, Selbstsucht, Prahlerei und Lüge. Die Frucht des Geistes Gottes jedoch erkennt man daran, daß sie "friedsam, gelinde, kritikfähig, voll Barmherzigkeit und guter Früchte, unparteiisch und ohne Heuchelei" ist (siehe Jak. 3, 17). Michael Harper weist darauf hin, daß das Christentum die einzige

Weltreligion ist, in der behauptet wird, daß Menschen durch die Gnade Gottes und die Kraft des Heiligen Geistes die Vollmacht zur Heilung der Kranken und zum Vollbringen von Wundern haben."[9]

Mir gefällt es, wie Barton Stone, dieser große Leiter der 'Churches of Christ' im letzten Jahrhundert, mit einigen Phänomenen der Erweckung umgegangen ist, die ihm noch nie begegnet waren und die er nicht einordnen konnte. Nachdem er alles untersucht hatte, was vorgefallen war, gab er zu, daß der Teufel immerwährend versucht, das Wirken Gottes nachzuäffen und in Mißkredit zu bringen. Die Phänomene, die er jedoch beobachtet hatte, "können nicht satanischen Ursprungs sein", weil sie "Menschen dazu bringen, sich vor Gott in demütigem Bekenntnis zu beugen und Sünde abzusagen, zu ernsthaftem inbrünstigem Gebet in Anbetung und Lobpreis, zu echter und herzlicher Aufforderung an Sünder, doch Buße zu tun und zu Jesus, dem Heiland, zu gehen."[10]

Das sind gute Anzeichen. Ebenso hilfreich ist eine Aufzählung von Paul Hiebert. Als Kriterien, die Manifestationen des Geistes Gottes von denen des Feindes unterscheiden zu können, nennt er folgende Dinge, auf die geachtet werden sollte: Die Ehre Gottes, die Herrschaft von Christus, geistliche Reife, die Balance, das ganze Evangelium zu verkündigen, die Einheit der weltweiten Christenheit und eine geistlich gesunde, ganzheitliche Anschauung.[11] Diese Prüfliste halte ich für sehr nützlich in dem beständigen Auftrag, das Wahre vom Falschen zu unterscheiden.

Wir sollten jedoch nicht in die Falle tappen: auch wenn wir wissen, daß Satan das Wirken Gottes nachmachen kann und es auch tut, wollen wir uns nicht zu Überreaktionen hinreissen lassen. Das ist noch lange kein ausreichender Grund, um die Kraft Gottes einen großen Bogen zu schlagen. Timothy Warner sagt, das wäre so als "ob wir uns weigern würden, eine 20-Dollar-Banknote auszugeben, nur weil wir gehört haben, daß falsche Zwanzigernoten im Umlauf sind."[12]

Manipulieren wir damit nicht Gott?

Das Wesen der Magie ist es, daß derjenige, der damit umgeht, unabhängig davon, ob Magie von einem Schamanen, einem Medium, einer Hexe, einem Wahrsager, einem Hohenpriester, Zauberer oder was auch immer betrieben wird, Macht ausübt, um übernatürliche Kräfte dahingehend zu manipulieren, das zu tun, was er gerne möchte. Durch magische Beeinflussung kann veranlaßt werden, daß Menschen sterben, krank werden, gesund werden, sich sexuell anziehen, einen Partner finden, eine Ehe zerbricht, eine Ernte verlorengeht, ein Kampf gewonnen wird und jede beliebige andere Angelegenheit geregelt wird.

Das hat nichts mit Christentum zu tun. Christentum und Magie sind Dinge, die sich gegenseitig so sehr ausschließen wie die zwei positiven Pole von zwei Magneten. Aus diesem Grund müssen wir uns dann, wenn wir damit anfangen, für Kranke zu beten, der ständigen Gefahr bewußt sein, Magie im christlichen Gewand zu praktizieren. Diese Gefahr sollte uns jedoch nicht davon abhalten, einen vollmächtigen übernatürlichen Dienst zu tun, ganz besonders dann nicht, wenn wir immer wieder zwei entscheidend wichtige Prinzipien im Blick behalten: 1) Wir müssen es vermeiden, Gott zu manipulieren, und 2) müssen wir es vermeiden, zu kapitulieren.

Zunächst müssen wir vermeiden, Gott manipulieren zu wollen. Das fällt uns gar nicht leicht, denn er ist unser Vater. Diejenigen von uns, die Kinder großgezogen haben, kennen die eingebaute Tendenz von Kindern, zu versuchen, ihre Eltern zu manipulieren. Für uns als Eltern ist das jedoch kein großes Problem, und wir wissen, daß so etwas nicht unsere grundsätzliche, auf Liebe aufgebaute Beziehung zueinander angreift. Manchmal lassen wir es durchgehen, wenn unsere Kinder so mit uns umgehen, wenn auch nicht sehr oft. Ich denke, daß Gott auch spielend mit unserer eingebauten Tendenz, ihn manipulieren zu wollen, umgehen kann, und er weiß auch genau, wie er uns zeigen kann, daß wir zu weit gegangen sind.

Fünf Richtlinien

Dennoch tun wir gut daran, so bewußt wie möglich zu versuchen, selbst den Anschein davon zu vermeiden, Magie zu treiben. Ich habe zwar schon in den vorhergehenden Kapiteln einiges davon angeschnitten, doch möchte ich hier fünf Richtlinien anführen, die uns dabei helfen sollen, Manipulation zu vermeiden:

1. Versuchen Sie nicht, Gott Befehle zu erteilen oder ihm vorzuschreiben, was er zu tun hat. Als ich damit begann, für Kranke zu beten, begann ich mir gedanklich vorzustellen, wie dieser oder jener Star geheilt werden und daraufhin die Welt für Jesus auf den Kopf stellen würde. Es war etwa so, als wollte ich sagen: "Also, Gott, ich habe hier eine phantastische Idee für Dich. Hast Du schon an folgendes gedacht?" Ich lernte schnell, daß er an solchen Vorschlägen nicht interessiert war.

2. Benutzen Sie keine Formeln oder Techniken, wenn Sie für Kranke beten. Ich weiß natürlich, daß einige mehr liturgisch orientierte Gruppen Heilungsliturgien und Heilungsgebete verfaßt haben, die oft sehr wirkungsvoll sind. Aber wir wollen nicht in den Fehler verfallen, zu meinen, daß es die richtigen Worte, die richtige gefühlsmäßige Stimmung, die richtige Umgebung, das korrekte Benennen und Beanspruchen von Anliegen, das richtige Öl oder die richtige Gestik sind, die die Heilung herbeiführen. Alles Genannte mag zwar in manchen Fällen hilfreich sein, aber nichts davon kann eine Heilung bewirken. Selbst der Name Jesus ist keine wirkungsvolle Formel, die einfach so angewandt werde könnte, wie ja auch die sieben Söhne des Skevas schnell herausfanden (siehe Apg. 19, 13 - 16).

3. Versuchen Sie immer, den Willen Gottes in Bezug auf die Heilung zu erfahren. Johannes sagt, daß Gott unser Gebet erhören wird, "wenn wir etwas nach seinem Willen bitten" (1. Joh. 5, 14).

4. Folgen Sie dem Beispiel von Jesus, ein offener Kanal für das zu sein, was der Vater gern durch Sie tun möchte. Das 5. Kapitel beschäftigt sich näher damit.

5. Bringen Sie die Ergebnisse des Gebets für die Kranken, ob positiv oder negativ, in einen Zusammenhang mit dem Maß des Glaubens oder der inneren Haltung der kranken Person. Ich werde dazu später noch mehr sagen.

Vor dem Status Quo kapitulieren

Das zweite Grundprinzip, wenn wir uns mit Magie beschäftigen, ist, daß wir vermeiden, vor dem Status Quo zu kapitulieren. Manche haben eine etwas unglückliche Furcht vor jeder Form magischer Beeinflussung entwickelt, die ihnen dabei im Weg steht, wirkungsvoll für Kranke zu beten. Ich möchte hier weitere fünf Richtlinien vorschlagen, die uns dabei helfen sollen, daß das Pendel nicht zu stark in die andere Richtung ausschlägt:

1. Machen Sie Ihre Anliegen dem Vater bekannt. Immer wieder werden wir in der Heiligen Schrift dazu aufgefordert. Wir dürfen mutig beten: “Gib uns unser tägliches Brot heute.” Das hat nichts mit Manipulation zu tun.

2. Bitten Sie den Vater im Namen von Jesus. Die sieben Söhne des Skevas führten den Namen von Jesus umsonst im Mund. Als wahre Jünger von Jesus werden wir jedoch dazu ermutigt, das zu tun: “Was ihr bittet in meinem Namen, das will ich tun.” (Joh. 14, 14).

3. Wenn Sie sich dazu geführt sehen, verwenden Sie Öl. Jakobus empfiehlt, Menschen mit Öl zu salben (siehe 5, 14). Die Jünger beteten für viele Menschen, indem sie sie gleichzeitig mit Öl salbten (siehe Mk. 6, 13).

4. Seien Sie für Heilungen im Zusammenhang mit liturgischen Formen einschließlich Taufe und Abendmahl offen. Mein guter Freund Fred Luthy wurde einmal in ein Krankenhaus gerufen, um einer Frau in seiner Eigenschaft als Priester zu dienen, die mit einem Lungenemphysem im Sterben lag und sich im Koma befand. Die Ärzte hatten sie aufgegeben, und die Familie war ins Krankenhaus gerufen worden. Sie war nicht getauft worden, und da die Familie wußte, daß sie das eigentlich gerne noch erlebt hätte, hatte Fred den Eindruck, er sollte sie am selben Abend noch taufen. Am nächsten Tag kam sie zu sich, setzte sich mit klarem Blick im Bett auf, bedeutete, daß man ihr ein Stück Papier bringen sollte, worauf sie etwas schreiben konnte, denn ihr Mund und ihr Hals war voll mit Schläuchen, so daß sie nicht sprechen konnte. Ihre Mitteilung ließ an Deutlichkeit nichts zu wünschen übrig: “Ich bin hungrig!”

5. Nehmen Sie die Autorität, die Gott Ihnen gibt, um Kranke zu heilen und Dämonen auszutreiben, für sich persönlich an und üben Sie sie aus. Jesus sagte zu den Siebzig: “Heilt die Kranken, die daselbst sind” (Luk. 10, 9). Obwohl wir wissen, daß letztlich nur Gott heilen kann, zögert die Heilige Schrift nicht, Dinge zu sagen wie etwa: “Stephanus, voll Glaubens und Kraft, tat große Wunder und Zeichen unter dem Volk” (Apg. 6, 8). Darin sehen wir jedoch keine Form von christlicher Magie.

Wieviel Glauben ist nötig?

Auch wenn Gott manchmal in souveräner und direkter Weise

übernatürliche Dinge tut, wie etwa bei Paulus auf der Straße nach Damaskus, so ist das doch nicht die Regel. Der Normalfall, den wir in der Bibel finden und auch in der Praxis beobachten können, ist, daß er in der Regel Menschen als seine Vermittler gebraucht. Wer als Mensch durch seine Verbindung mit Gottes Allmacht wirken möchte, muß glauben. Glaube ist entscheidend wichtig, wenn ein Mensch als Mittler Gottes gebraucht werden möchte. Es wird jedoch oft mißverstanden, welche Rolle der Glaube hierbei hat. Über zwei Dinge sollten wir uns dabei im klaren sein: Über den Träger des Glaubens und über die Größe des Glaubens.

Wenn wir über den *Träger des Glaubens* nachdenken, erhebt sich die Frage: Wer muß Glauben aufbringen, damit Heilung geschehen kann? Die Bibel gibt uns dazu verschiedene Illustrationen. Manchmal ist der Träger des Glaubens der Kranke, dann dritte Personen, in einigen Fällen aber auch der Betende selbst.

In manchen Fällen wird der Glaube des Kranken mit der Heilung in Verbindung gebracht. Zwei Blinde kamen zu Jesus und wollten geheilt werden. Er sagte zu ihnen: "Glaubt ihr, daß ich so etwas mit euch tun kann?" Als sie bejahten, antwortete ihnen Jesus: "Euch geschehe nach eurem Glauben." Und beide wurden geheilt (siehe Matth. 9, 27 - 31).

Dies ist jedoch nicht immer der Fall. Der Knecht des Hauptmanns wurde von seiner Lähmung geheilt, ohne, soweit wir darüber informiert sind, überhaupt zu wissen, daß es Jesus war, der ihn geheilt hat. In seinem Fall war es eine dritte Person, der Hauptmann, der Glauben aufbrachte. Jesus sagte: "Solchen Glauben habe ich in Israel nicht gefunden." (8, 10).

Als Petrus und Johannes auf den Lahmen zugingen, der an dem Tor des Tempels saß, erwartete dieser noch nicht einmal, geheilt zu werden, und es waren auch keine dritten Personen anwesend. In diesem Fall war Petrus derjenige, der stellvertretend glaubte, als er sagte: "Silber und Gold habe ich nicht, was ich aber habe, gebe ich dir: Im Namen Jesu Christi von Nazareth stehe auf und wandle" (Apg. 3, 6).

Es könnten für jeden dieser drei Fälle weitere Beispiele angeführt werden, aber Sie haben wahrscheinlich verstanden, worauf ich hinaus will. In unterschiedlichen Situationen wird Gott verschiedene Menschen als Träger des Glaubens gebrauchen. Einer der Fehler, die in dieser Hinsicht am häufigsten begangen werden, ist, wenn man zu einer kranken Person, die nach Gebet nicht geheilt worden war, sagt: "Wenn du nur genügend glauben würdest, könntest du gesund werden." Ein solches Verhalten ist nicht nur unbiblisch, es ist auch unmenschlich, denn es fügt diesem Menschen, der ja bereits eine schwere Bürde an der Tatsache trägt, daß er krank ist, nur noch unnötigerweise weitere Schmerzen zu.

Die Größe des Glaubens ist ein weiterer Punkt. Wieviel Glauben muß man aufbringen, um geheilt zu werden? Die Antwort darauf ist einfach: Es gibt darauf keine Antwort. Natürlich ist es richtig, daß es umso besser ist, je mehr Glauben wir haben. Stephanus tat viele Wunder, weil er "voll Glaubens und Kraft" war (Apg. 6, 8). Es gibt aber auch viele andere Fälle, in denen der Glaube von Menschen nur so groß wie ein Senfkorn war, und doch erlebten sie bemerkenswerte Dinge. Ich habe schon darauf hingewiesen, wie wenig Glauben ich hatte, als ich feststellen durfte, daß dem Jungen, der keine Ohren hatte, tatsächlich solche wuchsen.

Mir gefällt das, was Kate Semmerling erlebte, als sie ihre Ausbildung zur Krankenschwester in einer Klinik in Haiti machte. Eine Frau brachte einen kleinen Jungen mit verkrüppelten Beinen ins Krankenhaus. Er konnte weder stehen noch gehen. Sie versuchte der Frau zu erklären, daß es nichts gab, was sie für den Jungen tun konnte. Weil sie jedoch diese Frau loswerden wollte, wie sie sagte, "seufzte sie und bot ihr an, für sie zu beten - und zwar ein Gebet von der Sorte: Gott-segne-diese-Frau, nach dem sie dann schon wieder gehen würde." Aber in ihr war ein Körnchen Glauben, das ihr sagte, daß Gott wirklich heilen könnte, auch wenn sie nichts erwartete. Sie legte ihre Hände auf die verkrüppelten Beine und sagte: "Lieber Gott, bitte komme und tue Du, was Du hier tun möchtest."

Das war offenbar genug Glauben für diese Situation. Innerhalb der nächsten fünf Minuten schwollen die Beine an, als ob sie kleine Ballons wären, und füllten sich mit neuer Muskulatur. Kate sagte: "Ich dachte ich sei nicht normal. So etwas hatte ich noch niemals zuvor erlebt." Die Beine des Jungen wurde wieder ganz normal, und er stand auf und lief herum. Die Reaktion von Kate: "Oh mein Gott, schau dir das an!"[13] Ein solcher Ausruf ist nun wirklich nicht ein Anzeichen von großem Glauben.

Kann Leiden nützlich sein?

Leiden ist ein äußerst vielseitiges Thema, sowohl in biblischer als auch in theologischer Hinsicht. In diesem Zusammenhang werden Fragen wach, deren Beantwortung nicht nur ein einziges Kapitel, sondern ein ganzes Buch benötigten, um darauf einzugehen. Viele Bücher sind bereits darüber geschrieben worden, und viele weitere Bücher werden noch folgen. Ich bin mir dessen vollständig bewußt. Daher möchte ich in diesem kurzen Abschnitt nur einige Dinge betrachten, die mit dem Gebet für Kranke in direktem Zusammenhang stehen.

Eines dieser Themen ist Heiligung durch Leid. Hinter diesem Begriff steht der Gedanke, daß das Leiden sehr wertvoll ist, weil dadurch unsere Beziehung zu Gott gestärkt wird. Keiner hat das treffender ausgedrückt als Ken Blue. Er hat den Eindruck, daß "die Auffassung, daß Krankheit im Grunde genommen gut für uns ist", und daß "Krankheit dazu gesandt wurde, um unsere Seele zu reinigen und unseren Charakter zu stärken", heute eine der größten Barrieren für einen wirkungsvollen Gebetsdienst im Hinblick auf Kranke darstellt. Wegen dieser Vorstellung glauben manche, es sei geistlicher, Krankheit zu ertragen als geheilt zu werden. Ja, man geht sogar so weit, zu sagen, daß es selbstsüchtig sei, wenn jemand geheilt werden möchte.[14] Manche haben gesagt, daß wir dann, wenn wir Gott darum bitten, daß er uns heilt, deutlich zeigen, daß wir Gefangene einer Kultur sind, die nur Rechte kennt.

Francis MacNutt fügt hinzu: "Wenn wir sagen, daß Gott Krankheit schickt oder von uns haben möchte, daß wir Krankheit ertragen, dann tragen wir damit dazu bei, für viele Menschen ein Bild von Gott zu malen, das sie aller Wahrscheinlichkeit nach verwerfen werden. Welche Mutter oder welcher Vater würden sich als Strafe für ihre Tochter wünschen, daß sie krebskrank würde, nur damit sie nicht mehr so furchtbar stolz ist?"[15] MacNutt verweist auf Südamerika, um darauf hinzudeuten, wohin es führen kann, wenn so etwas gelehrt wird. Er sagt, daß viele Südamerikaner deshalb, "weil Gott ihnen als jemand beschrieben wird, der auf geheimnisvolle Weise möchte, daß Menschen durch Leiden heiliger werden", den Eindruck haben, daß es dem Willen Gottes entspricht, wenn jemand krank wird. Um wieder gesund zu werden, wenden sich die Menschen folgerichtig nicht an Gott, sondern an einen Zauberdoktor. Das ist, wie MacNutt weiter sagt, eine tragische Umkehrung der Theologie. "Die Menschen gehen mit Gott so um, als wäre er eine heidnische Gottheit, die durch Leiden beschwichtigt werden muß. Um jedoch geheilt zu werden, wendet man sich an die Welt der Geister und Dämonen."[16]

Nichts von dem bereits Gesagten sollte jedoch so verstanden werden, als ob es nicht vorkommen kann, daß das Leiden auch wertvolle Seiten haben kann. Ich habe darüber bereits im 4. Kapitel gesprochen. Ich habe schon darauf hingewiesen, wie Paulus letztlich von seinem "Dorn im Fleisch" profitiert hat (siehe 2. Kor. 12, 7-10). Es gibt Leiden, das ein Teil des Heilsplans Gottes ist. Jakobus sagt uns: "Achtet es für eitel Freude, wenn ihr in mancherlei Anfechtung fallt" (1, 2), weil die Anfechtung Geduld bewirkt, und Geduld dazu beiträgt, daß wir reifen. Der Hebräerbrief spricht davon, daß die Zucht des Vaters "die friedsame Frucht der Gerechtigkeit" hervorbringt (12, 11). Das hat zwar in einer Gesamtschau des Leidens seinen Platz, doch wir sehen Gott in der Bibel weitaus häufiger als denjenigen handeln, der von Krankheit befreit, und nicht als jemand, der Krankheit verursacht.

Krankheit und Leiden

Es ist hilfreich, wenn wir spezielle Krankheit nicht mit allgemeinem Leid verwechseln. Mit wenigen Ausnahmen beziehen sich die Stellen im Neuen Testament über das Leiden auf dämonische Angriffe, Verfolgung um des Evangeliums willen oder auf göttliches Gericht, nicht jedoch auf menschliche Krankheit. Peter H. Davids machte hierüber eine aufschlußreiche Studie. Er fand heraus, daß in der Wortgruppe *Trübsal* (griechisch *thlipsis*) 54 Stellen mit Verfolgung, Unterdrückung, Hunger oder eschatologischem Gericht zu tun haben. Nur eine einzige Stelle bezieht sich auf Geburtswehen (siehe Joh. 16, 21). In der Wortgruppe *Leiden* (griechisch *pascho*) bezieht sich von den 65 Stellen, die im Neuen Testament vorkommen, nur eine einzige auf Krankheit, die in diesem Fall ausdrücklich mit Dämonie in Zusammenhang gebracht wird (Matth. 17, 15). An einer anderen Stelle rührt das Leiden einer kranken Frau interessanterweise nicht von ihrer Krankheit, sondern von der Behandlung durch die Ärzte her, der sie unterzogen worden war (Mk. 5, 26).[17]

Wie Christen bei Leid und Krankheit reagieren sollen, steht in Jakobus 5, 13 - 15 beschrieben: "Leidet jemand unter euch?" Antwort: "Er soll beten." Dann: "Ist jemand von euch krank?" Antwort: "Er soll die

Ältesten zu sich rufen, daß sie über ihm beten . . . und der Herr wird ihn aufrichten."

Es ist interessant zu beobachten, daß diejenigen, die betonen, daß Krankheit weitaus mehr zur Läuterung des Menschen dient, anstatt zu sagen, daß man Gott bitten darf, heilend einzugreifen, sich anscheinend selbst untreu werden, wenn sie oder einer ihrer engsten Verwandten oder Bekannten krank werden. Mir gefällt es, wie A.B. Simpson darauf reagiert hat: "Nun, wenn diejenigen, die auf diese Ansicht so großen Wert legen und vorgeben, das Prinzip der Läuterung im eigenen Leben zu praktizieren, wirklich ihre Krankheit annehmen würden und sich ihr passiv ergeben würden, dann wären sie wenigstens konsequent. Aber rufen sie nicht vielmehr nach einem Arzt und tun ihr Bestes, um diesem 'liebevollen Willen Gottes' zu entkommen?"[18] Natürlich tun sie das. Welcher Theologe oder Ethiker würde seiner Ehefrau, die starke Zahnschmerzen hat, raten, zuhause zu bleiben und alle Vorteile der dadurch beabsichtigten Läuterung zu erlangen, anstatt zum Zahnarzt zu gehen? In Wirklichkeit geht es offenbar im Kern nicht so sehr darum, ob Krankheit geheilt werden sollte, sondern wer es ist, der heilen sollte. Das steht anscheinend den Ärzten und Zahnärzten zu, aber wenn man Gott darum bittet, direkt einzugreifen, erscheint das anmaßend.

Warum werden einige nicht geheilt?

Es ist eine immer wieder beobachtete Tatsache, daß sich manche Christen zwar genau an die Vorschriften in Jakobus 5 halten, die Ältesten zu bitten, sie mit Öl zu salben und zu beten, und darüberhinaus sich um die beste medizinische Behandlung bemühen, und dennoch krank bleiben. Eines der besten Beispiele in unserer heutigen Zeit ist Joni Eareckson Tada. Weder ihr selbst noch Drittpersonen und auch nicht denjenigen, die unter Handauflegung für sie gebetet haben und sie mit Öl salbten, mangelte es an Glauben. Und trotzdem ist sie immer noch gelähmt und sitzt im Rollstuhl.

Warum?

Als ich im 4. Kapitel über den Lebensstil sprach, der dem Reich Gottes angemessen ist, habe ich gesagt, daß niemand wirklich die Antwort auf diese Frage kennt, und wenn jemand die Antwort finden sollte, dann sollte er den Nobel-Preis der Theologie erhalten. Möglicherweise ist es jedoch gar nicht nötig, diesen Preis an jemand zu vergeben. Vielleicht hat Robert Wise recht, wenn er uns dazu auffordert, nicht ständig nach dem Warum zu fragen, weil "das Wissen um den Beistand Gottes bedeutet, daß ich wirklich nicht eine Antwort auf alle geheimnisvollen 'Warum' in meinem Leben haben muß." Er schlägt vor, daß wir, anstatt immer nach dem 'Warum' zu fragen, lieber fragen: Was? Was bedeutet das für mich, und wie kann Gott meine Situation gebrauchen?[19]

Ich stehe andauernd vor dieser Frage. Obwohl es vielen mehr oder weniger besser geht, sind trotzdem 71 Prozent der Menschen, für die ich im Verlauf der letzten zwei Jahre gebetet habe, nach dem Gebet immer noch mehr oder weniger krank. Nur 29 Prozent sind vollständig geheilt. Ich denke nicht, daß das außergewöhnlich ist, doch ich kann mich mangels vorliegender Prozentzahlen nicht mit anderen vergleichen, die ebenfalls die Gabe der Heilung haben oder einen ähnlichen Dienst tun. Ich habe gehört, wie John Wimber einmal sagte: "Es sind mehr Menschen, für die ich bete, die nicht geheilt werden, als solche, die gesund werden." Aber wie ich schon zuvor gesagt habe, wird buchstäblich jedem Menschen, für den um Heilung gebetet wird, in der einen oder anderen Weise geholfen. Letztendlich ist es, um mit Charles Kraft zu sprechen, wichtiger, daß wir Menschen dienen, als daß wir sie heilen.

Warten auf das Wunder

Im Anhang, der von George Eckhart zusammengestellt worden ist, werden Sie auf eine Frage stoßen: In welcher Weise wird denen seelsorgerlich nachgegangen, die nicht geheilt werden? Er sagt, daß es das Ziel seines Teams sei, "die Liebe, die Fürsorge, die Gnade und die Hingabe des Herrn Jesus in solcher Weise zu veranschaulichen, daß der Dienst, der in dieser Haltung getan wird, schon aus diesem Grunde heilend wirkt, auch wenn das besondere Gebetsanliegen zur Zeit noch unbeantwortet bleibt." Beachten Sie die Formulierung *zur Zeit noch*. Der richtige Zeitpunkt ist entscheidend, und diejenigen, für die wir beten, sollten wissen, daß das Wunder immer noch kommen kann.

Ich lernte es, so zu denken, als John Wimber vor drei Jahren für mich betete, weil ich an Schleimbeutelentzündung im Bereich meiner beiden Schultern litt. Als er betete, geschah nichts. Eine Frau, die damals anwesend war, erhielt ein Wort der Erkenntnis: Ich sollte jeden Tag meine Schultern strecken bis zu dem Punkt, wo es weh tat, und täglich dabei einen Schritt weiter gehen. Das tat ich, und nach drei Wochen waren die Beschwerden völlig verschwunden und sind es auch seither geblieben.

Robert Wise empfiehlt, während der Zeit, in der man auf das Eingreifen Gottes wartet, in einer neutralen Haltung zu bleiben und einerseits die Möglichkeit zu erwägen, daß es noch geschehen wird, andererseits aber auch daran zu denken, daß nichts geschehen könnte. Er sagt: "Zögern Sie nicht, mit sich selbst ehrlich zu sein und zu Ihren Ängsten, Befürchtungen und ihrer Besorgnis zu stehen.[20] Er gibt dazu noch drei praktische Ratschläge: Erstens, geben Sie sich nicht Wunschvorstellungen hin. Verhalten Sie sich nicht wie das Kind, das Gott darum bittet, aus dem Spinat Eiskrem zu machen. Zweitens, versuchen Sie nicht, sich durch psychologische Tricks zu betrügen. Ihre Heilung hängt nicht davon ab, welches Gedankengebäude Sie sich selbst zurechtgelegt haben. Und drittens, feilschen Sie nicht mit Gott. Wenn Sie es dennoch tun, sind Sie dabei, Magie zu betreiben, worüber wir bereits gesprochen haben.[21]

Wie lange sollten wir warten, daß Gott eingreift? Nun, Gott verhieß Abraham und Sarah ein Kind, und sie mußten 25 Jahre lang warten, bis die Verheißung eintraf. Während dieser Zeit des Wartens begingen sie einige Fehler, die ihnen hinterher wahrscheinlich leid getan haben. Der Apostel Paulus betete dreimal darum, daß der Dorn im Fleisch von ihm genommen werden würde. Danach betete er nicht mehr weiter, sondern nahm seine Situation an. Warum hörte er auf zu beten? Weil Gott zu ihm sagte: "Laß dir an meiner Gnade genügen" (2. Kor. 12, 9). Ich empfehle Menschen, die nicht auf der Stelle geheilt werden, weiterhin mit sich beten zu lassen, sei es nun dreimal oder 33 mal, solange, bis Gott ihnen sagt, sie sollten damit aufhören, wie er das auch bei dem Apostel Paulus tat.

Ich kenne keine Person und auch keine Gruppe, die für Kranke betet, die es nicht gerne erleben möchte, noch mehr im Bereich der Heilung wirken zu können. Manche, wie beispielsweise Francis MacNutt, haben eine Reihe von Gründen dafür beobachtet, weshalb einige Menschen nicht geheilt werden. Er zählt darunter mangelnden Glauben, die Auffassung, Leiden diene ausschließlich zur Läuterung, eine falsche Wertschätzung von Leiden, unspezifisches Gebet, falsche Diagnose der Krankheit, die Weigerung, Medizin als einen Weg anzuerkennen, durch den Gott heilen möchte, das Versäumnis, in natürlicher Weise Krankheiten vorzubeugen, den (falschen) Zeitpunkt, die Tatsache, daß Gott eine andere Person dazu benutzen will, zu heilen, sowie das falsche soziale Umfeld, das einer Heilung entgegensteht.[22] Jedem der von ihm erwähnten Punkte könnte ich mich anschließen und Beispiele aus meinem eigenen Dienst anführen.

Seelsorgerlich gesehen befinden wir uns auf dem richtigen Weg, wenn wir den Rat befolgen, die Frage nach dem Warum mit der Frage nach dem Was zu vertauschen. Joni Eareckson Tada ist ein leuchtendes Beispiel dafür, sich mit der Tatsache zurechtzufinden, daß "Christus, der immer barmherzig, gerecht und heilig ist, mit seinen Kindern immer auf verschiedene, individuelle und immer wechselnde Weise umgeht und das auch weiterhin so tun wird. Er bleibt derselbe, aber die Art, wie er mit Männern und Frauen umgeht, ändert sich immer. Nur deshalb, weil er einmal geheilt hat, heißt nicht, daß er verpflichtet ist, immer zu heilen." Als sie damit leben mußte, an einen Rollstuhl gebunden zu sein und vor der Frage stand: "Werde ich nun meine Zeit nutzlos verstreichen lassen oder das, was mir noch übrig bleibt, zur Ehre Gottes gebrauchen?", traf sie eine gute Wahl. Sie entschied sich dafür, alles für Gott einzusetzen.[23]

Nur wenige Menschen haben sich mehr als Joni mit der Frage befaßt, warum einige Menschen nicht geheilt werden. Ihre Schlußfolgerung ist einfühlsam und gut durchdacht. Zunächst sagt sie: "Gott kann zweifellos auch heute noch Menschen auf übernatürliche Weise heilen, und er tut es auch." Dann fügt sie hinzu: "Aber die Bibel lehrt nicht, daß er immer heilen wird, sooft jemand im Glauben zu ihm kommt. In seiner Souveränität behält er sich das Recht vor, zu heilen oder nicht zu heilen, je nachdem wie er es für richtig hält."[24]

Joni lebt ebenfalls mit der lebendigen himmlischen Hoffnung, eines Tages zuhause bei Gott zu sein und einen neuen Körper zu erhalten. "Ich werde zum ersten Mal wieder in der Lage sein, auf meine Freundinnen zuzugehen und sie zu umarmen," sagt sie. "Ich werde meine neuen Hände vor den himmlischen Heerscharen erheben und rufen: Das Lamm, das geschlachtet wurde, ist würdig zu empfangen . . . Lobpreis und Ehre! Denn es hat meine Seele von den Klauen der Sünde und des Todes befreit, und nun hat es auch meinen Körper erlöst!"[25]

Das ist die Hoffnung von Joni, und auch von mir und von jedem Christen, den ich kenne. Das ist auch einer der wichtigsten Gründe, daß, solange noch Zeit ist, in diesem Leben nichts wichtiger sein könnte, als das errettende Evangelium von Jesus Christus denjenigen weiterzusagen, die noch zum Glauben kommen sollen. Und wie Jesus dies zu seinen Jüngern gesagt hat, so sollte auch unsere größte Freude darin bestehen, daß wir wissen, daß unsere Namen im Himmel geschrieben stehen (siehe Luk. 10, 20). Es mag sein, daß wir schon hier geheilt werden; aber eins ist sicher: Im Himmel werden wir alle geheilt sein.

Anmerkungen

1. Rex Gardner, "Miracles of Healing in Anglo-Celtic Northumbria as Recorded by the Venerable Bede and His Contemporaries: A Reappraisal in the Light of Twentieth Century Experience," *British Medical Journal*, Dez. 1983, S. 6. Siehe auch Gardner, *Healing Miracles* (London: Darton, Longmann and Todd, 1986), Kap. 1 und 2.
2. Rene Laurentin, *Miracles in El Paso?* (Ann Arbor, MI: Servant Books, 1982), S. 91.
3. Michael Cassidy, *Bursting the Wineskins* (Wheaton, IL: Harold Shaw Publishers, 1983), S. 43 - 45. Es ist interessant zu wissen, daß es Michael Harper auf seinem Weg zu einem Heilungsdienst sehr geholfen hat, auf einer Veranstaltung mit Kathryn Kuhlman mitzuerleben, wie ein junger Mann von einem Lungenemphysem geheilt wurde. Siehe *The Healings of Jesus* (Downers Grove, IL: Inter-Varsity Press, 1986), S. 13. 14.
4. Byrd, Randolph C., "Positive Therapeutic Effects of Intercessory Prayer in a Coronary Care Unit Population," *Circulation*, Teil II, Ausgabe 70, Nr. 4, Okt. 1984, Auszug Nr. 845, S. II-212. Der Auszug lautet:
Dem Fürbittegebet, einer der ältesten Therapieformen überhaupt, wurde in der medizinischen Fachliteratur bislang wenig Aufmerksamkeit geschenkt. Um die Auswirkungen von Fürbitte in einer Abteilung für Herzerkrankungen zu untersuchen, wurde ein zufälliges, doppelblindes Versuchsprotokoll gemacht. Über einen Zeitraum von 10 Monaten wurden 393 Neuzugänge von Patienten der Herzklinik nach schriftlicher Einwilligung einer Fürbittegruppe zugeteilt (192 Patienten) oder einer Gruppe, für die nicht speziell gebetet wurde (201 Patienten). Für die Patienten, die der Fürbittegruppe zugeteilt waren, wurde von Christen außerhalb des Krankenhauses gebetet, für die andere Gruppe nicht. Zu Beginn der Studie waren keine Unterschiede zwischen den Gruppen im Hinblick auf alle 34 möglichen Variablen zu verzeichnen. Es war nicht möglich, aufgrund der Zugangsinformationen über die Patienten die Gruppen mittels einer logistischen Analyse zu unterscheiden. Es stellte sich nach Abschluß heraus, daß die Gruppe, für die gebetet worden war, statistisch gesehen weniger Lungenödeme hatte (6 Patienten gegenüber 18 in der anderen Gruppe [p ./. 0,03]), weniger häufig intubiert werden mußte (0 gegenüber 12 Patienten [p ./. 0,002] und weniger Antibiotika nehmen mußte (3 Patienten gegenüber 16 [p ./. 0,007]). Als Schlußfolgerung kann festgestellt werden, daß Fürbitte anscheinend für Patienten in einer Herzklinik positive Auswirkungen hat.
5. Timothy M. Warner, "A Response to Wagner", *Trinity World Forum*, Frühjahr 1986, S. 5.
6. Richard Lovelace, "Countering the Devil's Tactics," *Charisma*, Dez. 1984, S. 10.
7. C. Peter Wagner, *Die Gaben des Geistes für den Gemeindeaufbau* (Neukirchen-Vluyn: Aussaat- und Schriftenmissions-Verlag, 1988[2]), S. 60.
8. Michael Green, *I Believe in Satan's Downfall* (Grand Rapids, MI: Wm. B. Eerdmans Pub. Co., 1981), S. 133.

9. Harper, *Healings*, a.a.O., S. 130.
10. Zitiert in: Vinson Synan, *The Twentieth-Century Pentecostal Explosion* (Altamonte Springs, FL: Creation House, 1987), S. 57.
11. Paul G. Hiebert. "Discerning the Work of God," Charismatic Experiences in History, Cecil M. Robeck Jr., Hrsg., (Peabody, MA: Henderson, 1985), S. 151-159.
12. Warner, "A Response to Wagner", S. 5.
13. Kate Semmerling und Andreas Tapia, "Haiti" U Magazin. Feb. 1987, S. 13.
14. Ken Blue, *Authority to Heal* (Downers Grove, IL: Inter-Varsity Press, 1987), S. 21-22.
15. Francis MacNutt, *The Power to Heal* (Notre Dame, IN: Ave Maria Press, 1977) S. 139.
16. Francis MacNutt, *Die Kraft zu Heilen* (Graz Wien Köln: Styria Verlag; Metzingen: Verlag Ernst Franz, 1986[5]), S. 67. 68.
17. Peter H. Davids, "Suffering: Endurance and Relief," *First Fruits*, Juli/Aug. 1986, S. 8.9.
18. A. B. Simpson, *The Gospel of Healing* (Harrisburg, PA: Christian Publications, 1915 revidiert), S. 57. 58.
19. Robert L. Wise, *When There Is No Miracle* (Ventura, CA: Regal Books, Div. of Gospel Light Publications, 1977), S. 99.
20. Ebd., S. 151.
21. Ebd., S. 153.
22. MacNutt, *Die Kraft zu Heilen*, a.a.O., S. 167-177.
23. Joni Eareckson Tada, "His Strenght Made Perfect," *Christian Life*, Juli 1986, S. 17. 18.
24. Joni Eareckson/Steve Estes, *Der nächste Schritt*, (Asslar, Verlag Schulte und Gerth, 1982), S. 147.
25. Ebd., S. 222. 223.

Anhang

Fragen, die häufig im Zusammenhang mit dem Gebet für Heilung, wie es in der 'The 120 Fellowship' of Lake Avenue Congregational Church Pasadena, Kalifornien, praktiziert wird, gestellt werden

George W. Eckhart

Was ist euer Verständnis von Krankheit?

Wir glauben, daß Krankheit die körperliche oder emotionale Fehlfunktion einer Person meint. Zu Krankheitsfällen kann es kommen, wenn organische, psychologische oder geistliche Schäden vorliegen, eine Kombination dieser drei Ursachen, oder wenn jemand sich verletzt hat. Wir sind davon überzeugt, daß man für einen wirkungsvollen Dienst der Heilung eine umfassende Perspektive der Hintergründe von Krankheit sowie deren Behandlung haben sollte.

Sollte die Gemeinde Jesu Christi auch heute noch einen Heilungsdienst ausüben?

Ja! Wir glauben, daß die Gemeinde Jesu Christi auch heute noch einen Dienst der Heilung ausüben sollte. Die Gaben der Heilung von Kranken sind der Gemeinde nie entzogen worden. Aus diesem Grunde sollte, zusammen mit unserem besten Bemühen, Menschen zu angemessener medizinischer Behandlung zu raten, das erwartende Gebet für Kranke ein wichtiger Bestandteil des Dienstes der Gemeinde an den Bedürftigen sein.

Was ist der Zusammenhang zwischen dem Dienst der Heilung und anderen Aufgaben der Gemeinde?

Wir glauben, daß es alles Teile ein- und desselben Dienstes sind, mit dem der Herr Jesus Christus seine Gemeinde beauftragt hat, wenn wir den Armen das Evangelium predigen, die Kranken heilen, Dämonen austreiben, für die Armen sorgen und uns für Gerechtigkeit engagieren.

Wir glauben, daß jeder dieser Dienste ein Zeichen dafür ist, daß die Macht des Reiches Gottes in eine gefallene Welt hineingebrochen ist, die Erlösung auf jeder Ebene nötig hat.

Kann jeder Christ für Kranke beten und erwarten, daß Kranke geheilt werden?

Ja! Wir glauben, daß jeder Christ für Kranke beten kann und es erleben darf, daß Kranke geheilt werden, auch wenn das nicht regelmäßig vorkommen muß.

Dem Apostel Paulus zufolge haben nicht alle Christen dieselben Gaben des Geistes. Wenn nun nicht jeder Christ die Gabe der Heilung hat, wie kann denn dann jeder Christ für Kranke beten und erwarten, daß Heilungen geschehen?

Nicht jeder Christ hat die Gabe der Heilung. Wir glauben jedoch nicht, daß jemand die Gabe der Heilung braucht, um für Menschen beten zu können, so daß sie gesund werden. Wir unterscheiden hier zwischen Gabe und Aufgabe. Wir gehen davon aus, daß jede Geistesgabe mit einer damit verbundenen Aufgabe in Zusammenhang steht. Genau so wie man nicht die Gabe der Evangelisation haben muß, um einen Menschen zu Christus zu führen, braucht man auch nicht die Gabe der Heilung zu haben, um wirkungsvoll für Kranke beten zu können. Jemand, der für einen bestimmten Dienst mit einer besonderen Geistesgabe ausgerüstet ist, erlebt es, daß er in der Regel in diesem bestimmten Bereich des Dienstes wirkungsvoller dienen kann als ein Christ, der nicht speziell für diesen bestimmten Dienst begabt ist, ihn jedoch in der Wahrnehmung seiner christlichen Aufgabe tut. Wir glauben jedoch, daß sowohl eine Person mit der Gabe der Heilung als auch eine Person, die schlicht und einfach ihre christliche Aufgabe wahrnimmt, erleben kann, wie Gott sie dazu gebraucht, Kranke zu heilen.

Ist es notwendig, die Gabe der Sprachenrede zu haben, um wirkungsvoll für Kranke beten zu können?

Nein! Wir glauben zwar, daß die Sprachenrede eine Gabe des Heiligen

Geistes ist, die heute noch auftritt, glauben jedoch nicht, daß das Sprechen in anderen Sprachen das erste Anzeichen dafür ist, die sogenannte "Taufe im Heiligen Geist" erfahren zu haben. Wir glauben auch nicht, daß es notwendig ist, in Sprachen beten zu können, um wirkunsvoll für Kranke zu beten.

Heilt Gott in jedem Fall Kranke, wenn wir Ihn darum bitten?

Wir glauben nicht, daß der Herr jedesmal dann heilt, wenn wir Ihn darum bitten. Wir glauben auch nicht, daß es schriftgemäß ist, daß wir von Ihm erwarten sollen, jedes Gebet um Heilung zu beantworten. Die Heilige Schrift spricht davon, daß in der zukünftigen Welt Gott alle Tränen von unseren Augen abwischen wird. Alle Heilung wird dann vollständig und für immer sein. "Der Tod wird nicht mehr sein, noch Leid noch Geschrei noch Schmerz wird mehr sein, denn das Erste ist vergangen." (Offb. 21, 4). Auch wenn wir die Kräfte der zukünftigen Welt geschmeckt haben, werden wir die völlige Erfüllung des Segens der zukünftigen Welt erst in der Zukunft erleben. Völlige und endgültige Heilung wird uns nur für diese kommende Zeit verheißen, nicht für jetzt.

Woher kommt die Vollmacht zur Heilung von Kranken?

Gott allein hat die Macht, Kranke zu heilen. Jesus tat nur, was er den Vater tun sah (siehe Johannes 5, 19 - 21) und sagte auch nur, was ihm der Vater eingab (siehe 12, 49. 50). Das Ergebnis davon war, daß sowohl sein Reden als auch sein Handeln segensreich waren. Wir glauben, daß wir, genau wie Jesus, dafür verantwortlich sind, eine enge, persönliche Abhängigkeit vom Heiligen Geist zu pflegen, um die Werke tun zu können, die Gott für uns vorbereitet hat. Alles, was wir tun können, ist beten. Der Herr allein hat die Fähigkeit, zu heilen.

Was bedeutet es, "Heilung im Glauben zu erwarten"?

Mit "Glauben für Heilung" meinen wir die Bereitschaft, zu Jesus zu kommen und erwartungsvoll darum zu bitten, daß er uns heilend anrührt. Zur selben Zeit überlassen wir uns seiner liebevollen Fürsorge und vertrauen Ihm, daß er das tun wird, was für uns das Beste ist. Wir glauben nicht, daß der Glaube ein Mittel ist, womit wir Gott dazu zwingen könnten, zu heilen. Mit Glaube ist auch keine Form von Leichtgläubigkeit gemeint, die durch übersteigerte Emotionen stimuliert wird und die sogar das Vorhandensein von Krankheitssymptomen leugnen möchte.

Was ist der Zusammenhang zwischen Heilung und Glauben?

Wir sind der grundsätzlichen Ansicht, daß Glauben vorhanden sein sollte, damit Heilung stattfinden kann (siehe Markus 6, 1-6). Im Idealfall sollte derjenige, der um Gebet bittet, an seine Heilung glauben. Wir meinen jedoch, daß auch dann wirkungsvoll für Kranke gebetet werden kann, wenn derjenige, der betet, oder auch die ganze Gemeinschaft, in der für Kranke gebetet wird, glaubt, daß Heilung stattfinden wird.

Sollten Christen ihre Heilung "im Glauben beanspruchen" und Krankheitssymptome ignorieren, die auch nach dem Gebet noch vorhanden sind?

Auch wenn es in manchen Fällen vorkommen mag, daß der Herr eine Person so führen kann, Heilung im Glauben "zu beanspruchen", bevor die tatsächliche Heilung eingetreten ist, so hat dies nichts mit dem "Gehorsam des Glaubens" zu tun, zu dem wir die Menschen ermutigen, die um Gebet nachsuchen. Der Herr Jesus hat während seines irdischen Dienstes niemals einen Menschen dazu aufgefordert, Heilung "zu beanspruchen". Aus diesem Grund halten wir es nicht für weise, wenn wir in unserem Dienst so vorgehen würden.

Sollte jemand, für den um Heilung gebetet worden ist, als Ausdruck seines Glaubens keine weiteren Medikamente nehmen?

Der einzige, der einen Patienten dazu auffordern darf, keine weiteren Medikamente einzunehmen, ist der behandelnde Arzt. Wer glaubt, von einer Krankheit geheilt worden zu sein, wegen der er zuvor Medikamente eingenommen hat, sollte zuerst seinen Arzt aufsuchen, bevor er etwas an der ihm verschriebenen medikamentösen Behandlung ändert.

Sollte eine Person, die um Gebet für Heilung nachgesucht hat, darüberhinaus den Dienst eines Arztes in Anspruch nehmen, oder würde in einem solchen Verhalten ein Mangel an Glauben zum Ausdruck kommen?

Wir glauben, daß die moderne Medizin (einschließlich der Psychotherapie) eines der Mittel ist, durch die der Herr denen helfen möchte, die leiden. Wir glauben nicht, daß es sich gegenseitig ausschließt oder einen Widerspruch in sich darstellt, wenn jemand um Gebet für Heilung nachsucht und sich gleichzeitig an einen Arzt wendet. Bei einer Gelegenheit sprach Jesus von sich selbst als einem Arzt (siehe Markus 2, 17) und schien dem Dienst der Ärzte grundsätzlich positiv gegenüberzustehen (siehe Matth. 9, 12).

Warum führen Sie keine "Heilungsgottesdienste" durch, sondern ziehen es vor, in kleinen Dienstgruppen unter Ausschluß der Öffentlichkeit mit Menschen zu beten?

Aus drei Gründen ziehen wir das Gebet in kleinen Dienstgruppen der Durchführung von großen "Heilungsgottesdiensten" vor:

1. Ein kleines Dienstteam hat den Vorteil, daß in größerem Maß der private, nichtöffentliche Charakter des Gebetsdienstes für Menschen, die um Gebet nachsuchen, gewahrt bleibt.

2. Kleine Dienstgruppen bieten bessere Voraussetzungen dafür, daß Christen für einen nachhaltigen Dienst im Rahmen von seelsorgerlichen persönlichen Beziehungen ermutigt werden.

3. Ein kleines Dienstteam bietet im Hinblick auf den Dienst ein größeres Spektrum an Geistesgaben und Erfahrung, als das im Normalfall bei einer Einzelperson allein der Fall ist.

Werden die meisten Menschen auf der Stelle geheilt, oder geschieht es eher über eine gewisse Zeitspanne hinweg?

Es scheint so, daß die meisten Heilungen im Dienst von Jesus sofort stattfanden. Es gab jedoch Fälle, in denen es so aussieht, als ob die Heilung erst nach einer gewissen Zeit eingetreten ist (siehe Markus 8, 22 - 26; 5, 8). Es hat sich gezeigt, daß die meisten Heilungen, die durch unseren Dienst geschehen, über eine gewisse Zeitspanne hinweg eintreten, obschon es in vielen Fällen zu sofortiger Heilung kommt.

Ist jede Krankheit die Auswirkung von besonderen dämonischen Angriffen?

Nein! Die Heilige Schrift spricht zwar davon, daß Krankheit auf dämonische Beeinflussung zurückgeführt werden kann (siehe Lukas 13, 11; Matth. 8, 28), wir glauben jedoch, daß es nicht richtig ist, wenn wir alle oder die meisten körperlichen oder geistigen Erkrankungen als dämonisch verursacht betrachten. "Besessenheit", die extremste Form der Dämonisierung, kann auch heute noch auftreten, ist jedoch in ihrem Vorkommen äußerst selten. In jedem Fall gilt für einen Christen, daß wir durch unseren Herrn Jesus Christus "mehr als Überwinder" sind (siehe Röm. 8, 37).

In welcher Weise wird denjenigen seelsorgerlich nachgegangen, die nicht geheilt werden?

Es scheint so zu sein, daß es einen von Gott festgesetzten Zeitpunkt gibt, sowohl was die Errettung, als auch was die Heilung anbelangt. Aus diesem Grunde ermutigen wir diejenigen, die nicht geheilt wurden, uns zu einem anderen Zeitpunkt erneut für sie beten zu lassen. Uns ist es wichtig, daß diejenigen, die noch nicht geheilt worden sind, nicht unter dem Gefühl zu leiden haben, daß sie versagt hätten oder schuldig seien. Als Dienstteam haben wir das Ziel, die Liebe, die Fürsorge, die Gnade und die Hingabe des Herrn Jesus in solcher Weise zu veranschaulichen, daß der Dienst, der in dieser Haltung getan wird, schon aus diesem Grund heilend wirkt, auch wenn das besondere Gebetsanliegen zur Zeit noch unbeantwortet bleibt.

Kann Gott Krankheit zu seiner Verherrlichung gebrauchen?

Ja! Obwohl Krankheit nicht dem tiefsten Wunsch Gottes für unser Leben entspricht, glauben wir, daß Leid und Anfechtungen, einschließlich langandauernder Krankheit, von Gott gebraucht werden können, um unseren Glauben zu vollenden und seinem Namen Ehre zu bereiten (1. Petr. 1, 6. 7).

Leseprobe aus:

Donald A .McGavran

Gemeindewachstum verstehen

Wir wissen gut Bescheid über das Wachstum von Pflanzen, Tieren und Menschen - warum wissen wir jedoch so wenig darüber, wie christliche Gemeinden wachsen? Wir investieren Unsummen in die Bodenforschung und in agronomische Ausbildung - warum finden wir es aber kaum der Mühe wert, uns über das Wachsen von christlichen Gemeinden - das Gründen und Entwickeln von fortpflanzungsfähigen Gemeinden - zu informieren? . . . Warum denn führt soviel evangelistisches Engagement zu so wenig Wachstum der Gemeinden? Was verhindert denn dieses Wachstum?

Ein Grund sticht einem sofort ins Auge: Kaum jemand hat einen Blick für das Wachstum von Gemeinden. Es interessiert keinen. In unseren Kirchen und Gemeinden haben wir Komitees für alles mögliche: Ausbildung, medizinische Hilfe, Finanzen und dergleichen mehr. Finden Sie aber mal ein Komitee, das sich ausschließlich damit beschäftigt, daß neue Gemeinden entstehen. . . . Viele evangelistische Aktionen in Europa, Asien, Amerika und Afrika führen nicht zum Wachstum der Gemeinden. Es wird auch gar nicht erwartet. Wenn wir auf Evangelisation zu sprechen kommen, so ist oft genug Ermutigung der Christen oder ein evangelistischer Versuch gemeint, wo es darum geht zu säen. Man wird es tunlichst vermeiden, zu direkt die peinliche Frage zu stellen, wie dadurch Gemeinden entstehen oder um wieviele Menschen die bestehenden Gemeinden gewachsen sind . . . Ohne das objektive Kriterium, um wieviele aktive Mitglieder die Gemeinden wachsen, hält man alles, was im Bereich Kirche, Gemeinde und Mission geschieht, für gut. Wenn man die Beharrlichkeit betrachtet, mit der in der Missions- und Gemeindewachstumsliteratur vermieden wird, irgendein aussagekräftiges Bild des Wachstums der Gemeinde zu zeichnen, dann sollte man sich nicht der Vorstellung hingeben, hier handle es sich um eine Verschwörung der Verschwiegenheit. Nebel, schlichter Nebel über allen Aktionen wäre eine viel nettere und korrektere Erklärung dafür. Man hat die lebenswichtigen Informationen interessanterweise (und verheerenderweise) einfach weggelassen. Völlig unabsichtlich ... Über der ganzen christlichen Unternehmung hängt ein dichter Nebel. Keiner weiß genau, was er eigentlich bewirkt. Dieser Nebel kann, genauso wie Rauch, nur dadurch aufgelöst werden, indem die Ursachen angegangen werden. Es ist daher sehr wichtig, die Faktoren für diesen Nebel herauszufinden. Jeder einzelne dieser Faktoren steht der Bemühung direkt im Wege, die Völker zu Jüngern Jesu zu machen. Alle Faktoren zusammengenommen könnten sich tödlich auf alle missionarischen Bemühungen auswirken. Diese unglaubliche Unklarheit in einem so entscheidend wichtigen Gebiet erfordert auf der Stelle die Aufmerksamkeit der Kirchen und Gemeinden und deren missionarischen Unternehmungen.

... Eine missionarische Initiative berichtet beispielsweise, daß sie der Evangelisation in allem den Vorrang gibt. Das könnte heißen, daß sie alle Kraft darauf verwendet, in Tausenden von Dörfern an eine desinteressierte Bevölkerung das ganze Jahr hindurch Traktate zu verteilen, das Evangelium zu predigen, ohne jedoch Bekehrungen zu erwarten, 80 Gemeinden zu persönlicher Evangelisation anzuleiten, was dazu führt, daß die Hälfte dieser Gemeinden Mitgliederzuwachs bekommen, oder es könnte auch heißen, daß sie zwölf neue Gemeinden pro Jahr gründen. Das bloße Wort *Evangelisation* heißt für viele von uns, daß schon irgendetwas Gutes getan wird; aber was genau geschieht, wird damit ja nicht gesagt. Verallgemeinerungen und Ungenauigkeiten sind eine der vielen Schwaden in dem Nebel, der uns umgibt.

Vor einigen Jahren ist es modern geworden, das Wort *Arbeit* zu benutzen. Dieser kleinste gemeinsame Nenner kann alle Arten von Aktivitäten bezeichnen. Predigen, Lehren, Heilen, theologische Ausbildung, Rundfunksendungen, Bauen und Hühnerzüchten - alles ist Arbeit. Glühende Gemeindegründer wie die Southern Baptists sind diesem Ausdruck regelrecht verfallen. Selbst wenn sie in einer Stadt in Mexiko eine Gemeinde gründen, dann sagen sie: "Wir haben begonnen, dort zu arbeiten". Wo immer solche Verallgemeinerungen gebraucht werden, wird das, was eigentlich geschieht, verdeckt. Im Klartext heißt das: "Mission ist, wenn man viele gute Taten tut. Was genau, kann niemand so richtig sagen."

Eine weiterer Grund, ja der wesentlichste für diesen Nebel ist der Rationalismus. Christliche Profis, die wenig Wachstum der eigenen Gemeinden erleben, erklären zu ihrer Verteidigung, daß sie nicht am

Wachstum interessiert sind und es gar nicht wünschen. Wir sind nicht infiziert von "Numeritis", wissen sie schlagfertig zu antworten. Wir wären niemals so irdisch gesinnt oder gar darauf versessen, schnelle und oberflächliche Resultate zu erzielen und Bekehrungszahlen anzustreben oder gar Köpfe zu zählen! Wir haben ein viel höheres und nobleres Ziel - wie zum Beispiel die christliche Charakterbildung . . . In Nordamerika und überall auf der Welt hört man die Ausrede: "Ich bin an Qualität interessiert, nicht an Quantität". Das ist im Wesentlichen nichts anderes als ein Verteidigungsmechanismus, den diejenigen zu ihrem Arsenal zählen, die kein Wachstum erleben.

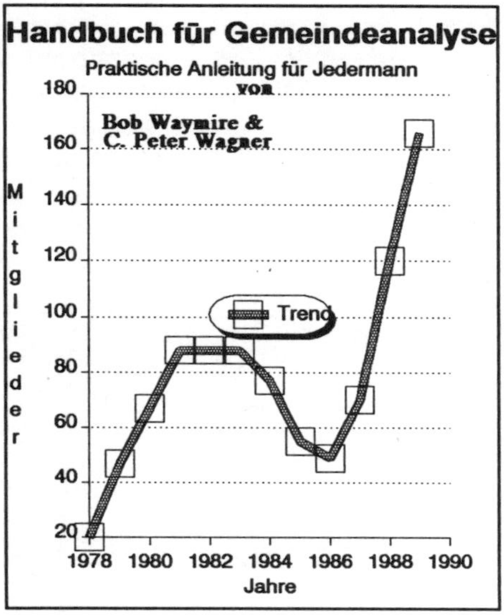

"Sie wollen wirklich wissen, wie es um Ihre Gemeinde steht?"

"Sie wollen herausfinden, warum Ihre Gemeinde im Jahr X plötzlich aufgehört hat zu wachsen?"

"Sie wollen ein realistisches Ziel anvisieren und suchen nach einer vernünftigen Ausgangsposition?"

"Sie sind für einen ganzen Gemeindeverband verantwortlich und wollen einen gesunden Überblick haben?"

Das "Handbuch für Gemeindeanalyse" hilft Ihnen nicht nur, die richtigen Fragen zu stellen, sondern auch Antworten zu finden. Dieses Arbeitsmittel ist von weltweit anerkannten Fachleuten für Gemeindewachstum entwickelt worden und wird Ihnen auf einfache Weise dabei helfen, die Entwicklung Ihrer Kirche, Gemeinde oder christlichen Gruppe zu durchleuchten. Es gehört längst zum Standardmaterial in der weltweiten Gemeindewachstumsbewegung. Hier werden wichtige Grundbegriffe erklärt und eine leichtverständliche Anleitung zur graphischen Darstellung der Entwicklung einer Gemeinde oder eines Gemeindeverbandes vermittelt. In einem zweiten Teil können Sie bereits die Fakten diagnostisch verarbeiten. Abgerundet wird dieses Arbeitsheft mit einer Anleitung zur Erstellung realistischer Zukunftspläne. Sie wissen ja: Die Größe Ihrer Ziele zeigt Ihnen die Größe Ihres Gottes.

Für Pfarrer, Gemeindeleiter, Bischöfe, Leiter von Jugendgruppen, Missionare, Missionsleiter, schlicht alle, denen das Wohl ihrer Gemeinde am Herzen liegt. **(ISBN 3-927534-01-3)**

40 Seiten, DM/sFr 6,80.- Zu bestellen bei: **Wolfgang Simson Verlag, Goethestr. 11, D-7850 Lörrach**, oder dem Buchhandel.

Notizen

Notizen

Notizen

Notizen

Notizen